오기섭평전

✤ 이 저서는 2013년도 전북대학교 저술장려비 지원에 의하여 연구되었음.

오기섭평전

안문석 지음

전북대학교 출판문화원

오기섭평전

지은이 안문석
펴낸이 서거석
펴낸곳 전북대학교 출판문화원

초판 1쇄 인쇄 2013년 12월 5일
초판 1쇄 발행 2013년 12월 10일

전북대학교 출판문화원
주 소 전라북도 전주시 완산구 어진길 32 (풍남동2가)
내용문의 063) 219-5321~2
구입문의 063) 219-5321~2
팩 스 063) 219-5323
출판등록 2012년 8월 20일 제465-2012-000021호

값 15,000원

ISBN 978-89-98534-07-3 03340

이 도서의 국립중앙도서관 출판시도서목록(CIP)은 서지정보유통지원시스템 홈페이지(http://seoji.nl.go.kr)와 국가자료공동목록시스템(http://www.nl.go.kr/kolisnet)에서 이용하실 수 있습니다.
(CIP제어번호 : CIP2013025303)

머리말

혁명가의 삶은 매력적이다. 나를 버리고 민중, 민족, 인류를 생각하는 삶이라서 그럴 것이다. 오기섭의 삶도 그랬다. 일제 하에서 13년도 넘게 감옥 생활을 하면서도 꾸준히 노동운동, 사회주의운동, 항일운동을 했다. 그가 가슴속에 품은 꿈이 있었기에 그러한 신산(辛酸)을 견딜 수 있었다. 다름 아닌 노동자와 농민의 세상이었다. 우선은 독립을 이루고 그다음은 노동자와 농민이 정부를 이루고 스스로 통치하는 '노농소비에트'를 세우는 것이 그의 꿈이었다.

이 꿈은 해방과 함께 이루어지는 듯했다. 해방직후 그는 북한의 국내공산주의자들 가운데 가장 영향력이 강했다. 그 힘으로 1945년 10월 조선공산당 북부조선분국이 만들어질 때 제2비서까지 되었다. 하지만 이때부터 김일성과의 경쟁은 본격화되었다. 정치노선을 두고 오기섭은 노동자·농민 중심의 인민전선을, 김일성은 민족적 자본가와 지주까지도 포함해야한다는 민족통일전선을 주장하면서 충돌했다. 그 연장선상에서 오기섭은 공산주의청년동맹을 중심으로 젊은이를 모아 새로운 국가건설의 주역으로 삼아야 한다고 생각한 반면, 김일성은 공산주의 청년만으론 세력이 모자라니 범위를 확장해 민주청년동맹으로 개편해야 한다고 주장했다. 직업동맹의 성격을 두고 오기섭은 노동자 권익향상을 위한 직맹은 당의 하위에 있는 것이 아니라 독립적 성격을 지닌 것이라는 생각을 가졌지만 김일성은 직맹도 당의 지휘를 철저히 받아야 한다는 입장이었다.

이처럼 해방직후 새로운 국가건설과 관련한 주요 이슈를 둘러싼 첨예한 갈등은 오기섭의 완전한 패배로 종결된다. 그의 이념은 순수했지만 정치적 힘이 모자랐다. 정치력이 부족했다. 김일성이 소련을 등에 업고 북한의 구석구석까지 자기세력을 확장할 때 오기섭은 외세를 이용한다며 무시하려 했다. 김일성이 국내파 주요인물까지 포섭해가는 데도 오기섭은 국내파 전체를 아우르는 작업을 제대로 하지 못했다. 그것이 오기섭의 한계였다. 이상은 있고, 가야할 곳은 정해져 있는데, 거기로 가는 구체적 방안에 대한 면밀한 실행계획은 마련하지 못했다.

권력투쟁에서 패한 오기섭의 말로는 쓸쓸했다. 김일성 세력이 정치적 필요에 따라 작은 자리를 주기도 했지만 일시적인 것일 뿐이었다. 결국은 종파사건에 휘말려 처연하게 북한역사에서 이름을 지웠다.

하지만 그의 삶, 생각에 대한 조명은 북한역사의 과거 역동성을 새삼 실감하게 해준다. 해방직후 국가건설에 대한 많은 세력의 많은 생각이 존재했음을 여실히 알게 해준다. 현준혁이 암살당하지 않았다면, 조만식이 소련과 일정부분 협력관계를 형성했더라면, 오기섭이 박헌영과 좀 더 철저하게 공조했더라면 북한의 역사는 어떤 경로를 겪었을까? 이런 것을 상상해보게 해준다. 해방직후 북한의 정치상황이 한반도의 미래에 얼마나 크게 영향을 주고 있는지도 새삼 느끼게 된다.

오기섭이 조선공산당의 북부조선분국 설립을 반대한 이유 가운데 하나는 분단에 대한 우려와 통일에 대한 기대였다. 38선이 오래가지 않을 것으로 보고 분국의 창설을 반대한 것이다. 당시의 민족적 지식인은 좌익, 우익을 막론하고 외세에 대한 거부감과 통일에 대한 희망이 지대했음을 다시 일깨워준다. 그런 점에서 이러한 한국현대사의 문제적 인물에 대한 연구, 문제적 생각에 대한 조명이 더 많이 되어야 한다는 생각도 절실하게 든다. 이러한 작업이 많아질대 한반도 문제 해결에 대한 인식의 지평이 넓어지고, 구체적 방안에 대한 아이디어도 풍부해줄 수 있겠다는 생각이다.

미국 국립문서보관청(NARA)까지 가서 자료를 찾았지만 오기섭에 대한 자료는 여전히 부족하다. 해방직후 그의 행적이 북한체제의 형성사와 직결되어 있는 만큼 그에 대한 자료 수집은 추후 기회가 닿는 대로 더 해야겠다는 생각을 하고 있다. 오기섭에 대한 이번 연구가 나에게는 "해방직후의 북한에 대한 연구를 더 확장해보자"하는 마음을 갖게 해줬다. 여기서 조금 욕심을 부린다면 이 책이 북한이라는 존재, 그것이 형성되는 과정, 앞으로 한반도 문제의 해결 방안 등에 대해 생각하는 기회를 사람들에게 제공할 수 있다면 더 바랄 것이 없을 것 같다.

2013. 10.

안 문 석

차 례

제1장

강고한 혁명가로서의 삶

열혈 사회주의 노동운동가

오기섭은 1903년 5월 1일 함경남도 홍원군에서 태어났다.[1] 정확히는 홍원군 홍원읍 인동리이다. 그의 주요 이력은 1948년 1월 18일의 평양라디오 방송을 녹취, 기록한 미 중앙정보국(CIA) 자료를 통해 주로 확인된다.[2] 평생을 노동운동과 함께 한 그의 생일이 공교롭게도 5월 1일 메이데이이다. 가난한 농민의 넷째 아들이었다. 홍원군은 함경산맥의 끝자락에 있어 서쪽으로는 산시, 동쪽으로는 농해바다가 자리하고 있다. 함흥과 북청 사이에 있다. 오기섭의 한자이름은 吳淇燮, 吳琪燮 또는 吳基燮으로 쓴다. 어떤 자료에는 吳淇燮으로 나타나고, 또 어떤 자료는 吳琪燮, 吳基燮으로 표기하고 있다.[3]

---

1) 북조선로동당 제2차 전당대회에서 오기섭 자신이 스스로의 약력을 소개하면서 1903년생이라고 밝히고 있다. 「북조선로동당 제2차 전당대회 회의록」(1948. 3. 29.), 국사편찬위원회, 『북한관계사료집』 1 (서울 : 국사편찬위원회, 1982), p.454. 『로동신문』(1946. 9. 1.)기사에도 1903년 함남 출생으로 되어있다. 하지만 일부 자료는 오기섭이 1902년 함경북도에서 출생한 것으로 기록하고 있다. 예컨대 1848년 1월 48일에 청취된 평양라디오방송이 1902년생이라고 밝히고 있다. 「Biography of Labor Bureau Chief Given」, United States Central Intelligence Agency, Foreign Broadcast Information Branch, Far Eastern Section, 20 January 1948, 『남북한관계사료집』 15 (과천: 국사편찬위원회, 1995), p.159. 또, 『북조선 정당 사회단체 지도자 약력 자료 및 평가: 전 연방 볼세비키 공산당 중앙위원회 대외정책부장 수슬로프 동지에게』 (국사편찬위원회 소장자료), p.55 에는 오기섭이 1902년생으로 되어 있다. 김광운, 『북한 정치사 연구』 I (선인, 2003), p.82에서 재인용.

2) 방송의 구체적 내용은 위에 인용한 「Biography of Labor Bureau Chief Given」 참조.

3) 오기섭이 북조선임시인민위원회 선전부장이던 1946년 6월에 쓴 『북조선토지개혁법령의 정당성』(평양: 북조선농민연맹, 1946)에는 저자 이름이 吳琪燮으로 되어 있다. 또, 「조선이 일본압박에서 해방된 제1주년 기념식 준비에 관한 북조선임시인

집안이 가난한 탓에 교육은 소학교를 마치는 데 그쳤다. 이후 4년간 한문을 배웠다. 서당에 다닌 것으로 보인다. 평양라디오 방송은 오기섭의 학력을 소학교 졸업이라고 소개했지만 『로동신문』 1946년 9월 1일 자는 '함흥고보 중퇴'로 소개하고 있다.[4] 함흥고보에 적을 두기만 하고 다니지는 못한 것 같다. 그의 아버지는 관리들의 부정부패에 대해 불만이 많았다. 오기섭은 이런 것을 듣고 자랐다. 이런 것도 그의 반골기질에 어느 정도 영향을 주었을 것 같다. 16살 때 3.1운동이 일어났다. 그도 적극 참여했다. 중국의 칭다오 지역과 한국 사이를 오가며 연락책 역할을 했다. 1919년 경성복심법원 판결 가운데 吳基燮이 "군중들과 함께 조선독립만세를 고창한" 혐의로 '태90'의 판결을 받았다는 내용이 발견된다.[5] 한자이름을 다른 자료와는 달리 吳基燮으로 쓰고 있지만 항일운동 관련 인물가운데 吳基燮이라는 이름을 쓰는 새로운 인물은 없는 만큼 우리가 다루는 오기섭과 같은 인물로 보는 게 옳을 것이다. 1심에서 징역6개월을 받았다가 2심에서 '태90'으로 감형되었다. 3.1운동에 참여했다가 곤장90대를 맞는 형벌을 받은 것이다.

1920년 그는 학생조직을 꾸리는 일을 시작했다. 하지만 일제의 감시가 심해지자 1921년 상하이로 건너갔다. 같은 해 소련으로 들어가 체류하다 1922

민위원회의 계획안」이라는 문서[한국전쟁 당시 북한노획문서(Records Seized by U.S. Military Forces in Korea, Record Group 242, National Archives Collection of Foreign Records Seized, 1941~), Box 41, 문서번호 201207]에도 오기섭의 한자이름은 吳琪燮으로 나와있다. 그런가 하면 오기섭을 북조선임시인민위원회 노동부장으로 임명하는 북조선임시인민위원회의 「노동부 설치에 관한 결정서-북조선임시인민위원회 결정 제79호」 [국사편찬위원회, 『북한관계사료집』 5 (과천: 국사편찬위원회, 1987), p.33]와 미 군정문서 (「Who's Who in Korea, Second Revision」, 13 March 1947, Record Group 554, United States Army Forces in Korea, XXIV Corps, G-2, Historical Section, Records Regarding USAMGIK, U.S.-U.S.S.R. Relations in Korea and Korean Political Affairs, 1945-48, Box 74) 등은 吳淇燮을 쓰고 있다. 또 독립운동관련 일제의 판결문(1939년 경성복심법원 판결문 등) 가운데는 吳基燮으로 되어 있는 것이 있다.

4) 『로동신문』 1946. 9. 1., 김광운, 『북한정치사연구』 I (서울: 선인, 2003), p.373 재인용.

5) 「1919년 오기섭(吳基燮) 경성복심법원 판결문」, 『독립운동관련 판결문』, 1919, 국가기록원, http://academic.naver.com/view.nhn?doc_id=50432897&dir_id=6&field=0&unFold=false&gk_adt=0&sort=0&qvt=1&query=%EC%98%A4%EA%B8%B0%EC%84%AD&gk_qvt=0&citedSearch=false&page.page=1&ndsCategoryId=60500

년 다시 국내로 들어와 청년과 농민, 노동자 조직을 구성하기 시작했다. 1923년 함남청년연맹, 함남노동연맹, 함남여성연맹을 출범시키는 데 많은 공헌을 했다. 그러면서 1923년부터 사회주의 운동을 시작해 1925년 2월 전조선 민중운동자대회에 참가했다. 화요회가 좌익운동세력의 통일과 운동 방침을 논의하기 위해 개최한 대회였다. 여기서 '무산자 만세,' '무리한 경관의 압박에 반대하자,' '전조선 민중운동자대회 만세' 등의 구호가 적힌 붉은 기를 들고 행진하다 일제 경찰에 체포되었다. 이것이 적기시위사건이다. 이때 신철수, 김상주, 정용석, 김창준 등도 함께 체포되었다.

화요회는 1924년 서울에서 조직된 사회주의 단체로, 1923년 만들어진 신사상연구회가 개칭된 것이다. 화요회라는 단체이름은 마르크스의 생일이 화요일이어서 그렇게 붙였다. 김찬, 김재봉, 홍명희, 박헌영, 조봉암, 안기성, 리봉수 등이 모임을 이끌었다. 1925년 4월 27일 조선공산당 창립도 화요회의 주도로 이뤄졌다.

오기섭은 1925년 7월 박헌영과 김단야, 임원근, 조봉암 등이 결성한 고려공산청년회에 가입했고, 10월 홍원청년동맹 집행위원이 되었으며 조선일보 지방기자로도 활동했다. 1926년 3월에는 조선공산당에 입당했고, 서울과 함흥을 오가면서 6.10만세 운동에도 적극 참여했다. 8월 제2차 조선공산당에 대한 일제의 대규모 검거활동 당시 체포되어 징역1년을 선고받고 서대문형무소에서 옥살이를 했다. 1928년 석방과 함께 원산 부두노동자 총파업 후원회 위원장이 되었다. 감옥에서 당한 고문의 후유증이 가시지 않은 상태로 다시 일제의 표적이 될 만한 자리를 맡은 것이다. 1929년 총파업이 발생하고 일제의 검거 선풍이 몰아치자 오기섭은 다시 상하이로 피신했다.

이때 상하이를 거쳐 다시 모스크바로 건너갔다. 오기섭의 주요 이력을 소개한 평양라디오 방송의 내용에는 나타나지 않지만 구소련의 사료는 그가 모스크바의 동방노력자공산대학을 다닌 것으로 나타난다.[6] 1929년부터 1932년 사이 이 대학에서 공부했다.[7] 동방노력자공산대학에서 조선민족부

6) M. 부르체프(소련군정 정치사령부 제7호 정치국장), 「단평–조선임시정부 각료후보들에 대하여」, 『역사비평』 26 (1994), p.378.

를 따로 구성한 것이 1930년 무렵이니까 오기섭도 조선민족부에서 수학을 한 것이다.

동방노력자공산대학은 국제공산주의 조직 코민테른이 러시아 극동과 아시아지역의 공산주의자들을 교육시키기 위해 1921년 모스크바에 세운 대학이다. 모스크바 공산대학 또는 극동공산대학으로 불리기도 했다. 학비는 물론 생활비도 무료였다. 공산주의 이론은 물론이고 조직 건설과 선전 등 전략적인 부분에 대한 교육도 했다. 유물론적 변증법, 정치경제학, 세계혁명사, 러시아공산당사등의 커리큘럼을 가지고 있었다. 1930년대 초 조선민족부가 따로 설치되어 한국의 공산주의자들을 가르쳤다. 김단야와 김정하 등이 교관으로 활동했고, 1938년 문을 닫을 때까지 150여명이 한국인들이 여기서 교육을 받았다. 김용범, 박정애, 정달헌, 조봉암, 김만겸, 조일명, 고광수 등 한국 공산주의 운동의 주요인물들이 조선민족부의 학생이었다. 중국의 덩샤오핑(鄧小平), 류샤오치(劉少奇), 베트남의 호치민(胡志明) 등도 동방노력자공산대학에서 공부한 적이 있다.

1931년 귀국한 오기섭은 함경남북도 중심으로 고려공산청년회 재건활동에 나섰다. 함흥에 고려공산청년회 지부를 설립했다. 경남 지방까지 진출해 적색노조와 적색농조 활동도 적극화했다. 경남 밀양에 있는 일본인이 경영하는 후쿠타데 농장에 들어가 소작인들을 규합한 뒤 소작쟁의를 일으키기도 했다. 그러다 체포돼 2년 3개월 징역을 살았다. 그는 감옥에서도 투쟁했다. 몇 차례 교도소 스트라이크를 일으킨 것이다. 법정에 설 때에는 일제의 검사와 판사를 준엄하게 혼내기도 했다.

석방 이후 다시 그의 지하 항일 노조·농조 운동은 지칠 줄 모르고 계속되어 1937년에는 징역6년을 선고받았다. 1937년에 나온 경성복심법원의 판결문은 오기섭의 그간의 활동을 잘 말해준다. "홍원노동조합, 함흥사회운동자동맹, 홍원청년총연맹 등 사회운동단체 간부로 사회운동에 종사하며 공산

7) 「북조선 정당 사회단체 지도자 약력 자료 및 평가: 전 연방 볼세비키 공산당 중앙위원회 대외정책부장 수슬로프 동지에게」, 국사편찬위원회 소장자료, p.55, 김광운, 『북한정치사연구』 I (서울: 선인, 2003), p.83 재인용.

주의, 조선독립의 사상으로 공산당에 가입하여 광주학생사건 기념투쟁 격문을 배포하고 조선공산당재건 실행을 위하여 노력하였다"하는 것이 징역6년 선고의 이유였다.[8] 요약하면 노동조합을 기반으로 공산주의 활동과 독립운동을 계속했다는 것이다. 이러한 노동자와 노조기반의 전력은 그의 정치노선 형성의 바탕이 되었다. 노동자와 농민 중심의 국가건설전략인 인민전선 형성의 뿌리가 된 것이다.

강고한 사회주의 노동운동가, 혁명가로서의 면모를 가진 오기섭이 해방직전까지 감옥살이를 한 기간은 모두 13년 8개월이나 됐다. 미국 여류 언론인 스트롱(Anna Louise Strong)과의 1947년 여름 인터뷰에서 오기섭은 감옥살이 얘기를 아주 담담하게 했다.[9] 이것이 지금 남아있는 오기섭에 대한 유일한 직접 인터뷰인데, 스트롱은 4일 동안 오기섭을 동행하면서 취재했다. 스트롱은 감옥에서 겪은 일을 들었을 때 아주 놀라웠지만 오기섭 본인은 태연했다. 오기섭이 이 인터뷰에서 말한 바에 따르면 그가 복역한 형무소만 해도 5군데이다. 그 중 한번은 독방에 갇혀 있었다. 감옥생활을 할 때마다 그는 스트라이크를 지도했을 뿐만 아니라 학습서클을 만들었다. 독방생활을 할 때는 외부에 서클을 조직했다. 한국인 간수의 도움을 받았다. 야간 간수는 일본인들이 꺼리기 때문에 한국인들이 주로 맡았다. 이들이 오기섭을 많이 도왔다. 어떤 사람은 나름 가슴 한구석에 가지고 있는 애국심에서, 또 어떤 이는 돈을 바라고 도와줬다. 종이는 하루 두 장씩 나눠주는 화장실용 종이를 썼고, 연필심 조각을 구해 펜으로 사용했다. 이런 식으로 조직활동을 해방될 때까지 했다.

해방과 함께 신의주 감옥에서 석방되자 곧바로 함흥으로 돌아가 조직활

---

8) 「1937년 오기섭(吳淇燮) 경성복심법원 판결문」, 『독립운동관련 판결문』, 1937, 국가기록원.
http://academic.naver.com/view.nhn?doc_id=50444326&dir_id=6&field=0&unFold=false&gk_adt=0&sort=0&qvt=1&query=%EC%98%A4%EA%B8%B0%EC%84%AD&gk_qvt=0&citedSearch=false&page.page=1&ndsCategoryId=60500

9) Anna Louise Strong, *In North Korea: First Eye-Witness Report*(New York: Soviet Russia Today, 1949), p.28.

동을 시작했다. 공장을 중심으로 노동자를 모아 노조를 구성했다. 공장에서 시 단위로, 시 단위들이 모여 도 단위의 노조조직을 만들어 갔다. 공산주의 단체도 오기섭이 해방직후 북한지역에서 처음으로 조직했다.[10] 본부는 물론 함흥에 두고 있었다. 1945년 9월 조선공산당 함경북도 창설위원장이 되었다. 조선공산당 함경남북도 지역 조직 건설에 총력을 기울인 것이다.

이러한 활동에 힘입어 오기섭은 1945년 10월 북한에 조선공산당 북부조선분국이 창설되면서 분국의 제2비서가 되었다. 하지만 두 달 후 제2비서 자리에서 물러났다. 1946년 2월 북조선임시인민위원회가 출범한 이후 3월 선전부장을 맡았고, 그해 9월 노동국장이 되었다. 1948년 3월 북조선로동당 중앙위원, 8월에는 최고인민회의 대의원에 선출되었다. 1956년 5월 내각의 수매양정상(收買糧政相)에 임명되었다가 이듬해 8월 해임되었다. 1958년 3월 조선로동당 제1차 대표자회에서 김일성으로부터 "당에 대한 불충과 출세주의, 명예욕"에 사로잡힌 인물로 공개 비판받고 숙청되었다. 이후 행방을 알 수 없는 상태가 되었는데, 정확한 사망 시점과 경위는 알려지지 않고 있다.

10) 사포주니코프 (소련군정 정치사령부 제7호 정치국 부국장), 「소련공산당 중앙위원회 디미트로프 동지 앞」(1945.11.5.), 소련공산당 중앙위원회 고문서 보관소(문서번호: 74915 29/86). 김국후, 『평양의 소련군정』 (서울: 도서출판한울, 2008), p.109 에서 재인용.

탁월한 연설가

오기섭의 장점은 이론가로서의 지적 능력과 탁월한 연설 능력이었다. 알이 큰 안경을 쓰고 심각한 표정으로 만장을 제압하는 그의 대중연설 능력은 김일성을 능가했다. 특히 그의 연설은 차근차근하면서도 기개와 열정이 번개와 같이 타올랐다. 따라서 대중적인 인기도 높았다. 그런 만큼 개인적인 능력을 갖고 따진다면 김일성이 오기섭보다 낫다고 할 수 없었다.[11] 1950년 월남할 때까지 북한을 깊이 관찰하고 신의주에서 평북신보 주필까지 했던 김창순이 이처럼 증언하는 만큼 오기섭의 능력에 대해서는 크게 의심할 바가 없는 것 같다. 1946년 10월에 미군이 만든 한국인물사전(Who's Who in Korea)도 오기섭은 언론인이면서 저술가, 북한의 공산당에서 두드러진 인물로 기록하고 있다.[12]

이와같은 오기섭의 능력은 오랫동안 현장투쟁을 하면서도 이론공부를 계속했기 때문에 갖출 수 있었을 것이다. 실제로 그는 모스크바 동방노력자공산대학에 공부했고, 소련에서 5년이나 머물면서 공산주의 이론과 전략을 배웠다. 이런 노력과 경험 덕분에 당시 공산주의운동가 가운데서도 이론가, 연설가로 두드러질 수 있었다.

하지만 이와는 사뭇 다른 주장도 존재한다. 조선로동당 부부장을 지낸 후

---

11) 김창순, "김일성의 제1호 정적 오기섭의 최후와 그 해학," 『북한』 197호(1988), p.122.

12) 「Revised Who's Who in Korea」, 1 October 1946, Record Group 554, United States Army Forces in Korea, XXIV Corps, G-2, Historical Section, Records Regarding USAMGIK, U.S.-U.S.S.R. Relations in Korea and Korean Political Affairs, 1945-48, Box 76.

탈북한 박병엽의 증언이 그렇다. 말솜씨나 행동이 무식하고 상스러운 데가 있었다는 것이다. 이발도 잘 안하고 면도도 안 해 단정하지 못한 모습으로 다녔고, 옷도 한 달에 한번 정도 갈아입었다고 한다. 신발은 일본식 노동화 지까다비(바닥을 고무로 댄 천으로 만든 양말같은 신발)를 신고 다녔다고 한다. 성격도 괴팍하고 담배를 많이 피웠으며 재떨이도 잘 비우지 않았다고 한다. 그런 것이 프롤레타리아의 전형이라고 생각했다는 것이다.[13)]

박병엽이 왜 이런 얘기를 했는지, 그 사연은 정확히 전해지지 않는다. 이 얘기가 얼마나 신빙성이 있는지도 정확히 가리기는 어렵다. 하지만 해방직후 함경도 지역에서 공산당 재건활동을 주도한 활동 상황, 조선공산당 북부조선분국의 제2비서까지 된 점, 해방정국에서 신문기고나 강연활동을 누구보다 활발하게 한 점 등으로 미루어 보면 박병엽보다는 김창순의 증언이 옳은 것으로 보아야 할 것이다.

---

13) 박병엽 구술, 유영구·정창현 엮음, 『조선민주주의인민공화국의 탄생』(선인, 2010), p.98.

김일성의 제1정적

오기섭은 북조선임시인민위원회 노동국장을 1948년 초 조쏘해운주식회사 감독으로 밀려났다. 1956년 4월 조선로동당 제3차대회 당시에는 71명의 당 중앙위원에 선출되었다. 김일성의 국내 유화책의 일환이었다. 1956년 2월 제20차 소련공산당대회에서 스탈린 격하운동이 벌어지고 북한에도 이러한 운동의 확산 가능성이 높아지자 김일성이 반대파에 대한 회유책을 쓴 것이다. 같은 해 5월에는 내각에 수매양정상에 임명되기도 했다. 그러나 무명을 공출하는 과정에서 문제가 발생해 1957년 8월 해임되었다. 그 뒤 건강이 안 좋아져 요양소를 전전하다가 1950년대 말 또는 1960년대 초 병으로 사망했다고 한다.[14)]

해방직후 김일성의 정적은 오기섭을 비롯해서 국내 공산당 영수인 박헌영, 민족족의 세력의 지도자 조만식, 연안파의 무정 등이 있었다. 김일성은 이들을 하나씩 제거해 나가면서 자신의 유일체제를 확립해 나가는데 첫 번째 숙청 대상은 국내파였다. 소련파, 연안파와 손잡고 국내파를 제거했다. 그 중에서도 오기섭이 우선적으로 공격대상이 되어 권좌에서 밀려났다. 두 번째 단계로 연안파를 제거했고, 세 번째로 소련파가 숙청을 당했다. 그리고는 1960년대 말 빨치산 세력의 일파인 갑산파를 제거해 도전세력 없는 권력을 확보하게 된다. 말하자면 이러한 김일성 절대권력 확보 전략의 첫 번째 작업이 그의 제1정적 오기섭을 제거하는 것이었다.

---

14) 위의 책, p.100.

제2장

북한 국내공산세력 최고지도자

국내공산세력의 핵심

해방직후 북한지역에는 여러 세력이 있었다. 김일성을 중심으로 만주에서 항일운동을 하던 항일빨치산파, 소련지역에 살다가 소련군과 함께 입국한 소련파, 중국에서 중국공산당의 협조로 독립운동을 하던 연안파, 국내공산주의세력, 국내민족주의세력 등이었다. 공산주의 계열 가운데 한국공산주의 운동의 역사적 맥락에서 정통성을 가진 쪽은 국내공산주의세력과 연안파였다. 이들 두 세력에는 1925년부터 1928년까지 조선공산당 창당 또는 재건운동에 참여했던 인물들이 참여하고 있었다. 항일빨치산파와 소련파는 조선공산주의 운동과는 관련이 없는 신진세력이었다.

국내에서 좌익운동을 하던 국내공산주의세력은 다시 네 갈래로 구분된다. 첫 번째는 오기섭과 정달헌, 리주하 등 함경남도를 중심으로 사회주의 노동운동을 주도하던 세력, 두 번째는 평양을 중심으로 활동한 현준혁 세력이었다. 세 번째는 김용범, 박정애, 장순명, 주녕하, 장시우 등 김일성 지지 세력, 네 번째는 박금철, 리효순, 리송운 등 함경남도 갑산중심으로 김일성 세력과 공조해서 항일운동을 하던 갑산파다. 갑산파는 일제시대 주요활동을 항일빨치산파와 함께 했기 때문에 항일빨치산파의 한 분파로도 볼 수 있다. 국내공산세력 가운데 김일성 지지 세력과 갑산파는 해방 정국에서 김일성 지원에 적극 나섰기 때문에 나름의 이념과 전략을 따로 분석하기는 어렵다. 물론 갑산파는 1967년 숙청을 당할 만큼 김일성과는 다른 노선을 제기하지만 적어도 해방정국에서는 아니었다. 현준혁 세력은 1945년 9월 현준혁의 암살로 힘을 상실했다. 따라서 행방 정국에서 나름의 주장을 강력하게 제기하면서 항일빨치산파와 맞섰던 세력은 첫 번째 오기섭 중심의 사회주의 노동운동 세력이다. 이념과 전략 측면에서도 그들 나름의 주장을 내세우면서 김일성파 및 소련군정과 알력관계를 형성했던 것이 이 첫 번째 국내공산세력이다.

북한 지역의 국내공산세력은 해방 직후 각 지역에서 공산당 조직을 건설하고 있었다. 김일성 세력은 해방 후 한 달이 지난 뒤 입국했기 때문에 조직을 이들에게 선점당했다. 연안파도 마찬가지였다. 그래서 그들은 국내파를 몰아내기 위해 연합을 형성했다. 오기섭을 제거하는 작업은 이러한 파벌간의 경쟁과도 연결되어 있었다. 김일성 세력은 소련군정의 지원을 받고 있었고, 연안파는 실제로 중국에서 공산혁명활동을 하면서 당조직과 선전공작을 직접해본 경험을 갖고 있었다. 따라서 이들은 권력투쟁에서 매우 유리한 위치에 있었다.

어쨌든 해방직후 오기섭은 함흥에 첫 공산주의 단체를 조직함으로써 북한지역 공산주의 운동의 중심세력을 이루고 있었다. 함경남도 특히 함흥과 흥남지역은 해방 이후 공산당조직이 가장 활발하게 활동하던 지역이었다. 당시 그를 돕던 인물들이 정달헌, 리주하, 리봉수, 김채룡 등이다. 정달헌과 리봉수, 주녕하는 오기섭과 함께 함흥, 흥남 지역을 장악했고, 강원도 원산지역 조직은 리주하가 맡았다.[1] 정달헌은 연희전문 재학중 제2차 고려공산청년회 간부로 활동했고, 그 후 모스크바로 망명해 동방노력자공산대학을 졸업했다. 국내에 입국해 평양노동연맹을 중심으로 사회주의 노동운동을 하다가 투옥되었고, 해방과 함께 석방되었다.[2]

1930년대 함흥노동연맹의 지도자였던 리주하는 당시 평양에서 활동했던 정달헌을 통해 평양노동연맹, 평양교통노동조합 등과도 연계를 맺으며 노동운동을 했다.[3] 리봉수는 1892년생으로 오기섭과 같은 함경남도 홍원군에서

1) 1946년초 원산시는 강원도이었다. 안변군과 함남 문천군, 경기도 연천군 일부와 함께 강원도로 편제되어 있었다.
2) 김준엽 · 김창순, 『한국공산주의운동사』 5 (서울: 청계연구소, 1986), pp.405.
3) 스칼라피노 · 이정식 저, 한홍구 역, 『한국공산주의운동사』 1(서울: 돌베게, 1986), p.264.

태어났다. 아버지는 농민이었다. 일본 메이지대학 경제학부를 다녔는데, 재학중 3.1운동에 참가했다가 일제에 쫓겨 상하이로 망명했다. 그러다가 국내로 들어와 동아일보 경제부장을 했는데, 당시에도 사회운동을 함께 해 여러 번 감옥생활을 했다. 출옥 후 고향인 홍원에 내려가 경제학 공부를 하다가 해방을 맞았다. 해방직후 홍원군 인민위원회 위원장이 되었고, 함경남도 인민위원회 산업부장도 맡았다. 함경북도에서는 청진에서 적색농조운동을 하던 김채룡이 중심이 되었다. 정달헌과 리봉수 등의 도움을 받고 함흥과 흥남 지역 노조 조직의 힘을 바탕으로 오기섭은 조선공산당 함남도당 책임비서가 되었다. 이 자리는 나중에 정달헌이 이어받게 된다.

현준혁은 초기 오기섭 세력 못지않게 민첩하게 움직였다. 1945년 8월 16일평양 지역 국내 공산주의자들은 모임을 가지고 평안남도 지역위원회 위원장에 현준혁을 선출했다.[4] 현준혁은 경성제대 출신으로 대구사범학교에서 교편생활을 했고, 마르크스주의를 연구하는 독서회를 조직했다가 3년간 감옥생활을 했다. 이후 고향인 평양으로 돌아가 협동조합을 중심으로 사회주의 활동을 계속하다 다시 수감된 이후 해방과 함께 석방되었다. 현준혁을 위원장으로 선출한 이 모임에 참석한 사람들이 김용범, 박정애, 장시우, 리주연이었다. 특히 김용범과 박정애가 활발하게 움직였다. 김용범은 1930년대 코민테른의 지시로 소련공작원 신분을 갖고 국내에 파견되어 활동했었고(1947년 위암으로 사망), 박정애는 김용범의 처로 김용범과 함께 공작원 활동을 한 인물이다. 이들과 함께 양연순과 장종식도 평양에서 활동한 인물들이다.[5]

김용범과 박정애는 현준혁을 평남지역위 위원장에 선출하는 자리에 참석했지만 곧 다른 길을 가게 된다. 김일성세력과 가까워진 것이다. 양측이 가까워진 것은 소련군사령부의 요청 때문이었다. 김용범과 박정애는 모두 소

---

4) 서대숙 저, 현대사연구회 역, 『한국 공산주의 운동사 연구』(서울: 이론과 실천, 1985), p.288.

5) 김창순, 『북한15년사: 1945년 8월 – 1961년 1월』 (서울: 지문각, 1961), p.91; 김광운, 『북한 정치사 연구 』 I (서울: 선인, 2003), p.157.

련에서 교육받고 소련과 친밀한 사이였다. 김일성은 하바로프스크의 *소련군 88여단*의 장교였다. 소련군은 양측의 결합을 통해 친소세력의 강화를 추구한 것이다. 일찍 사망한 김용범과는 달리 박정애는 북한체제 성립 초기 대표적 여성지도자로 초대 여성동맹위원장, 노동당 중앙위원회 부위원장 등으로 승승장구했다. 박정애는 1907년생으로, 소련에 이주한 빈농의 딸이었다. 중학교와 고등사범학교를 졸업한 뒤 1923년 소련공산주의청년회에 가입해 1932년까지 모스크바 대공장 공청선전부장으로 활동했다. 김용범과 함께 모스크바의 동방노력자공산대학에서 공부하기도 했다. 1929년부터 1932년까지는 모스크바시 정부위원으로도 활약했다. 1932년 국내로 들어와 평양고무공장의 직공 등으로 일하면서 서울과 흥남 등지에서 비밀공산주의 운동을 계속했다. 그러다가 수차례 감옥생활도 했다. 해방이 되면서 조선공산당 평안남도위원회 위원이 되었고, 초대 북조선 여성동맹 위원장을 맡았다. 1959년에는 조선로동당 중앙위원회 부위원장으로 권력서열 5위까지 올랐다.

북한체제 형성기 여성인사를 대표하는 인물이 박정애였다. 한국전쟁 당시 미군이 가져간 노획문서에는 박정애와 직접 관련된 것이 발견된다. 전쟁의 와중인 1951년 5월 박정애는 스탈린 평화상을 받았는데, 군인들이 상 받은 박정애에게 축하의 의미로 보낸 편지가 5통 보존되어 있는 것이다. 스탈린 평화상은 소련이 노벨평화상에 대항하는 개념으로 1949년 스탈린의 70회 생일을 기념해 제정한 것이다. 사회주의권에서 국제평화에 기여한 인물에게 주는 것이었는데, 제정 2년 만에 박정애가 받은 것이다. 1956년 흐루쇼프가 스탈린 격하운동을 하면서 스탈린 평화상도 레닌의 이름 따서 '레닌 평화상'으로 바꿨는데, 역대 수상자들에게는 스탈린 평화상을 반납하게 하고 대신 레닌 평화상을 주는 해프닝도 벌였다. 1991년 소련이 없어지면서 레닌 평화상도 없어졌다. 어쨌든 당시 박정애는 소련과 공산권에서는 널리 알려진 인물이었다. 당시 군인들이 보낸 축하편지 한통을 보자.

축 전

존경하는 박정애 동지에게

동지께서 국제 평화의 공고화를 위한 쓰딸린 평화상을 수여받은 데 대하여 우리 부대 군무자 일동은 한결같이 열렬한 축하를 드립니다.

동지의 영광은 곧 전체 조선인민의 영광이며 우리 군무자의 영광입니다.

위대한 쓰딸린의 이름은 평화와 자유의 상징이며 침략자를 반대하여 조국의 자유와 독립과 평화를 위해 투쟁하는 우리들에게 승리의 고무로 되는 것입니다. 이 영광에 제하여 정의의 조국 해방 전쟁에서 종국적 승리를 위하여 우리 전체 군무자들은 원쑤들과의 싸움에서 더욱 용감할 것을 결의하는 바입니다.

동지의 건강과 앞으로의 투쟁에서 더욱 성과가 있기를 축원하는 바입니다.

1951년 5월 7일

조선인민군 제180부대 군무자 일동

부대장 고관춘[6)]

부대장 고관춘의 사인까지 붙어있는 편지다. 어떤 편지는 이렇게 부대원과 부대장이 공동으로, 어떤 것은 부대원들이, 어떤 것은 부대장이 쓴 것들이 섞여 있다. 북한이 전쟁 당시 군인들의 사기 앙양을 위해 박정애의 스탈린 평화상 수상을 충분히 활용했음을 알 수 있다.

해방 후 얼마 되지 않은 시점인 1945년 8월 말 소련군 극동군사령부 제1전선군사령부 군사정치위원 슈티코프는 25군 정치담당 부사령관 레베데프에게 평양에 들어가면 민족주의자 조만식을 설득해 소련군정쪽으로 끌어들

6) 「축전」, 북한노획문서, Box 77, 문서번호 203643 (Records Seized by U.S. Military Forces in Korea, Record Group 242, National Archives Collection of Foreign Records Seized, 1941~, Box 77, Document No. 203643).

이고 국내 공산주의자 가운데 김용범·박정애·오기섭 등을 잘 활용하라고 지시했다. 소련에서 볼 때 이들 셋이 국내 공산주의자들 가운데 가장 핵심 인물이었던 것이다. 김용범과 박정애는 이미 친소련파였기 때문에 사실상 오기섭과 원만한 관계를 형성하고 오기섭의 협조를 얻는 것이 소련군정 성공의 열쇠라는 얘기와 같은 것이었다.

역시 평양 지역에서 활동하던 장시우는 1891년에 평안남도 용강에서 태어났다. 1917년에 숭실고등보통학교를 졸업한 뒤 만주 룽징(龍井)에서 교사가 되었다가 1919년 간도국민회에 가입하면서 항일운동에 참여한다. 1924년 고향에서 소작인조합을 결성해 농민운동을 시작했고, 1929년부터는 조선공산당 만주총국 선전부장으로 일했으며, 1930년 중국공산당에 입당했다. 제3차 간도공산당 검거사건 때 체포되어 징역 10년 형을 선고받았다. 항일이력이 누구 못지않은 인물이었다.

현준혁 추대 모임의 또 한 명의 참석자인 리주연은 1937년 김정숙을 만나면서 김일성과 연결되었고, 해방 직후 국내 출신 가운데 김일성으로부터 가장 큰 신임을 얻은 인물 중 하나였다.[7] 그는 원래 함경도 출신으로 단천적색농민조합사건의 주모자로 감옥 살이를 하다가 1945년 8월 16일 평양형무소에서 출옥해 바로 평양에 자리를 잡았다. 리주연은 소련군 25군 사령관 치스차코프가 김일성을 맞으러 원산에 갈 때 박정애, 양영순과 함께 동행하기도 했다.[8]

평안북도의 경우는 토착 공산주의자인 백용구와 김재갑, 김인직 등이 민우회를 조직해 놓고 있었다. 또한 이 지역에는 박헌영이 파견한 박균이 나름의 조직을 형성하고 있었다. 이 두 세력은 10월 중순 소련군이 나서면서 하나로 통합되었다. 황해도는 김덕영과 송봉욱 등이 해주를 중심으로 활동하고 있었다.

---

7) 김광운, 『북한 정치사 연구 I』 (선인, 2003), p.144.
8) 박병엽 구술, 유영구·정창현 엮음, 『조선민주주의인민공화국의 탄생』(선인, 2010), p.97.

김책과 첫 경쟁

이때 함남을 둘러싼 오기섭의 경쟁 상대는 김책이었다. 1945년 9월 19일 소련에서 북한으로 들어온 인물 가운데 핵심은 김일성과 김책, 최용건, 김일이다.[9] 그 가운데서도 김일성과 김책, 최용건이 만주게릴라세력의 3대 핵심지도자였다. 김책은 김일성보다 9살 연상으로 김일성이 항일운동을 시작할 당시부터 활동을 함께 했고, 김일성과는 매우 끈끈한 동지적 관계를 유지했던 인물이다. 김책의 고향도 함경남도였다. 그래서 김책은 해방 이후 함남을 자신의 기반으로 삼으려 했다. 이는 김일성의 주요지역 선점전략에 따른 것이었다. 김일성은 북한 원산으로 들어온 바로 다음날인 9월 20일부터 자신의 빨치산 동지들을 북한의 주요지역에 파견했다.

소련군 소속으로 김일성과 88여단에서 함께 생활했고 북한에 들어가 인민군 작전국장까지 지낸 유성철의 증언에 의하면 해방직후 88여단 소속 항일빨치산과 소련군 소속 한인들이 소련에서 북한으로 출발할 때 이들이 북한에서 맡을 임시직책이 부여되었다. 김일성은 평양 헌병대장의 직을 받았다.[10] 물론 소련군에 의해 주어진 것이다. 당시 김일성에 대한 소련의 평가는 그 정도였다. 하지만 김일성의 생각은 달랐다. 북한에 들어가자마자 자신이 가장 신뢰하는 부하들을 북한 전역에 파견한 것이다. 김일성은 결코 소련군이 임시로 준 자리에 만족하지 않고 보다 큰 계획을 실현하려 한 것이다.

---

9) 김창순, "김일성의 제1호 정적 오기섭의 최후와 그 해학," 『북한』 197호(1988), p.114; 박명림, 『한국전쟁의 발발과 기원 II: 기원과 원인』 (나남: 1996), p.229.

10) 유성철, "나의 증언 5," 『한국일보』, 1990. 11. 6., p10.

당시 김일성의 지시에 따라 림춘추는 평안남도에, 김일은 평안북도에, 안길과 박성철, 최충국은 함경북도에, 오진우는 함경북도 회령에, 최현은 함경남도 혜산으로 갔다. 여기에는 두 가지 목적이 있었다. 첫째는 북한 정세파악이었다. 김일성보다 먼저 소련군이 북한에 들어갔고, 국내공산세력과 민족주의 세력이 북한 내부에 나름의 자리를 잡고 있었기 때문에 이에 대한 보다 현장감 있는 정보를 확보하는 것이 무엇보다 급선무였다. 둘째는 북한 전역에 대한 김일성 지지기반 확보였다. 김일성은 원산으로 들어오면서 일본과의 직접적인 해방전쟁을 하지 못한 것을 매우 아쉬워했다. 실제로 김일성이 일본과 전쟁을 치르면서 북한으로 진주했더라면 해방직후 북한을 장악하는 것은 훨씬 쉬웠을 것이다. 김일성은 그런 아쉬움을 배경으로 집권구상의 일환으로 자신의 심복들을 북한 전역에 보낸 것이다.

심복의 북한 전역 파견 외에도 김일성의 초기 권력의지를 확인할 수 있는 증언들은 많다. 유성철은 이런 얘기도 전한다. 1945년 9월 19일 원산으로 들어간 김일성은 원산항 부근의 한 국수집 2층을 숙소로 정했다. 그래서 북한에서 첫 식사는 국수였다. 식사를 마친 김일성은 같이 입국한 부하들에게 세 가지를 지시했다. 9월 19일은 추석 전날이었다. "내일이 추석이니 밖에 나가더라도 술을 많이 마시지 말고 조용히 지내라," "누가 물으면 우리는 선발대이고 김일성은 나중에 올 예정이라고 대답해라," "김일성의 나이, 출신지, 경력 등 신상에 대해서는 일체 모른다고 해라" 등 세 가지를 얘기한 것이다.[11] 저명한 독립운동가로 화려하게 귀국하지 못하는 당시의 처지를 숨기고 기회를 보아서 보다 격식을 갖춰 북한 사람들 앞에 나타나려는 김일성의 계획을 엿볼 수 있는 증언이 아닐 수 없다.

함경남도로 파견된 김책이 함남을 장악하기 위해서는 오기섭과 담판을 해야 했다.[12] 양자회동은 9월말쯤 이뤄진 것으로 보인다. 9월 20일부터 김일성의 빨치산동지들이 파견되었고, 10월 5일 평양에서 공산당 조직 설립을

---

11) 유성철, "나의 증언 5," 『한국일보』, 1990. 11. 6., p10.

12) 위의 논문, p.114; 『붉은 해발』 1 (1981), pp.19-24; 『조선전사』 23 (평양: 과학백과사전출판사, 1981), p.47.

위한 소련군정과 북한의 공산주의자들의 회의가 열렸다. 따라서 9월 20일과 10월 5일 사이의 시점, 김책이 10월 5일 회의에 참석한 것을 고려한다면 9월말 시점에 열렸을 가능성이 높다.

이 회동에서 오기섭은 양보하지 않았다. 오기섭도 정치적 야심이 있었기 때문이다. 오기섭은 그러면서 김책 일행에게 "당신들도 조직상의 오류를 범하지 않으려거든 당신네가 할 수 있는 곳에 지방당 조직을 열심히 해보라"고 권고하기도 했다.[13] 함남에 관한 한 자신이 이미 공산당 조직을 만들어 놓았으니 건드리지 말고 다른 곳에 가보라는 얘기였다. 이후 오기섭의 함경남도에 대한 영향력은 더욱 탄탄해졌으며, 이를 바탕으로 함경북도에 대한 영향력도 커졌다.[14] 당시 그가 확보한 공산당원이 천 명 정도 되었다. 김일성의 말에 따르면 1945년 12월 현재 북한에 공산당원이 4,530명이었으니까 오기섭의 조직은 매우 큰 것이었다.

13) 김창순, 『북한15년사: 1945년 8월 – 1961년 1월』 (서울: 지문각, 1961), p.93.
14) 스칼라피노 · 이정식, 『한국공산주의 운동사』 2 (서울: 돌베게, 1986), p.406.

함남의 위대한 지도자

1945년 11월 20~23일 서울에서 제1차 전국인민위원회 대표자 대회가 열렸다. 그 해 9월 6일 조선인민공화국이 출범한 이후 두 달 여에 걸쳐 각 도에 인민위원회를 구성했는데, 이들 각 도 인민위원회의 대표들이 모인 것이다. 함경남도 대표는 김병걸이었다. 김병걸은 보고에서 오기섭과 리주하, 조훈을 '우리의 위대한 지도자'라고 불렀다. 함남에서 이들의 영향력을 잘 말해주는 대목이다.[15] 조훈은 1886년 함경남도 단천에서 출생해 1910년 만주로 건너간 뒤 주로 독립운동 자금을 조달하는 일을 했다. 1919년 대한독립군비단을 조직해 외교부장으로 활동했고, 1921년 10월부터는 상해 대한민국임시정부의 국내 비밀 연락조직인 함경남도 교통사무국의 사동지국장을 하면서 임정의 국내와의 통신과 군자금 모금 활동을 전개했다. 임정의 함남책임자 역할을 한 것이다. 이후 연해주로 건너가 이르쿠츠크파 고려공산당에 참여했다. 리주하는 당시 서울로 내려와 박헌영을 돕고 있었지만 함경남도 북청 출신이었다. 어쨌든 오기섭은 리주하, 조훈과 함께 함남의 대표 지도자로 인정을 받고 있었던 것이다. 이러한 명성 때문에 김일성도 귀국직후 국내세력과 접촉을 시작하면서 가장 먼저 김용범과 박정애, 그 다음으로 오기섭과 주녕하를 만났다.

미국도 이런 사정을 일찍부터 어느 정도 파악하고 있었다. 중앙정보국(CIA, Central Intelligence Agency) 이전의 미국 정보기관이 전략정보국(OSS,

---

15) 『전국인민위원회 대표자대회 의사록』(전국인민위원회, 1946), p.68, 박명림, 『한국전쟁의 발발과 기원 II: 기원과 원인』(서울: 나남, 1996), p.51-52 에서 재인용.

Office of Strategic Services)이다. OSS는 1942년에 만들어져 1946년까지 활동하다 CIA로 바뀌었다. 2차대전 동안 전쟁과 관련한 주요 정보를 수집 분석하는 역할을 한 것이다. OSS는 장개석 정부가 있던 중국 충칭(重慶)에 지부를 두고 있었다. 한국에 대한 정보도 여기서 수집했다. 일본의 통치 상황, 한국인들의 일본통치에 대한 반응, 한국내의 반일운동 상황 등을 수집한 것이다. OSS가 정리한 1942년 8월 15일자 문서 중 선교사 언더우드(Horace H. Underwood)가 작성한 것이 있다. 한국 상황에 대해 서울 총영사 쿼튼(Harold II. Quarton)에게 보고하는 내용이다. Horace H. Underwood는 연희전문학교(연세대학교의 전신) 설립자인 Horace G. Underwood의 아들로 연희전문 3대 교장을 지냈다. 일본의 통치행태, 한국의 사람들의 일본에 대한 정서, 한국인들의 반일 조직 등에 대한 내용을 비교적 소상히 적고 있다. 언더우드는 분명한 증거는 없다면서도 다음과 같은 내용들을 기록하고 있다. "(한국내에) 그런(반일) 조직이 존재한다. 주로 서울과 평양, 함흥 등에 있다. 구성원은 주로 젊은이나 학생들이다. 이들은 학교교육을 받은 사람들을 통해 농촌지역에도 침투하고 있다. 그들이 중국이나 만주에서 벌어지는 일들에 대해 잘 알고 있는지는 모르겠다. 하지만 한국 내에 상당히 효과적인 정보망을 갖고 있는 것 같다."[16] 1890년에 한국에서 태어나 미국에서 대학교육을 받은 뒤 1912년부터 본격적으로 한국에서 선교활동을 하면서 한국의 많은 지역을 다녔고, 많은 한국 지인을 갖고 있었던 언더우드도 서울, 평양과 함께 함흥을 항일단체가 주로 활동하는 지역으로 보고 있었던 것이다. 이러한 보고서를 통해 미국정부도 한국의 공산주의 운동의 전개 상황, 공산주의 운동의 주요 무대를 알고 있었던 것이다.

한 가지 특이한 것은 OSS가 김일성을 공산주의자가 아니면서도 소련의 지원은 받고 있는 순수 애국주의 독립운동가로 파악하고 있었다는 것이다.[17] 게다가 그를 일본 군관학교(Japanese Military Academy) 출신으로 알고

16) 「Memorandum to Harold B. Quarton, American Consul General from Horace H. Underwood」, 15 August 1942, Record Group 226, Records of the Office of Strategic Services 1940-1946, Box 150, Record No.20862, p.2.

있었다.[18] 물론 이런 내용들은 일본군에 징용되었다가 탈출한 한국인들을 OSS요원들이 면담하는 과정에서 나온 것이지만 미국 정보당국이 해방 전까지 김일성에 대해 상당히 왜곡된 정보를 가지고 있었음을 알 수 있는 대목이다.

해방 직후 남한에 진주한 미군도 함경남도 지역에 주목했다. 1945년 12월 미군정이 확보한 보고서는 원산을 북한 공산산주의자들의 근거지(stronghold)로 보고 있다. 북한 국내공산세력의 중심지는 함경남도이고 원산이 그 가운데서도 중심지 역할을 하고 있는 것으로 보고 있었던 것이다.[19] 1946년 9월까지는 원산이 함경남도였다. 이후 강원도가 된 것이다. 북조선임시인민위원회는 당시 원산을 함경남도에서 강원도로 이전시키면서 강원도 도청소재지로 만들었다. 문천군의 산업단지와 원산을 묶어서 강원도로 이전해 강원도의 활성화를 꾀한 것이다.[20] 어쨌든 함흥과 흥남, 원산 등 함경남도 주요 도시를 중심으로 한 북한 국내공산세력이 적어도 1945년 말까지는 상당한 세력을 갖고 있었음이 이런 자료를 통해서도 보다 분명하게 드러나는 것이다.

김일성은 오기섭처럼 지방에서 큰 세력을 형성하고 있는 사람들을 못마땅하게 생각했다. 나중에 그런 심정을 토로했다. 1945년 12월 17일 당 중앙위원회 3차 확대회의에서 "황해도, 평안북도, 함경남도 당 단체들의 내부에

---

17) 「Questionnaire on Conditions in Korea and Japan」, 7 August 1945, Record Group 226, Records of the Office of Strategic Services 1940-1946, Box 1654, Record No.142750, p.8.

18) 「Interrogation on Korean Politics and Personalities」, 3 August 1945, Record Group 226, Records of the Office of Strategic Services 1940-1946, Box 1638, Record No.141481, p.3.

19) 「Intelligence Summary Northern Korea for Period 15 December - 31 December 1945」,Headquarters, USAIK, Office of the Assistant Chief of Staff, G-2, January 1946, p.2.

20) "Wonsan City, Ambyon and Munchon Counties Placed under Administration of Kangwon Province," 『Minchoo Chosun』, September 1946, Record Group 554, United States Army Forces in Korea, XXIV Corps, G-2, Historical Section, Records Regarding USAMGIK, U.S.-U.S.S.R. Relations in Korea and Korean Political Affairs, 1945-48, Box 96.

각종 그루빠(그룹)들이 생겼는데 이것은 당의 통일을 약화시키며 그 위신을 떨어뜨리는 매우 위험한 현상입니다"라고 지적하면서 "한 동무를 함경남도에 파견하였는데 도당 위원회가 이 동무를 받아들이지 않은 사실까지 있습니다"라고 말했다.[21] 김책을 파견했지만 오기섭이 끝까지 버티고 함경남도 조직을 내주지 않은 것에 대해 여전히 남아 있는 유감을 표현한 것으로 보인다.

강원도와 함경남도를 가르는 고개가 철령이다. 이 철령 북쪽으로 함경남도와 함경북도를 이르는 관북지방이 일제 당시 좌익세력이 강한 지역이 된 데는 두 가지 이유가 있다. 첫째는 공업의 발달이다. 원산, 함흥, 흥남, 청진을 중심으로 금속, 전기, 화학 공업 등 중화학공업이 집중적으로 발달했다. 이는 곧 공장근로자의 밀집을 의미했다. 근로자가 많아지면서 노조의 세력이 강해졌고, 이는 좌익세력의 융성으로 이어졌다. 국내 사회주의 세력은 이 노조와 연계해 사회주의 이념의 확장을 꾀했다. 둘째는 철도 또는 선박으로 소련의 연해주와 쉽게 접촉 가능했다는 점이다. 이런 지리적 조건이 소련의 영향과 연해주에서 활동하는 국내공산세력의 영향을 많이 받도록 해주었다.

1931년 3월에서 1932년 7월 사이에 950명 정도가 적색농민운동 혐의로 검거되었는데, 그 가운데 86퍼센트인 819명이 관북지방에서 붙잡혔다. 일제 당국자들은 함경도 사람들은 성질이 거칠고 다루기가 힘들며 극단적으로 민족주의적이고, 당국에 반항적이라고 판단하고 있었다. 실제로 산악이 많아 실제의 생활조건이 열악한 이 지역은 중앙정부를 아주 멀리 있는 것으로 생각했고, 전투적인 하위정치문화(political subculture)를 형성하고 있었다.[22]

이러한 환경에 영향을 오랫동안 받아왔기 때문에 해방 직후 이 지역 특히 함남은 공산주의자들의 활동이 가장 활발한 곳이었다. 해방 다음날인 8

---

21) 김일성, 『김일성저작선집』 1 (평양: 조선로동당출판사, 1967), p.13.
22) 스칼라피노 · 이정식 저, 한홍구 역, 『한국공산주의운동사』 1(서울: 돌베개, 1986), p.268.

월 16일 함경남도 인민위원회 조직준비위가 가장 먼저 결성되고, 9월 1일 함경남도 인민위원회가 발족했다.[23] 같은 날 함흥형무소에서 정치범 200여명이 석방되었다. 이들은 함흥 부청(府廳)으로 몰려가 행정권을 일본인들로부터 넘겨받았다. 경찰서도 마찬가지였다. 좌익조직도 여럿 결성되었다. 석방된 정치범 송성관은 8월 16일 '함남 인민위원회 좌익'을 구성했다. 다음날 이조직은 공산주의자 100여명이 합세하면서 '함남 공산주의자 협의회'가 되었다. 송성관은 화요회 출신의 사회주의 노동운동가였다. 함흥 지역에서 노동쟁의와 소작쟁의를 지도하고 사회주의 운동과 독립운동을 했다. 신간회간부, 함흥청년동맹지부 집행위원장, 함흥노동연맹 집행위원장을 지냈다.[24] 1936년 7년의 징역을 선고받고 복역하는 등 오랫동안 감옥생활을 했다.

건국준비위원회 함남 지부도 결성되어 도용호가 위원장이 되었다.[25] 도용호는 해방전 약사 경력도 있고 소련에서 생활한 적도 있는 인물이다.[26] 1895년 함경남도 함흥에서 태어났고, 1919년 함흥청년회를 창립했으며, 1920년에는 서울의 사회혁명당 창당에 가담하기도 했다. 1921년에는 상하이파 고려공산당에 입당했고, 1926년에는 조선공산당에 입당했다. 제1차 조선공산당 검거사건 때 체포되어 징역 2년을 선고받았고, 1930년대 서울과 경기지역에서 김철수와 함께 조선공산당 재건활동을 하다가 검거되어 3년형을 선고받은 경력을 가지고 있었다. 이처럼 함남은 '좌익의 물결'이라고 할만큼 여러 인물, 여러 조직들이 해방직후 민첩하게 조직을 꾸려 왕성하게 활동하고 있었다.

---

23) 「해방후 4년간의 국내외중요일지」(1945. 8~1949. 3), 국사편찬위원회, 『북한관계사료집』 7 (과천: 국사편찬위원회, 1989), p.572, 574.

24) 「1936년 송성관(宋成寬) 경성복심법원 판결문」, 『독립운동관련 판결문』, 1936, 국가기록원.
http://academic.naver.com/view.nhn?doc_id=50444273&dir_id=0&page=0&query=%EC%86%A1%EC%84%B1%EA%B4%80&ndsCategoryId=60500

25) 와다 하루키, "소련의 대북한정책 1945~1946," 『분단전후의 현대사』(서울: 일월서각, 1983), pp.250-251.

26) Headquarters, USAFIK, Seoul, Korea, 14 September 1945, 『미군정 정보보고서』 (HQ XXIV Corps G-2 Report), 제1권 (서울: 일월서각, 1986), pp.35-36.

함흥지역 좌익세력은 심지어 소련군정을 좌지우지하기도 했다. 소련군 제25군 사령관 치스차코프는 8월 24일 만주에서 비행기를 타고 함흥으로 들어왔다. 평양보다 함흥이 북한의 중심인 것으로 잘못 알았기 때문이다. 소련군정의 북한에 대한 무지를 단적으로 보여주는 일화이기도 하다. 어쨌든 치스차코프는 곧바로 함흥의 일본인과 협상을 벌여 당분간 일인들이 행정권을 유지하도록 결정했다. 함남지역 좌익단체는 즉각 반발했다. 다음날인 25일 함남공산주의자협의회의 송성관, 최기모, 임충석, 김인학, 그리고 건준 함남지부의 도용호, 최명학이 치스차코프를 찾아갔다. 이들은 자신들이 구성한 조선민족 함경남도집행위원회로 행정권을 넘기라고 요구했다. 치스차코프는 이 요구를 받아들여 일제 헌병과 경찰을 무장해제하고 관공서를 이 위원회가 인수하도록 했다.[27] 혁명투사가 경찰서장이 되고 농민이 군수를 맡았다. 이렇게 일인에게 넘겼던 행정권이 곧바로 번복되는 경우는 함남이 유일했다. 그 만큼 이지역의 운동세력이 강했음을 보여주는 사례이다. 국내의 연합세력이 행정권을 행사하는 이런 함흥 방식은 평양에서도 그대로 적용되었다. 이러한 가운데 오기섭은 함흥을 중심으로 함경남북도 공산주의자들에게 큰 영향력을 가지고 있었던 것이다.

27) 와다 하루키, "소련의 대북한정책 1945~1946," 『분단전후의 현대사』(서울: 일월서각, 1983), pp.254-255.

제3장

김일성과 본격 경쟁

조선공산당 북부조선분국 제2비서

함경도를 지키고 있던 오기섭은 1945년 9월말부터 본격적으로 평양에서 정치활동을 시작한다. 그런가 하면 1945년 9월 19일 귀국한 김일성은 곧바로 국내세력과의 접촉에 착수한다. 먼저 각 도의 책임자와 부책임자들을 만나고, 이후 간부들을 단체로 만났다. 9월말에는 각 도의 책임자와 부책임자가 평양으로 모였다. 김일성은 이들과 만나면서 공산당의 창건문제를 논의한다. 그러면서 자연스럽게 '중앙지도부'를 형성했다. 당시 김일성은 평양 중구역 연화동에 있는 동양척식주식회사 평양지사 사무실을 사용했는데 여기에 자주 모여 회의하는 그룹을 '중앙지도부'라고 불렀다. 김일성과 김책, 최용건, 안길 등의 김일성파와 오기섭, 김용범, 주녕하 등 국내파가 '중앙지도부'를 구성했다. 지하투쟁과 사회주의 노조활동이 몸에 밴 오기섭은 프롤레타리아적 관점을 늘 강조했다. 완고한 원칙주의자 오기섭은 이때부터 김일성과 사사건건 대립하게 된다.

1945년 10월 10~13일 조선공산당 서북5도당 책임자 및 열성자 대회(서북5도 당대회)가 열렸다. 조선공산당 북부조선분국을 창설하기 위한 대회였다. 조선공산당 북부조선분국의 조직위원회 제1비서에 김용범이 선출되었고, 오기섭은 제2비서가 되었다.[1] 김일성은 집행위원 17명 가운데 하나였다. 김용

---

1) 김용범의 직위명과 관련해 소련측 문서(슈티코프, 「북조선 정치상황에 대하여」, 국방성문서관, 문서군 172, 목록 614631, 문서철 38, pp.19-20) '제1비서'라고 밝히고 있다. 서동만, 북조선사회주의체제 성립사: 1945-1961(선인, 2005), p.72, 재인용. 북한자료 [강영탁, "1945년 10월 우리당 창립대회에서 채택된 당정로선과 조직로선에 대하여," 『근로자』 (1959. 10. 15.), p.34]도 김용범의 직위를 '제1비서'로 쓰고 있는 것이 있다. 하지만 조선공산당 북부조선분국의 기관지 『정로』는 김용범

범은 소련군정과 김일성의 지원으로 책임비서가 될 수 있었다. 우선 그는 소련공산당 약소민족국이 공작원으로 선발해 북한지역에 파견할 정도로 소련측의 신뢰를 얻고 있었다. 일제에 체포되어 감옥살이를 하다가 해방과 함께 석방되어 평양을 중심으로 활동하면서 당적 기반을 확대해 나간 것도 김용범이 갖고 있는 장점이었다. 게다가 토착 국내 공산세력이 아니었다는 점도 소련군정과 김일성에게는 부담이 적은 인물로 여겨졌다.

서북5도 당대회에서 당 지도부를 구성하는 과정에서 오기섭에 대한 당시 북한 국내 공산세력의 지지가 얼마나 높았는지를 보여줄 만한 일이 발생했다. 당대회를 위해 김일성 주도로 9월 29~30일쯤 각 도의 책임자들로 발기인위원회가 구성되었다. 이들 발기인이 10월 2일쯤 각 도에 내려가 대표를 선발, 10월 5~8일 예비회의가 열렸고, 10~13일 본회의가 열린 것이다. 당초 발기인회의에서 집행위원을 투표로 선출하지 않고 전형위원회를 구성해 여기서 추천하기로 했다. 대회 마지막 날인 13일 김용범의 사회로 지도부 구성회의가 시작되었다. 그런데 여기서 강원도 대표가 이의를 제기했다. 발기인회의 결정대로 하지 말고 비밀투표로 집행위원을 선출하자는 것이었다. 곧바로 함경남도와 강원도 대표 일부가 "우리의 지도자 오기섭동지, 주녕하동지, 리주하동지 만세"를 외쳤다. 곧 장내가 정리되긴 했지만 당시 국내 공산주의 세력 사이에서 오기섭의 위치를 알 수 있게 해주는 대목이 아닐 수 없다.

당시 국내파는 비밀투표를 하면 오기섭 체제로 집행위원회를 꾸릴 수 있다는 생각을 했던 것이다. 하지만 전형위원회가 구성되면 소련군정과 김일성파의 의견이 많이 반영될 수밖에 없었다. 전형위는 실제로 소련파인 리동화와 태성수를 집행위원으로 추천했다. 하지만 오기섭과 정달헌이 반발했다. 이들은 조선인이지만 소련군인이고, 조선공산주의 운동에 기여한 바가

의 직위를 '책임자'라고 쓰고 있다. 조선공산당 북부조선분국 제3차 확대집행위원회에서 김일성이 '책임비서'로 선출되면서 분국 최고위직위명은 '책임비서'가 된다. 『정로』, 1945. 11. 1.; 1945. 12. 21., 김광운, 『북한 정치사 연구 I』 (선인, 2003), p.163, 재인용.

없다는 이유에서였다. 그래서 두 사람이 빠지고 대신 그 자리에 국내파인 강진건과 장종식이 들어가게 되었다.[2] 이때까지는 국내파의 세력이 강했음을 보여주는 또 하나의 사례이다.

김일성은 제1비서로 추천되었지만 스스로 사양했다. 서울에 조선공산당 중앙본부가 존재하고 38선이 여전히 유동적인 상황에서 공산주의 운동의 중심지를 평양으로 삼기는 아직 어려웠고, 그렇다면 최고직책에 무리해서 올라가지 않고 때를 기다리는 것이 좋겠다는 판단이었을 것이다. 게다가 소련측도 정치훈련이 덜 된 김일성을 전면에 내세우기에는 아직 이르다고 판단했다. 소련군 25군 정치사령관 레베데프는 김일성이 레닌의 사상에 대한 이해가 적어 정당을 이끌 만한 준비가 안 되어 있다고 생각했다.[3]

어쨌든 당조직이 꾸려지고 그 틀 내에서 함께 일하면서 김일성과 오기섭의경쟁은 보다 심화된다. 직책은 오기섭이 김일성보다 높았다. 하지만 김일성은 중요한 작업을 했다. 김일성이 분국의 설립과 당규약 기초, 당증 발행, 당대회 소집 등의 주요 문제를 당대회 주요의제로 내놓는 등 대회를 주도했다.[4] 실제적인 권력은 벌써 이때부터 김일성이 쥐고 있었던 것이다. 그럼에도 불구하고 서북5도 당대회 당시 최고 지위를 가지고 정식으로 대회에 보고하는 사람은 없었다. 김일성은 조직문제, 오기섭은 정치문제에 대해 보고를 하긴 했지만 누구도 전체적으로 총괄하는 입장은 되지 못했다.[5] 당시 김일성파와 국내파 사이의 권력투쟁이 여전히 진행 중이었으며 어느 쪽도 헤게모니를 장악하지는 못했음을 의미한다.

이런 상황이었기 때문에 분국의 출범 이후에도 오기섭과 그의 지도하에 있던 함경남도 도당은 김일성 중심의 조선공산당 북부조선분국의 지도에 따르려 하지 않았다. 한편 북한에서 조선로동당 부부장을 지낸 박병엽의 증

---

2) 중앙일보 특별취재반, 『비록: 조선민주주의인민공화국』(중앙일보사, 1992), pp.113, 122-123.
3) 중앙일보 특별취재반, 『비록: 조선민주주의인민공화국』(중앙일보사, 1992), p.117.
4) 조선산업노동조사소, 『옳은 노선』 (동경: 민중신문사, 1946), p.44.
5) 중앙일보 특별취재반, 『비록: 조선민주주의인민공화국』(중앙일보사, 1992), p.115.

언에 따르면 연안독립동맹의 무정도 제2비서로 선출되었다고 한다.[6] 하지만 당시 무정은 북한에 들어가지 않았기 때문에 신빙성은 떨어진다. 오기섭은 제2비서가 됨으로써 형식상으로는 북한지역의 제2인자 자리를 확보했지만 내용은 달랐다. 당시 북한 정치의 중심은 소련군정이었고, 소련군정은 김일성과의 철저한 연계 속에서 정치를 했기 때문에 오기섭은 소외될 수밖에 없었다.

6) 중앙일보 특별취재반, 『비록: 조선민주주의인민공화국』(중앙일보사, 1992), p.116.

김일성, 책임비서로 전면 부상

1945년 12월 17~18일 조선공산당 북부조선분국 제3차 확대집행위원회가 열렸다. 오기섭은 김일성, 안길, 주녕하 등과 함께 주석단을 자지했다. 여기서 김용범이 물러나고 김일성이 책임비서에 오른다. 김용범이 제2비서가 되었다. 오기섭은 조직부장으로 한 단계 내려갔다. 연안파를 대표한 무정은 간부부장이 되었다. 무정은 12월 13일 김두봉, 최창익, 한빈, 김창만, 허정숙 등과 함께 귀국해 며칠 만에 간부부장이 되었다.

무정은 1905년 함경북도 경성에서 출생해 서울 중앙고등보통학교를 중퇴했다. 중국으로 건너가 1924년 중국 바오딩군관학교(保定軍官學校)를 졸업하고 이듬해 중국공산당에 가입했다. 1934년 10월 시작된 중국공산당의 대장정에 참여했다. 한국인 30명이 대장정에 참여했는데 무정만 유일하게 살아남았다. 1937년에는 제8로군 작전과장이 되었다. 이후 뛰어난 포병술을 인정받아 8로군 포병사령관에까지 올랐다. 1942년 7월에 조직된 조선의용군 총사령이 되어 항일투쟁에 앞장섰다.

조선의용군은 조선의용대의 후신이다. 1938년 10월 김원봉의 조선민족혁명당, 김성숙의 조선민족해방동맹, 류자명의 조선혁명자연맹, 최창익의 조선혁명청년연맹 등 중국내 4개의 한인 좌파 독립운동 단체가 조선민족전선연맹으로 통합됐는데, 이 단체의 군사조직이 조선의용대이다. 1940년 조선의용대의 본부는 충칭에 자리잡았고, 하부조직은 화북으로 이동해 1941년 7월 린현(林縣)에서 '조선의용대 화북지대'라는 이름으로 전투조직을 꾸렸다. 조선의용대 화북지대는 타이항산(太行山) 일대에서 일본군과 전투를 치르며 독립운동을 전개했다. 1942년 5월 충칭의 조선의용대 본부가 임시정부 광복군에 편입한 후 화북지대는 그해 7월 조선의용군으로 개편했다. 8월에 김두봉이 합류해 조선독립동맹을 결성하고 조선의용군은 이 단체의 군사조직이 되었다. 조선의용군은 8로군과 협력하면서 타이항산 부근에서 항일전투를 계속했다. 그런데 1943년 말 중국공산당이 조선의용군 보호 방침을 결정했다. 2차대전 종전후 한국통치에 이들이 중요한 역할을 하는 것이 중국공산당에 유리할 것이라는 판단을 한 것이다. 그래서 조선의용군은 1944년 3월 옌안으로 이동했다. 그러다가 해방을 맞았다. 그래서 그들을 연안파라고 부르는 것이다.

전 조선로동당 부부장 박병엽의 증언은 김일성이 평양에 들어온 지 3개월 정도 되는 시점에 김일성이 북한의 공산당 조직 내 권력투쟁에서 승리했음을 생생하게 보여준다.[7] 북조선 분국 3차 확대집행위 둘째날(12월 18일) 제1비서 김용범이 사임의사를 밝혔다. 그는 위암을 앓고 있었다. 실제로 수척해진 모습이었다. 건강상의 이유로 사퇴의사를 밝히면서 김용범은 김일성을 책임비서로 추대하자고 제의했다. 곧 장내가 술렁거렸지만 오래지 않아 박수가 나왔다. 추대에 동의한다는 것이었다. 표결도 없이 박수만으로 만장일치 가결된 것이다. 오기섭과 정달헌과 리봉수 등 국내파는 반대하지도 못하고 그렇다고 적극 찬동하지도 못해 이런 상황을 지켜보고 있을 수밖에 없었다. 이로써 막후의 실력자 김일성은 전면에 나타나게 됐다.

분국의 책임비서로 김일성이 취임함으로써 북한의 공산당 조직은 박헌영으로부터 사실상 독립하게 됐다. 박헌영은 분국 설립 당시 서울에 있는 조선공산당의 북조선지부로 분국을 설립하도록 허용했지만 이후 실질적으로 분국을 관리하지 못했다. 그도 그럴 것이 박헌영 자신이 서울에서 미군정의 탄압과 감시의 대상이었다. 그런 상태로 평양에 있는 분국을 관리하기 어려웠다. 게다가 박헌영은 오기섭 등 북한 내 있는 국내공산세력을 믿었다. 그들이 자신을 계속 지지하면서 분국에서 김일성을 견제해 줄 것으로 믿었다. 이러한 요인 때문에 박헌영은 분국에 영향력을 행사하려 하지 않았고, 그 와중에 김일성이 조직을 장악한 것이다.

---

7) 중앙일보 특별취재반, 『비록: 조선민주주의인민공화국』(중앙일보사, 1992), p.171.

제4장

권력투쟁에서의 패배

조직부장 해임

1946년 1월말 오기섭은 조선공산당 북부조선분국 조직부장 자리에서 해임되었다. 제2비서 두 달, 조직부장 한 달을 하고 물러난 것이다. 소영웅주의분자, 종파주의분자, 민족주의전략분자, 트로츠키분자 등의 이름으로 비난받다가 자리를 내준 것이다. 당조직에서는 입지를 잃었지만 대신 행정조직에서 자리를 얻었다. 1946년 2월 8일 행정조직으로 수립된 북조선임시인민위원회가 출범했고, 3월 4일 기존조직에 선전부와 기획부, 총무부가 추가되었다. 오기섭은 선전부장에 임명되었다.[1] 임시인민위는 3월 토지개혁을 시작했는데, 오기섭이 토지개혁에는 찬성했기 때문에 선전부장에 임명된 것이다.[2] 당시 북조선임시인민위원회 위원장은 김일성이었고, 김두봉이 부위원장, 강량욱이 서기장이었다.

김두봉은 특이한 경력의 소유자였다. 주시경 선생의 수제자가 될 만큼 유능하고 유명한 한글학자였다. 그러다 3.1운동을 계기로 독립투사가 된 인물이었다. 1889년 경상남도 기장군에서 태어났고 1913년 배재대학을 졸업했다. 중앙·보성·휘문학교 등에서 가르치면서 한글 연구에 몰두해 권위 있는 국어학자로 인정받았다. 3.1운동이 일어나면서 여기에 참여해 상하이로 망명했다. 1923년까지 상하이에서 신문을 통해 독립의 당위성을 선전하고, 독립운동가 자녀들에 대한 교육활동을 주로 했다. 1929년에는 한국독립당에

1) 「Biography of Labor Bureau Chief Given」, United States Central Intelligence Agency, Foreign Broadcast Information Branch, Far Eastern Section, 20 January 1948, 『남북한관계사료집』 15 (과천: 국사편찬위원회, 1995), p.160.
2) 서동만, 『북조선사회주의체제 성립사: 1945-1961』(서울: 선인, 2003), p.160.

참여하고, 1932년에는 대일전선통일동맹을 조직해 중국에서 활동하는 독립운동단체의 통일을 추진했다. 1935년 5개 단체를 통합해 조선민족혁명당을 만들었고, 1937년에는 중국 남경에서 조선민족동맹을 조직해 반일투쟁 활동을 계속 했다. 1938년 중경으로 이동했다가 1942년 연안에 있던 중국공산당 항일근거지를 찾아가 무정, 한빈,[3] 최창익 등과 함께 조선독립동맹을 조직하고 주석을 맡았다.

강양욱은 김일성의 외종조부로 1903년 평안남도 대동군에서 태어났다. 평양 숭실중학과 숭실전문학교를 마치고 일본 주오대학(中央大學)에 진학했다. 하지만 예과만 수료하고 귀국, 평양신학교에 입학해 1932년 졸업하였다. 이후 장로교 목사가 되었고, 신약성서 연구도 깊이 했다. 1945년 11월 조선신민당이 창당되면서 중앙위원을 맡았고, 임시인민위가 출범하면서 서기장에 임명되었다.

임시인민위원회 서기장 아래에는 10명의 국장이 있었다. 보안국장 최용건, 산업국장 리문환, 교통국장 한희진, 농림국장 리순근, 상업국장 한동찬, 체신국장 조영렬, 재정국장 리봉수, 교육국장 장종식, 보건국장 윤기녕, 사법국장 최용달이었다. 그 아래로 기획부장 정진태가 있었고 선전부장은 기획부장 다음 서열이었다. 15위로 내려앉은 것이다. 당의 제2비서는 당시 북한의 2인자로 당시 북한 사회의 초석을 마련하는 정책을 결정하는데 핵심적인 역할을 하는 자리였지만, 북조선임시인민위원회의 선전부장은 거기에 비하면 초라한 자리였다.

---

3) 한빈은 1902 또는 1903년 러시아 블라디보스톡에서 태어났다. 블라디보스톡 극동대학 철학과를 1922또는 1923년 졸업하고, 모스크바에 있는 공산주의자대학, 레닌대학, 제1국립대학 등에서 수학했다. 블라디보스톡 대학 재학 당시인 1919년부터 독립운동에 참여했고, 1920년 소련의 공산주의청년동맹(KOMSOMOL)에 가입했다. 1923년부터는 만주에서 청년조직과 농민조직 건설활동을 주로 했다. 1925년 국내로 들어와 공산당 건설운동을 하다 붙잡혀 5~6년 감옥생활을 했다. 1931년 중국으로 건너가 중남부 중국을 중심으로 정치활동을 하다가 1941년 연안으로 가서 연안독립동맹 조직에 참여했다. 1943년에는 이 단체의 부주석이 되었다. Headquarters, USAFIK, Seoul, Korea, 3 February 1946, 『미군정 정보보고서』 (HQ XXIV Corps G-2 Report), 제2권 (서울: 일월서각, 1986), pp.10-11.

당시 임시인민위는 의결기구로 임시인민위원회를 두고, 정책을 집행하는 기구로 행정국들을 운영하는 체제였다. 오기섭은 의결기구를 구성하는 임시인민위원 23명에도 들지 못했다. 위원 23명은 이러했다.

김일성(공산당), 무정(공산당), 김두봉(독립동맹), 방우용(독립동맹), 홍기황(민주당), 강량욱(민주당), 현창형(노동조합), 강영근(노동조합), 강진건(농민연맹), 박정애(여성연맹), 방수영(민청동맹), 리기영(문예동맹), 홍기주(평남인민위), 김덕영(황해인민위), 최용달, 리봉수, 장종식, 리순근, 최용건, 리문환, 한희진, 한동찬, 윤기녕

공산당과 독립동맹, 민주당 등 정당의 대표와 노동조합과 농민동맹, 여성동맹, 민청동맹, 문예동맹의 대표들을 망라하고, 임시인민위 행정국장들을 포함해 23명의 위원회를 구성했다. 행정국장 가운데서는 체신국장 조영렬만 빠졌다. 오기섭과 함께 국내파를 대표할 만한 정달헌도 위원 23명에 들지 못했다. 벌써 이때부터 국내파가 현격하게 약화되었음을 보여주는 것이다. 다만 국내파 가운데 최용달은 사법국장, 리순근은 농림국장으로 임명되면서 임시인민위원에도 올랐다. 국내파 입장에서는 임시인민위를 조기에 출범해 김일성이 행정권을 장악하는 것이 탐탁지 않을 수밖에 없었다. 하지만 다른 국내파와는 달리 최용달과 리순근은 임시인민위원회의 결성에 적극 찬성했다. 국장 자리는 그에 대한 보상이었다.

최용달은 1901년 강원도 양양군에서 농민의 아들도 태어났다. 함흥고등보통학교를 거쳐 경성제대 법학부에 진학한 시골 수재였다. 대학 재학 당시 교내서클 경제연구회에서 리강국, 박문규 등과 함께 활동했다. 1929년 원산부두노동자 총파업 당시 경제연구회 대표로 현장을 방문해 조사활동을 하기도 했다. 1930년 대학을 졸업하고 법학부 연구실에 남아 연구를 계속하다가 1932년 보성전문학교 교수가 되었다. 1938년 10월 좌익노조사건에 관여한 혐의로 원산경찰서에 검거되어 1942년까지 함흥감옥에서 수감생활을 했다. 1942년 4월 출옥했다가 다시 검거되어 1943년 3월까지 감옥생활을 했다. 1945년 1월 다시 수감되어 3월까지 감옥에 있다 출옥했다. 해방직전 박문규·리강국과 함께 비밀조직인 여운형의 건국동맹에 참여했다. 해방되면

서 조선건국준비위원회 치안부장이 되었고, 1945년 9월 6일 조선인민공화국 중앙인민위원회 보안부장에 임명되었다. 이후 북한으로 넘어가 북조선 5도 행정국 사법국 부국장으로 활동했다.

리순근은 경상남도 함안군 농가에서 1900년 태어났다. 1932년 와세다 대학 경제학부를 졸업했다. 대학시절 신흥과학연구회라는 연구서클에서 열심히 활동하면서 좌익이론가의 면모를 갖추게 되었다. 1932년 12월 귀국하자마자 검거되어 서대문형무소에 수감되었다가 1938년 봄 출옥했다. 이후 대구에서 지하활동을 하다가 1939년 다시 검거되었다. 해방과 함께 출옥한 뒤 1945년 11월 월북해 북조선 5도행정국 농림국장이 되었다.

조선공산당 북부조선분국의 기관지 『정로』 1946년 2월 15일 ~ 19일자 신문은 임시인민위 위원들을 소개하고 있다.[4] 그 중 일부를 소개하면 이렇다. 강진건은 1885년 함경북도(실제는 함경남도) 이원군 수항마을에서 가난한 농민의 아들로 태어났다. 사설학교(서당을 말하는 듯)에서 중국 고전을 배웠고, 1908년 다른 9명과 함께 서울에 협성중학교를 세웠다. 1910년 만주 장백현으로 건너가 농사를 지으면서 한국인 교육기관을 설립했다. 그곳에서 군사조직을 꾸려 리더가 되었고, 1919년 3.1운동에 참여했다가 중국당국에 체포되었다. 일본당국에 넘겨져 19년 동안 감옥생활을 했다. 석방후 해방될 때까지 함북 청진에서 농민운동에 참여했다. 해방후 청진농민조합장과 북조선 농민동맹 위원장을 맡았다. 농민의 해방을 위해 자신의 삶을 바치는 바람에 결혼한 이후 집에서 거주한 것이 5년밖에 안됐다.

방수영에 대해서는 『정로』가 다음과 같이 쓰고 있다. 1918년 평양의 가난한 상인가정에서 태어났다. 평양에서 중학교를 마치고 도쿄 와세다대학으로 진학했다. 1941년 정치학·경제학 학위를 받았다. 이후 만주로 건너가 약 2년을 거주했다. 1944년 10월부터 1945년 5월까지는 평양 기상대에서 근무했

---

4) "Personal Histories of Members of Interim People's Committee of Northern Korea," 『Chawng Lo』, 15~19 February 1946, Record Group 554, United States Army Forces in Korea, XXIV Corps, G-2, Historical Section, Records Regarding USAMGIK, U.S.-U.S.S.R. Relations in Korea and Korean Political Affairs, 1945-48, Box 96.

다. 해방후 조선민주청년동맹 위원장을 맡았다.

리기영, 홍기황, 리문환, 한희진, 윤기녕, 리봉수에 대해서도 소상히 소개하고 있다. 리기영은 1894년 강원도 빈농의 아들로 출생했다. 많은 소설을 쓴 프롤레타리아 문학의 거장이다. 소설을 통해 지금까지 한국의 농민들을 도와왔다. 그의 작품들 가운데 출판금지된 것들이 많고, 반일혁명적 작품 때문에 일제에 체포되기도 했다. 강원도 인민위원회 교육부장을 맡고 있다. 홍기황은 1883년 평안남도 용강군에서 중농의 아들로 태어났다. 평양에서 중학교육을 마치고 교육사업에 투신했고 1919년 3.1운동에 참여했다. 수년간 투옥됐다 출옥 후 다시 교육사업에 헌신, 광성학원을 운영했다. 기독교 감리교 장로로 평양의 기독교 사회에서 중요한 역할을 했다. 경제문제에도 관심을 쏟고 있으며 평남인민위원회 부위원장을 맡고 있다.

리문환은 1897년 경기도 지주 집안에서 태어났다. 전기 기사이면서 산업, 경제의 권위자이다. 전기산업 원가이론가로서 전기요금체계가 그에 의해서 구축되었다. 8월 5일까지는 서울에 있었다. 북조선전기총국장이 되어 북조선 전기계의 통계표를 스스로 기억을 더듬어 만들어 냈다. 외국의 당국자들이 그의 탁월한 업무능력에 놀라기도 한다. 한희진은 1901년 함경남도 북청 중농 가정에서 태어났다. 1925년 경성법학전문학교를 졸업했다. 학생시절부터 사회운동에 참여해왔다. 졸업후에는 평안철도국에서 일을 시작했고, 1941년 청진철도국 후생과장, 1943년에는 식산과장이 되었다. 1945년 함흥철도국장이 되었고, 8월 5일부터는 북조선철도국장으로 일했다.

리봉수는 1892년 함경남도 홍원군 농민의 아들로 태어났다. 메이지 대학에 진학해 경제학을 전공했다. 학생시절부터 사회운동에 관여했다. 3.1운동에 참여했고, 이후 상하이로 망명했다. 다시 일본에 건너가 대학을 졸업한 뒤 국내로 들어와 동아일보 경제부장으로 사회운동을 계속했다. 그러다가 감옥생활도 오래 했다. 1945년 8월 15일 홍원군 인민위원장이 되었고, 함경남도 인민위원회 산업부장 겸 북조선임시인민위 재정국장을 맡았다.

여하튼 임시인민위원에서 탈락하면서 오기섭의 세력약화는 가시화되었는데, 오기섭의 세력약화는 그의 글이 당 기관지에 실리는 빈도 감소로도 확인된다. 『정로』를 통해 왕성하게 집필활동을 하던 오기섭의 글은 1946년 2월 중순부터 줄기 시작한다. 3월 1일 이후에는 거의 찾아볼 수 없을 만큼 급격히 감소해 1946년 10월 20일에 한 편이 실렸고, 이듬해 1월 2일 『로동신문』에 두 편의 글이 발견될 뿐이다.[5] 이론가 오기섭의 권력축소를 실감나게 보여주는 면이 아닐 수 없다.

김일성 입장에선 북한의 행정조직을 조기에 갖추어 북한을 효율적으로 통치하기 위해 북조선임시인민위원회를 출범시키는 데 심혈을 기울였지만 오기섭을 비롯한 국내세력의 생각은 아니었다. 조기 출범 자체에 대해 회의적이었다. 1945년 말에서 1946년 초 한반도문제의 해결을 위한 논의가 급박하게 진행되었다. 1945년 12월 16~27일 모스크바에서 열린 미·영·소 3국의 외상회의에서 미소공동위원회의 설치와 한반도 신탁통치가 결정되었다. 이에 따라 미소공동위원회가 구성되고, 1946년 1월 16일 덕수궁에서 신탁통치와 임시정부 수립 문제를 논의하기 위한 예비회담이 열렸다. 따라서 국내세력은 임시정부 구성의 가능성이 있는 상황에서 북한만의 행정기구 구성은 남과 북을 보다 분명하게 분열시키는 행위라고 보았다. 이러한 국내세력의 입장과는 달리 김일성과 소련군정은 미소공동위원회 출범 이전에 북한의 행정기관을 수립하려 했는데, 이는 북한에서의 체제를 보다 확고히 함으로써 임시정부 논의 상황에서 북한정권의 형태를 확대해서 임시정부에 적용할 수 있다는 생각이었다. 또 남한이 단독정부를 세우게 되는 경우 북한정부를 수립하는데 있어서 효율적으로 대처할 수 있다는 판단을 하고 있었다.[6]

김일성 세력과 다른 생각을 하고 있었지만 오기섭이 그렇다고 해서 적극적으로 행정기구 출범을 막고 나선 것은 아니었다. 1946년 2월 7일 정당과 사회단체 간부, 도인민위원회 위원장, 행정국장 등 32명이 모이는 북조선임시인민위원회 결성을 위한 예비회의가 열렸다. 오기섭은 김일성과 함께 공산당 대표2명에 선발되어 회의에 참석했다. 이 자리에서 임시인민위 결성에

---

5) 백학순, "북한에서의 '단일적 지도력'의 확립과 당·국가 건설," 『현대북한연구』 2권 1호 (1999), p.20.

6) 김광운, 『북한 정치사 연구』 I (서울: 선인, 2003)), p.266.

관한 결의가 채택되었고, 오기섭은 행정기구 반대 의견을 제시하지 않았다. 오히려 정당, 사회단체, 5도행정국, 각 도인민위원회 대표들이 확대협의회를 2월 8일 열어 제기된 문제들을 토의, 결정하자고 제안했다. 임시인민위 출범의 장을 열어주는 역할을 한 것이다.

당시 이니셔티브가 이미 국내세력보다는 김일성과 소련군정에 주어져 있었고, 오기섭은 다른 생각을 가지고 있으면서도 적극 제시하지 못한 것이다. 그렇게 북조선임시인민위원회는 출범하게 되었고, 오기섭은 선전부장 자리를 맡게 된 것이다.

북조선임시인민위원회 선전부장 오기섭

권력서열에서 급전직하한 오기섭은 그렇게 쉽게 모든 것을 포기하진 않았다. 비록 권력서열은 낮았지만 북조선임시인민위원회 선전부장의 이점을 최대한 활용해 자신의 입장을 인민들에게 알렸다. 그는 자신의 특기이고 장점인 웅변능력을 십분 이용했다. 대중에게 연설할 기회가 있을 때는 적극 참여했다. 그러면서 그의 인지도는 더욱 높아졌다.

1946년 2월 초 구성된 3.1운동기념 준비공동위원회의 위원장을 맡을 만큼 그의 입지가 어느 정도는 살아있었다. 『정로』 1946년 2월 12일자가 보도하고 있는 내용을 보면 2월 5일 조선공산당 북부조선분국에서 각 정당과 사회단체 대표들이 참석해 3.1운동 기념 방안을 논의하고 공동준비위원회를 구성했는데, 위원장으로 오기섭을 선출했다. 당시 공동준비위원회 조직은 다음과 같다.

위 원 장 : 오기섭(조선공산당 북부조선분국)
부위원장 : 홍기두(조선민주당), 최창익(조선독립동맹)
위　　원 : 현창영(노조전평북조선총국), 강진건(전농북조선동맹), 방수영(조소민주청년동맹), 신진순(여성동맹), 황갑영(조선문화협회), 임승엽(교원연맹), 강양욱(기독교), 리근섭(천도교), 김세율(불교)[7]

7) "3.1운동기념 준비공동위원호 조직," 『정로』 1946. 2. 12., 국사편찬위원회, 『북한관계사료집』 31(과천: 국사편찬위원회, 1999), p.240.

연안파의 거물 최창익, 김일성의 외종조부 강양욱 등을 위원으로 둔 위원장 역할을 오기섭이 한 것이다. 더욱이 당시는 2월 8일 북조선임시인민위원회 출범을 3일 앞둔 시점이었고, 북한이 보다 정리된 행정기구를 출범시키면서 새로운 국가건설을 위한 결의를 다지는 시점이었다.

그 무렵 소련군정도 오기섭을 여전히 비중 있는 인물로 평가하고 있었다. 북조선임시인민위가 출범한 지 한 달 후인 1946년 3월 북한 주둔 소련군은 한국의 임시정부 구성을 위한 안(案)을 만들었다. 미소공동위원회에 제출하기 위해 만든 것으로 소련공산당 중앙에 제출된 것이다. 이 안의 각료 명단에는 수상 여운형, 부수상 김규식·박헌영, 외무상 허헌, 내무상 최용건, 국방상 김일성, 노동상 홍남표, 재무상 박문규, 체신-통신상 안기성, 공업상 무정, 교육상 김두봉, 선전상 오기섭, 경제계획위원장 최창익 등이었다. 말하자면 오기섭을 서열 12위의 장관 후보로 올린 것이다. 이 자료는 각료후보 17명을 비교적 상세히 소개하고 있는데, 오기섭에 대해서는 이렇게 쓰고 있다.

> 조선공산당 중앙위원. 46세. 모스크바에서 동방노력자공산대학을 졸업하였다. 1919년 3월 반일봉기 참가자. 박헌영의 전우. 1926년에 공산당에 가입하였다. 소련에 5년 간 있었다. 혁명사업으로 인하여 일본에 체포되었으며 감옥에서 12년간을 보냈다. 재능 있는 선전선동가.[8)]

감옥생활이 실제는 13년 이상인데 12년으로 쓰고 있지만 전체적으로 그의 항일투쟁경력을 높이 사고 있는 내용이다. 소련군이 김일성을 국방상 후보로 보고 있었음을 이 자료는 명료하고 보여주고 있다. 소련군은 김일성을 북한의 리더로 지원하고 있으면서도 한국에 임시정부가 세워지는 경우 남북을 아우를 수 있는 인물로 보지는 않고 있었다는 얘기다. 여운형은 미군과도 대화가 되었기 때문에 미소공위가 성공했더라면 소련의 계획대로 수상이 되었을 가능성이 높다. 이 자료는 여운형을 "소련에 충성스러운 태도

---

8) M. 부르체프(소련군정 정치사령부 제7호 정치국장), 「단평-조선임시정부 각료후보들에 대하여」, 『역사비평』 26 (1994), p.378.

를 취한다"고 평가하고 있다.[9] 여운형이 북한을 오가면서 소련군정과 대화를 했기 때문에 이러한 평가가 가능했던 것으로 보인다. 김일성에 대해서는 "조선에서 그는 민족 영웅으로 알려져 있다. 북조선에서 가장 인기있는 활동가들 중 하나이다"라는 평가를 하고 있다.

비슷한 시기인 1946년 3월 7일 미소공동위원회 소련측 수석대표 슈티코프가 소련공산당 중앙위원회에 보고한 임시정부 내각 안(案)도 비슷한 내용이다. 하지만 김일성이 내무상으로 되어 있다. 수상 여운형, 부수상 박헌영·김규식, 외무상 허헌, 내무상 김일성, 산업상 김무정, 교육상 김두봉, 선전상 오기섭, 노동상 홍남표, 계획경제위원장 최창익 등으로 내각 명단을 준비하고 있었다.[10]

두 개의 안 모두 오기섭은 선전상으로 상정하고 있다. 오기섭에 대해서는 정치적인 선전선동에 능력이 있는 인물로 소련군에서도 충분이 인정하고 있음을 알 수 있다. 하지만 그의 연설능력과 그에 따른 인지도의 상승은 그에게 결국은 독이 되었다. 논리가 뛰어나고 연설을 잘하는 그를 김일성은 자신의 지위를 위협할 수 있는 위험한 존재로 본 것이다. 선전부장 자리에서도 그래서 쫓겨났다.

김일성파의 주장에 따라 북한지역에 있던 공산주의 세력은 찬탁을 하게 되었지만 미소공동위원회가 결정한 임시정부 수립의 구체적인 문제를 둘러싸고는 의견이 갈렸다. 1946년 4월 5일 조선공산당 북부조선분국 집행위원회 회의가 열렸다. 임시정부의 골격을 짜기 위한 회의였다. 여기서 김일성은 일제 당시의 민족반역자와 친일파를 제외하고는 해방을 위해 투쟁하고 공헌한 사람 위주로 임시정부가 구성되어 한다고 주장했다. 무장투쟁을 감행해온 빨치산들을 우대해야 한다는 생각이었다.

---

9) 위의 자료, p.375.
10) 슈티코프, 「남북 임시정부 내각안」(1946. 3. 7.), 소련 대외정책 고문서 보관소(문서번호: 소련공산당 NO.801, 1946. 3. 16.). 김국후, 『평양의 소련군정』(서울: 도서출판한울, 2008), p.167에서 재인용.

하지만 오기섭은 자신의 세력이 위축되는 것을 염려하고 곧바로 반격했다. "일제 때 공산주의 혁명가들이 무기를 들고 싸운 사람 못지않게 온갖 고생을 했으니 별도규정을 넣어야 한다"고 주장했다.[11] 이에 대해 명확한 결론은 없었지만 김일성과 오기섭의 세력다툼의 연장선에서 나타난 현상이었다.

1946년 4월 조선공산당 북부조선분국은 북조선공산당으로 바뀌었다. 박헌영의 조선공산당에서 떨어져 나온 것이다. 그 해 7월부터 북조선공산당과 조선신민당의 합당 논의가 본격화되었다. 7월 27일 북조선공산당 중앙위원회 전원회의가 열렸다. 이 회의에서 합당을 승인했다. 합당 이후 당의 이름에 대한 논의도 이루어졌는데, 오기섭은 로동당을 제안했다. 다음날 합당대회에서 북조선로동당으로 당명이 결정되어 오기섭의 의견이 수용되었다.

합당대회는 8월 28~30일 열렸다. 두 당이 북조선로동당으로 합당되는 큰 행사였다. 조선신민당은 김두봉, 최창익, 한빈 등 연안파가 만든 정당이다. 신민주주의를 당의 이념으로 내세웠고, 지식인들을 많이 당원으로 끌어들였다. 더구나 당수 김두봉은 저명한 한글학자 출신이었다. 그래서 당시 '인텔리당'으로 불리었다. 이러한 인텔리 정당과 합당대회를 하는 만큼 북조선공산당에서도 지적인 인물을 합당대회 대표로 내보내지 않을 수 없었다. 그래서 오기섭이 대표로 선출되어 대회 주석단에 자리를 차지했다. 당시 주석단의 서열은 다음의 순서였다.

> 김일성, 김두봉, 김용범, 최창익, 허가이, 김 책, 박창식, 김창만, 김교영, 박일우, 리동화, 박정애, 무 정, 명희조, 임 해, 김월송, 태성수, 한설야, 장순명, 김재욱, 오기섭, 주녕하, 정두현, 홍성익, 오경천, 최정환, 김 열, 김 찬, 박훈일, 윤공흠, 김영태[12]

오기섭은 21번째였다. 주석단에 올랐을 뿐만 아니라 연설까지 하게 되었다. 그의 연설은 8월 29일에 있었다. 제목은 '국치일에 관한 보고'였다. 마침

---

11) 중앙일보 특별취재반, 『비록: 조선민주주의 인민공화국』(중앙일보사, 1992), p.221.
12) 「북조선로동당 창립대회 회의록 - 북조선로동당 창립대회」(1946. 8. 28.~8. 30), 국사편찬위원회, 『북한관계사료집』 I (서울: 국사편찬위원회, 1982), p.101.

그날이 일제가 한일합방을 강행한 날이었기 때문에 그런 제목을 붙였다. 40분간 때로는 설명하고 때로는 소리치면서 강열한 연설을 했다. 우레와 같은 박수를 받았다. 조선신민당에서도 박수를 보냈다. 김일성도 오기섭에게 다가와 포옹까지 했다. 둘은 이야기를 나누면서 함께 대회장을 나왔다. 오기섭은 합당되어 탄생한 북조선로동당의 중앙위원43명 가운데 한 명으로 선출되었다. 서열은 34위였다. 중앙위원 선출은 합당대회 마지막 날인 8월 30일 했다. 대회 시작당시(8월 28일) 주석단 서열 21위였으니까 대회가 끝나면서 13계단이 내려간 것이다. 당시 중앙위원 서열은 아래 순서였다.

> 김두봉, 김일성, 주녕하, 최창익, 허가이, 박창식, 김창만, 허정순, 김영태, 박정애, 김 책, 무 정, 리춘암, 안 길, 김려필, 김 일, 박효삼, 장순명, 김 렬, 김재욱, 윤공흠, 한일무, 김민산, 박훈일, 박일우, 태성수, 한설야, 최경덕, 강진건, 장시우, 정두현, 임도준, 임 해, 오기섭, 김욱진, 리순근, 김교영, 명히조, 한 빈, 리종익, 전성화, 김월송, 장종식[13)]

하지만 이것이 그의 권력상실을 의미하는 것은 아니었다. 8월 31일 북로당 제1차 중앙위원회에서 일상적 당사업을 지도, 집행하는 상무위원을 선출했는데, 오기섭은 13명의 상무위원에 포함되었다. 당시 상무위원은 김두봉과 김일성, 주녕하, 허가이, 김책, 최창익, 태성수, 김교영, 박일우, 김창만, 박정애, 박효삼, 오기섭이었다.

합당대회가 있기 얼마 전인 1946년 8월 15일에는 해방1주년 기념행사가 있었다. 임시인민위원회라는 행정체계가 어느 정도 갖춰지고 국가건설에 힘을 쏟고 있는 상황이어서 해방1주년 행사는 아주 중요할 수밖에 없었다. 사전에 대규모의 준비위원회도 꾸렸다. 당시 기념행사 준비 계획안이 미국 문서기록보관청에 보존되어 있는 북한 노획문서에 포함되어 있다. 계획안을 보면 준비위원 명단에 오기섭은 4번째로 이름을 올리고 있다. 김일성, 김두봉, 강양욱 다음이다. 이후로 최용건, 최창익 등 11명이 포함돼 모두 15명이 준비위원이

13) 「북조선로동당 창립대회 회의록 - 북조선로동당 창립대회」(1946. 8. 28.~8. 30), 국사편찬위원회, 『북한관계사료집』 I (서울: 국사편찬위원회, 1982), p.172.

되었다. 특히 준비사항 중에 기념행사에 즈음해 7권의 소책자를 출간하도록 했는데, 그 가운데 오기섭이 지은 것이 두 권이나 들어 있었다. 『일본통치 밑에 있든 조선암흑의 날』과 『조선에 관한 모쓰크바3상회의 결정과 그에 대한 반동파들과의 투쟁』이라는 제목의 책자였다.[14] 그만큼 당시까지는 오기섭의 정치적 능력이 일정부분 살아 있었고, 필력도 인정받고 있었던 것이다.

해방1주년 기념행사와 북로당 창당 당시까지도 존재했던 오기섭의 입지는 이후 많이 떨어진다. 창당대회 얼마 후 북조선임시인민위원회 선전부장에서 밀려났다. 선전부장으로 있으면서 본인이 너무 빛났기 때문이다. 이 합당대회 연설에서 오기섭은 자신의 연설능력을 보여주면서도 김일성을 한껏 추켜세웠다. 심지어 김일성을 "조선민족의 위대한 영도자"로 불러줬다. 그럼에도 불구하고 그는 해임되었다.

김일성도 오기섭의 대중설득 능력에 대해서는 직접 인정한 적이 있다. 1947년 3월에 열린 북조선로동당 중앙위원회 6차회에서 "각성되지 못한 일부 로동자들은 오기섭이 과거 혁명을 하였다고 하며 또 오늘 북조선인민위원회 로동국장(1947년 2월 오기섭은 북조선인민위 노동국장이 되었다)으로 사업하고 있는 것만큼 그의 《론문》(『로동신문』 1947년 3월 13일자에 실렸다는 '북조선 인민정권 하의 북조선 직업동맹'을 말함)을 옳은 것으로 믿고 거기에 있는 그릇된 리론대로 행동하려 할 수 있습니다. 오기섭은 이밖에도 담화와 연설들을 통하여 사람들에게 나쁜 영향을 적지 않게 주었습니다"라며 오기섭의 노동자들에 대한 영향력에 대해 우려를 표한 것이다.[15]

오기섭의 해임은 박헌영의 월북과도 관련이 있다. 오기섭은 일제 강점기 박헌영과 가까웠고, 오기섭은 북한지역에서 이론가로 그 때까지도 여전히

---

14) 「조선이 일본압박에서 해방된 제1주년 기념식 준비에 관한 북조선임시인민위원회의 계획안」, 북한노획문서, Box 41, 문서번호 201207 (Records Seized by U.S. Military Forces in Korea, Record Group 242, National Archives Collection of Foreign Records Seized, 1941~, Box 41, Document No. 201207).

15) 김일성, "대중지도방법을 개선하며 올해 인민경제계획 수행을 성과적으로 보장할 데 대하여 - 북조선로동당 중앙위원회 제6차회의에서 한 결론(1947. 3. 15.)," 『김일성 저작집』 3 (평양: 조선로동당출판산, 1979), p.187.

이름이 있었다. 1946년 5월 4일 조선공산당의 위폐 제조 사건인 정판사 사건이 발생했다. 미군정은 이를 계기로 좌익세력 탄압을 강화했다. 박헌영도 위협을 느꼈다. 그래서 월북을 결정하고 1946년 9월 5일 관 속에 누워 영구차 행렬로 위장한 채 북한으로 들어갔다. 오기섭 선전부장에서 해임된 8월이니까 박헌영이 월북하기 직전이다. 박헌영이 북한에 들어가 오기섭과 연합하는 상황은 김일성에게는 매우 반갑지 않은 것이었다. 따라서 박헌영 입북전에 오기섭의 날개를 꺾어놓은 것이 선전부장 해임 조치라고 할 수 있다.

선전부장에서 물러나 새로이 맡은 자리는 노동부장이었다. 1946년 9월 14일 북조선임시인민위원회 노동부가 신설되었는데, 그 부장자리를 맡게 된 것이다. 임시인민위 결정 제97호는 "제14차 북조선임시인민위원회는 북조선 노동자 및 사무원에 대한 노동법령을 옳게 실시하기 위하야 노동부를 설치하고 부장의 책임은 오기섭씨가 담당하기로 결정한다"라고 밝히고 있다. 물론 결정의 주체는 임시인민위 위원장 김일성과 서기장 강량욱이었다.[16] 노동부장은 서열이 선전부장보다 낮은 위치였다. 사무실이 화장실로 통하는 행랑의 골목방이었다.[17] 이후 1947년 1월 24일 노동부장이 노동국장으로 승격되었다. 임시인민위 결정 제161호에 따른 것인데, "제23차 북조선임시인민위원회는 북조선 산업발전에 따라 노동조직 및 이용문제와 사회보험실시 및 의료상 방조사업이 광범히 요구되는 현상에 감(鑑)하야 노동부를 노동국으로 승격하고 국장에는 전노동부장 오기섭동지를 임명한다"라고 이 결정은 밝히고 있다.[18] 하지만 오기섭의 서열이 상승한 것은 아니었다. 당시 노동세력에 대한 처우 개선과 그에 대한 정치적 필요에 따라 노동부장이 국장으로 높아졌지만 권력서열은 노동부장과 같은 자리에 머물러 있었다.

---

16) 「노동부 설치에 관한 결정서 - 북조선임시이닌위원회 결정 제79호」, 국사편찬위원회, 『북한관계사료집』 5 (과천: 국사편찬위원회, 1987), p.33.
17) 김창순, "김일성의 제1호 정적 오기섭의 최후와 그 해학," 『북한』 197호(1988), p.124.
18) 「북조선임시인민위원회 노동국 설치에 관한 결정서-북조선임시인민위원회 결정 제161호」, 국사편찬위원회, 『북한관계사료집』 5 (과천: 국사편찬위원회, 1987), p.96.

맹렬한 공개 비판

1947년 2월 오기섭에 대한 공개적인 비판이 시작되었다. 2월 8일 소집된 북조선로동당 중앙위원회 제4차 확대전원회의에서였다. 회의의 사회는 김두봉 중앙위 위원장이 맡았고, 부위원장 김일성과 주녕하, 조직부장 허가이가 주석단을 차지하고 있었다. 이날 회의의 안건은 평안북도당의 사업검열에 대해 토론하고 평가하는 것이었다. 오후 회의에서 의사일정에 없던 안건이 갑작스럽게 상정되었다. '오기섭 농부의 좌우경적 과오에 대하여'이었다. 보고자는 주녕하. 그는 함남 북청 출신으로 일제시대부터 좌익운동에 열성적인 인물로 북한의 주다노프로 불렸다.[19] 하지만 오기섭보다는 비중이 낮았고, 실제로 과거에 오기섭의 부하 위치에 있었다. 주녕하가 거론한 것은 1946년 10월에 오기섭이 쓴 글 '국가와 직업동맹의 관계에 대하여'이었다. 이를 가지고 좌우경적 기회주의자라고 공격했다. 직업동맹이 노동자의 이익을 끝까지 대변해야 한다는 주장을 우익적인 것이라고 몰아붙였다. 김일성 세력의 전략은 국내파의 영관급을 포섭해 국내파의 장군들을 공격하는 것이었다.[20]

오기섭은 노동자의 권익을 보호하자는 것은 마르크스와 레닌의 기본적인 주장이라며 항변했다. 그는 자신이 들고 다니던 일어판 『레닌선집』까지 펼쳐가면서 열변을 토했다. "마르크스와 레닌은 분명히 이렇게 말했고 이렇게

---

19) 주다노프(Andrey Aleksandrovich Zhdanov, 1896-1948)는 스탈린의 최측근 가운데 한 사람. 1935년 소련 공산당 중앙위원회 서기를 거쳐, 1939년에는 중앙위 위원, 정치국 위원이 되었다. 당시 스탈린의 후계자로 거론되기도 했다. 1946년에는 소련 문화정책 지도자로 임명되어 '주다노프 독트린'을 통해, 예술가들이 공산당의 정치 노선에 맞는 창작 활동을 하도록 강제하는 역할을 했다. 1947년 국제 소비에트 선전국인 코민포름의 창설도 주도했다.

20) 스칼라피노 · 이정식, 『한국공산주의 운동사』 2 (서울: 돌베게, 1986), p.480.

썼지 않았는가. 나는 마르크스-레닌주의자이기 때문에 그들이 말했고 그들이 쓴 대로 나도 말했고 또한 썼다. 나더러 마르크스-레닌주의자가 아니라는 그들이야말로 마르크스-레닌주의자가 아니다. 나더러 트로츠키라고 불러야 하는 그들의 본심은 무엇인가." 그러면서도 그는 자신이 한 때 레닌의 후계자로 인정받다가 스탈린과의 권력투쟁에서 밀려난 트로츠키의 운명을 따라가고 있음을 인식했다. "내가 꼭 트로츠키로 낙인 받아야 하는 것이 당신들의 소원이라면 나는 내 입으로 선언한다. '오기섭은 조선의 트로츠키이다'라고."[21] 자신을 제거하려는 경쟁자 김일성의 속셈을 익히 알아차리고 이를 냉소적 화법으로 지적한 것이다.

오기섭의 발언이 끝나자 박일우가 나서 문제의 글을 읽지 못한 사람들이 많으니 추후 이를 검토하기 위한 위원회를 조직하자고 제안했다. 하지만 김일성이 나섰다. "검토위원회는 무슨 필요가 있으며 검토할 것도 없다. 오기섭은 토지개혁을 하라고 당에서 평안북도에 보냈더니 자기 멋대로 토지개혁을 해버린 반당분자이다. 그러니까 자유주의자 · 개인영웅주의자이다. 이런 분자를 노동부장에 배치하였더니 노동부장의 일은 안 하고 쓸 데 없는 글을 써서 우리 노동자들을 선동하고 있으니 이런 분자는 마땅히 당에서 책임을 추궁해야 한다. 이것은 결정적이다. 이 문제를 가지고 더 이상 논쟁을 거듭할 필요는 없다. 오기섭에 대한 책벌문제는 당중앙위원만 모여서 별도로 결정짓기로 하고 이것으로 끝내자"고 주장했다.[22] 회의는 그렇게 종료되었다.

하지만 당시까지만 해도 오기섭은 일정한 세력을 유지하고 있었다. 1947년 초 북조선로동당 중앙위원회 상무위원회 사업계획서를 보면 오기섭이 여전히 바쁘게 활동하고 있음을 확인할 수 있다. 당 중앙위 상무위원회에 1월 7일 '사회보험 실시에 대하야,' 2월 27일에는 '사회보험의 료양소, 휴양소 설게(설계)의 게획(계획)에 대하야'라는 제목으로 보고했고, 3월 10일에는 '로동자, 기술자 및 사무원들을 위한 료양소와 휴양소 설치게획(계획)에 대하여' 보고를 했다.[23]

21) 김창순, "김일성의 제1호 정적 오기섭의 최후와 그 해학," 『북한』 197호(1988), p.125.
22) 위의 논문, p.126.
23) 「북조선로동당 중앙상무위원회(조직위원회) 게획서(계획서)」, 국사편찬위원회, 『북한관계사료집』 17 (과천: 국사편찬위원회, 1994), p.141, 145.

1947년 2월 17일 열린 북조선 도·시·군인민위원회 대회에서 서열23위로 주석단에 올랐고, 북조선인민회의 대의원에도 선출되었다.[24] 1947년 2월 22일 북조선인민위원회가 출범할 때는 위원 22명 가운데 한 명으로, 동시에 노동국장으로 임명되었다. 당시 북조선인민위원회 위원 명단을 다음과 같다.

▌북조선인민위원회 위원 명단▐

직 위	성 명	소속당	비이고
위원장	김일성	로동당	북조선임시인민위 위원장
부위원장	김 책	로동당	보안간부대대부 부사령
부위원장	홍기주	민주당	민주당 평남도당 위원장, 평남인민위 위원장
사무장	한병옥	로동당	큐슈(九州)대 법문학부, 임시인민위 위원장 비서
기획국장	정준택	로동당	경성고등공업학교
산업국장	리문환	무소속	남만공업전문학료, 임시인민위 산업국장
내무국장	박일우	로동당	길림사범학교, 임시인민위 보안국장
외무국장	리강국	로동당	경성제대 법문학부, 임시인민위 외무국장
농림국장	리순근	로동당	와세다대 경제과, 임시인민위 농림국장
재정국장	리봉수	로동당	메이지대 경제과, 임시인민위 재정국장
교통국장	허남희	무소속	용산철도학교, 임시인민위 교통국장
체신국장	주황섭	청우당	청우당 함남도당 부위원장
상업국장	장시우	로동당	평양숭실중학교, 임시인민위 상업국장
보건국장	리동영	민주당	경성의학전문, 민주당 부당수, 평양인민위 부위원장
교육국장	한설야	로동당	로동당 중앙본부 문화인부장
노동국장	**오기섭**	**로동당**	**임시인민위 노동국장**
사법국장	최용달	로동당	보성전문학교 교수, 임시인민위 사법국장
인민검열국장	최창익	로동당	로동당 정치위원
총무부장	김정주	청우당	청우당 중앙 부위원장, 평남인민위 부위원장
간부부장	장종식	로동당	경성중앙중학교 중퇴, 임시인민위 교육국장
양정부장	송봉욱	로동당	황해도인민민위 양정부장
선전부장	허정숙	로동당	간사이대, 로동당 중앙본부 간부부장

출처: 김광운, 『북한 정치사 연구』 I (서울: 선인, 2003), p.428.

---

24) 「북조선 도·시·군인민위원회 대회 회의록」(1947. 2. 17.-20), 국사편찬위원회, 『북한관계사료집』 8 (과천: 국사편찬위원회, 1989), pp.21, 167.

김일성은 1946년 3월부터 토지개혁과 노동법령 개정, 주요산업 국유화, 남녀평등법령 제정 등 민주개혁 조치를 시행했다. 그해 말 북한의 민주기지로서의 토대는 어느 정도 다져졌다. 이제는 초기단계의 민주제도를 법적, 제도적으로 공고화하는 단계가 필요했다. 당시까지만 해도 미소공동위원회의 희망이 남아 있었기 때문에 임시인민위원회 상태에서 남북한을 아우르는 임시정부로의 전환도 기대되는 상황이었다. 하지만 김일성은 민주개혁의 제도화를 위해 보다 분명한 형태의 행정기관을 서둘러 출범시켰다. 그러한 이유에서 나온 것이 북조선인민위원회인데 거기서 오기섭은 결코 가볍지 않은 자리를 맡은 것이다.

하지만 그것도 잠시. 1947년 3월 15일 북조선로동당 중앙위 6차 확대전원회의에서 김일성이 오기섭의 직업동맹관을 비판하고, 나흘 후 당 중앙상무위원 회의에서는 오기섭을 비판하는 결정서가 채택된다. 동시에 오기섭은 중앙상무위원에서 해임된다. 결정서는 각 도당과 직맹에 하달된다. 1948년 초에는 북조선인민위 노동국장 자리도 내놓고 조쏘해운주식회사 감독이 되었다.[25] 1948년 1월 18일 평양라디오 방송의 오기섭 소개 기사를 통해 당시까지 노동국장 자리 유지는 확인된다.[26] 따라서 이 시점 이후 노동국장에서 해임되고 조쏘해운주식회사 감독에 임명되었다. 조쏘해운주식회사는 1947년 3월 원산석유주식회사와 함께 설립된 회사이다. 창립 당시부터 소련 사람이 사장을 맡았고, 그 아래 조선인 감독이 있었다. 이 회사는 평양의 본사와 청진, 원산, 진남포, 흥남, 나진 등에 지사를 두고, 북한 내의 거의 모든 육상화물과 만주, 블라디보스토크로 화물을 독점 운송하는 회사였다. 오기섭은 이제 정치의 중심에서 멀어진 것이다.

1949년 8월 시점에 오기섭이 조쏘해운주식회사의 사장이 된 것이 확인된다. 정확히 언제 사장이 되었고 언제까지 했는지는 알려지지 않고 있다. 8

---

25) 찰스 암스트롱 지음, 김연철·이정우 옮김, 북조선탄생(파주: 서해문집, 2006), p.246.
26) 「Biography of Labor Bureau Chief Given」, United States Central Intelligence Agency, Foreign Broadcast Information Branch, Far Eastern Section, 20 January 1948, 『남북한관계사료집』 15 (과천: 국사편찬위원회, 1995).

월 13일 자로 이 회사가 군부대와 계약을 했는데 오기섭이 사장으로 사인을 한 문건이 발견된다. 미국 문서기록보관청에 보존되어 있는 한국전쟁 당시 북한 노획문서 Box 44에 이 계약서가 있다. 인민군 제534부대 부대장 최홍국과 조쏘해운주식회사 사장 오기섭 사이의 계약서이다. 내용은 이 군부대가 가지고 있는 사택 14동과 조쏘해운주식회사 소유하고 있는 사택 11동을 교환한다는 것이다.[27] 어쨌든 이 계약서를 통해 1949년 8월까지는 오기섭이 이회사의 사장이었음을 알 수 있다.

---

27) 「계약서」, 북한노획문서, Box 44, 문서번호 201230 (Records Seized by U.S. Military Forces in Korea, Record Group 242, National Archives Collection of Foreign Records Seized, 1941~, Box 44, Document No. 201230).

형식상의 지위 그리고 퇴장

권력 포스트에서는 밀려났지만 1947년 하반기까지 북한지역의 일반인들 사이에서는 오기섭이 여전히 주요인물로 거론되고 있었다. 미군정 당시 7사단 정보참모부의 일일보고서 1947년 9월 12일 자에는 아주 재미있는 내용이 실려 있다. 미군이 강릉지역에서 윤대성이라는 이름의 월남자를 상대로 북한 정보를 이것저것 물어봤다. 윤씨는 평양에 있다가 넘어오는 길인데, 평양에는 김일성이 암살당했다는 소문이 퍼져있다고 전해줬다. 내용인즉 이런 것이다.

> (1947년) 7월 22일 오전 10시, 평양의 북조선인민위원회 빌딩에서 회의가 열렸다. 농업현물세를 논의하기 위한 회의였다. 김일성, 최용건, 김두봉, 오기섭, 최용달이 참석했다. 회의 중 토론이 격렬해졌고, 최용건이 김일성을 권총으로 쏘았다. 총알은 빗나갔고, 김일성이 권총을 꺼내 최용건을 현장에서 사살했다. 그런데 8월 16일 오전 11시 40분 조선민주당 진남포당 당원인 김인식이 평양역에서 김일성을 권총으로 쏘아 죽였다. 다음날 오후 3시 30분 평양경찰서 건물에 "우리의 지도자 김일성을 암살한 인민의 적 김인식이 오늘 오후 3시 체포되었다"라는 내용의 게시문이 붙었다. 이 게시문은 8월 20일 떼어졌다.[28]

물론 김일성은 당시 죽지 않았고, 최용건도 안 죽었다. 따라서 이 첩보는 사실과는 거리가 먼 것이었다. 그런데 당시 북한 사람들 사이에 오기섭이 김일성, 최용건, 김두봉과 함께 주요 정책을 논의하는 주요인물로 거론되고

28) 7th Inf Div, Seoul, Korea, 12 September 1947, 『미군정 정보보고서』 (HQ XXIV Corps G-2 Report), 제9권 (서울: 일월서각, 1986), p.619.

있었음을 이 첩보는 전해주고 있다. 일반 대중들의 인식 속에 오기섭은 여전히 북한 지역을 다스리는 핵심인물 가운데 하나로 남아 있었음을 알 수 있는 대목이다.

1948년 3월 27~30일 북조선로동당 제2차 전당대회가 열렸다. 여기서도 오기섭의 형식상 지위는 어느 정도 유지되고 있었다. 대회가 시작하면서 대회 집행부가 구성되었는데, 모두 57명이었다. 오기섭은 34번째로 호명되었다. 당시 서열은 다음과 같았다.

> 김일성, 김두봉, 주녕하, 허가이, 최창익, 김 책, 박일우, 박정애, 박창옥, 태성수, 김 열, 한일무, 김민산, 김재욱, 박훈일, 리히준, 장순명, 허정순, 리중근, 최경덕, 무 정, 진반수, 방우용, 리의용, 장해우, 강진건, 김교영, 리종익, 강 건, 리순근, 송제준, 최숙량, 장위삼, 오기섭, 김응기, 리주연, 조 영, 김직형, 김회일, 박영화, 김시환, 박영성, 한설야, 김 찬, 최영근, 최근복, 김태하, 정준택, 김 웅, 장시우, 리동학, 손홍열, 김황일, 정일룡, 정두현, 김승화, 기석복[29]

하지만 오기섭은 중앙위원 자리를 유지하고 있을 뿐 권력은 이미 그에게서 빠져나간 상태였다. 이 대회에서 오기섭은 또다시 심한 비판을 받는다. 종파주의자, 정실주의자, 자유주의자 등의 성향을 가졌다는 것이었다. 김일성은 중앙위원회 사업결산보고를 하면서 오기섭을 이렇게 공격했다.

> 당내 일부 동지들은 아무런 당생활도 해보지 못하고 과거 협소한 지방 그룹에서 자기 이상은 아무것도 없다는 천상천하 유아독존의 생활을 해 내려오던, 마치 우물 안의 개구리들이 조그마한 우물 범위의 하늘만 보듯 그룹 영수 노릇을 한 개인영웅주의사상에 물들어 있는 종파주의자로 남아 있다.... 그러한 종파주의자들은 한 지방씩 할거하여 오랫동안 케케묵은 종파적 생활을 연장시키려고 시도하고 있다. 예컨대 오기섭 농부는 대표적인 존재이나.[30]

29) 「북조선 로동당 제2차 전당대회 회의록」(1948. 3. 27.), 국사편찬위원회, 『북한관계사료집』 I (서울: 국사편찬위원회, 1982), p.297.
30) 김창순, 『북한15년사: 1945년 8월 - 1961년 1월』 (서울: 지문각, 1961), p.106.

김일성은 또, 오기섭이 북한에 독립적인 공산당 중앙을 세우는 일을 적극 반대했고, 공산주의청년동맹(공청)을 민주주의청년동맹(민청)으로 전환하는 것에도 반대했으며, 1946년 3월 토지개혁 당시에는 평안북도 지역을 지도하면서 제멋대로 좌우경적 잘못을 저질렀다고 비난했다. 이와 함께 김일성은 오기섭과 유형을 같이 하는 종파주의자들이 당내에 여전히 존재한다고 말함으로써 정달헌과 최용달, 리강국, 리봉수, 리순근 등 국내파에 대해서도 동시에 공격을 가했다. 북조선로동당 중앙위원회 부위원장 주녕하와 조선로동당 조직부장 허가이, 함남도당위원장 김열, 강원도당위원장 한일무 등이 김일성의 보고연설을 지지하면서 오기섭을 비난했다.

특히 한일무는 오기섭, 정달헌, 최용달, 리강국의 잘못을 조목조목 지적하면서 차례로 공격했다. 오기섭에 대해서는 원산 지역의 당 간부들에게 강습을 하면서 중앙의 노선과 다른 종파적 교육을 했다고 비난했다. 정달헌은 함남도당 위원장을 맡고 있을 당시에 당사업을 제대로 하지 않고 일부 가까운 사람만을 중심으로 조직활동을 했다고 한일무는 비판했다. 최용달에 대해서는 사법기관에 "좋지 못한 분자들"을 채용했다고, 리강국에 대해서는 "파당쟁이"를 보호했다고 비난했다.[31] 최용달과 리강국에 대해서는 남로당 사람들과 어울리면서 파벌을 조성했다는 비판이었다.

최용달과 리강국은 이러한 비난에 대해 곧바로 자아비판을 했다. 하지만 오기섭은 말을 애매하게 했다. 자기비판을 분명하게 하지 않은 것이다.[32] 오기섭은 자신의 발언 기회를 통해 한편으로는 반성하는 모습을 보였다. 그러면서 자신의 과오를 세 가지로 정리했다. 첫째는 자신이 국내외적 정세를 제대로 파악하지 못하고 10년 전의 낡은 인식을 고집했다는 것이다. 둘째는 오랫동안 일제의 압박 때문에 극단적 혁명성을 강조하는 조급성을 갖게 되었다는 것이다. 셋째는 분파적 경향을 스스로 탈피하지 못했다는 것이다.

---

31) 「북조선로동당 제2차 전당대회 회의록」 (1948. 3. 28.), 국사편찬위원회, 『북한관계사료집』 1 (서울: 국사편찬위원회, 1982), p.353.

32) 박병엽 구술, 유영구·정창현 엮음, 『조선민주주의인민공화국의 탄생』(서울: 선인, 2010), p.223.

다른 한편으로 오기섭은 “개별적으로는 일일히(일일이) 접수하지 못할 점이 있습니다”라며 비판에 항변했다. 그는 또 “그리고 나에게 대한 지적이 많았고 나의 과오가 엄중하다고 해서 남의 과오를 지적하지 아니하는 경향은 오히려 옳지 못하다는 견지에서 말해야 할 것은 큰 사람들의 자아비판 문제가 크게 서야 할 것입니다. 황해도에서 「위대한 아버지」라고 지적된 무정 동무도 자아비판해야 할 것입니다”라며 비판이 자신에게만 집중되는 것에 대해서 반발하는 모습을 나타내기도 했다.[33)]

허가이는 이를 보고 다시 “오기섭동무는 자아비판을 한다하면서도 자기 자신의 립장을 지킬려고 하며 자기위신을 보장하기에 로력하고 있습니다. 나는 과거에 큰 사람인데 과연 오류를 범하였다하는 태도입니다. 이것은 자기위신을 위하여는 무엇이든지 한다는 사상이며 가장 위험한 것입니다”라고 공격했다.[34)]

이러한 험악한 분위기 속에서 진행된 북로당 2차 당대회는 결국 국내파를 황폐화시키는 행사가 되었다. 오기섭과 리순근만이 당 중앙위원 67명에 포함되었다. 오기섭은 서열 42위, 리순근은 45위였다. 정달헌과 최용달, 리봉수는 재선되지 못했다. 중앙위원 67명은 다음 순서로 선출되었다.

김두봉, 김일성, 주녕하, 허가이, 김 책, 최창익, 박일우, 박정애, 김교영, 정준택, 박창옥, 김 일, 김재욱, 김황일, 김일(김열의 오기), 최경덕, 김민산, 최숙양, 진반수, 강진건, 한일무, 박훈일, 최재린, 한설야, 리히준, 강 건, 김승화, 기석복, 허정숙, 리중근, 태성수, 장순명, 김용기, 김고망, 무 정, 박창식, 리북명, 박효삼, 김상철, 장시우, 정두현, 오기섭, 송재준, 김직형, 리순근, 김광협, 리종익, 장해우, 리동화, 림 해, 정일룡, 방학세, 조 영, 김 웅, 박 무, 김영수, 장 철, 김태연, 리권무, 김경석, 김한중, 박영성, 리유민, 김광빈, 리송운, 박금철, 김 찬[35)]

---

33) 「북조선로동당 제2차 전당대회 회의록」(1948. 3. 29.), 국사편찬위원회, 『북한관계 사료집』 1 (서울: 국사편찬위원회, 1982), pp.387-389.

34) 「북조선로동당 제2차 전당대회 회의록」(1948. 3. 29.), 국사편찬위원회, 『북한관계 사료집』 1 (서울: 국사편찬위원회, 1982), p.398.

35) 「북조선로동당 제2차 전당대회 회의록」(1948. 3. 29.), 국사편찬위원회, 『북한관계 사료집』 1 (서울: 국사편찬위원회, 1982), p.454.

당시 중앙위원 선출 방식은 사전에 중앙정치위원과 각 도당위원장들이 협의해 후보자를 추천해 놓고 전당대회에서 한사람씩 이름을 호명하면 그에 대해서 대의원들이 거수로 결정하는 것이었다. 이때 대의원들이 약력을 소개할 필요가 있다고 요구하면 스스로 일어나 약력을 소개하기도 했다. 2차 전당대회에서 선출된 67명 가운데 66명은 대의원 990명이 만장일치로 선출되었다. 다만 오기섭만 반대표가 5표 나왔다. 또 오기섭만 일어나 약력을 소개하도록 했다. 전당대회 대표들이 그렇게 요구했다. 소개도중 김일성의 비판에 대해 자신의 입장을 밝히려 하자 대의원석에서 "약력만 소개하시오"라는 긴급제의가 나오기도 했다.[36] 권력을 잃어가는 과정이 적나라하게 표현된 것이다. 국내파와 함께 연안파의 주요인물들도 이 대회 이후 권좌를 잃었다. 당의 핵심 포스트 선전선동부장을 차지하고 있던 김창만은 사동간부학교장으로 좌천되었고, 평북도당의 위원장 윤공흠과 부위원장 양계는 파면되었으며, 중앙당 간부부장 이상조는 상업관리국장으로 밀려났다.

힘이 빠진 오기섭은 중앙상무위원회에 들지 못했고, 대신 북한 초기의 대표적인 테크노크라트 정준택과 정일룡이 들어갔다. 오기섭을 중앙위원 자리에서 몰아내지 못한 것은 당시만 해도 김일성 세력이 당의 결속에 우선순위를 두었기 때문이다. 숙청은 당의 내분을 가져올 수 있으며 이를 방지하기 위해서는 너무 무리하게 일을 추진하지 말아야 했다. 게다가 남한에는 남조선로동당이 여전히 남아 있는 상황이었다. 숙청을 하더라도 소리나지 않게 하는 것이 중요했다. 이처럼 김일성은 1945년말부터 시작된 오기섭에 대한 공세를 계속 이어 갔다. 1956년 5월 내각의 수매양정상을 맡기도 했지만 결국 1958년에 3월 숙청되었다.

---

36) 「북조선로동당 제2차 전당대회 회의록」(1948. 3. 29.), 국사편찬위원회, 『북한관계사료집』 1 (서울: 국사편찬위원회, 1982), p.453-455. 김광운은 오기섭 24위, 이순근 45위라고 말하고 있고, 김창순은 오기섭 40위, 이순근 41위로 기록하고 있다. 김광운, 『북한 정치사 연구』 I (서울: 선인, 2003), p.601.; 김창순, 『북한15년사: 1945년 8월 - 1961년 1월』(서울: 지문각, 1961), p.114. 하지만 노획문서, 즉 북한의 공식문서인 「북조선로동당 제2차 전당대회 회의록」가 42위로 밝히고 있는 만큼 42위로 보는 것이 옳을 것이다.

왜 숙청당했나?

그렇다면 김일성은 왜 일찌감치 오기섭 제거에 나섰을까? 물론 첫 번째 이유는 오기섭 자신이 만만하지 않은 존재라는 것이다. 함경도를 비롯한 국내의 노동세력이 그의 지지기반이었고, 그 자신이 모스크바 유학까지 한 이론가로서 실력을 갖추고 있었다. 게다가 대중연설에 능해 그에 대한 지지가 확산될 가능성이 높았다. 이러한 오기섭의 능력이 김일성으로 하여금 오기섭 제거를 서두르게 한 것이다.

두 번째 이유는 함경남도의 적색노조운동 세력을 제거하기 위한 것이었다. 일제시대부터 노조운동이 활발했던 이 지역의 노조세력은 해방 이후 상당기간 동안 세력을 행사했고 이 지역의 강한 투쟁전통은 김일성의 무장투쟁을 민족해방운동의 상징으로 만들어가는데 장애가 되었다. 그래서 오기섭을 비롯한 이 지역 출신 국내파가 숙청의 주요대상이 된 것이다.

세 번째 이유는 박헌영의 세력기반 약화이다. 1948년 3월 27~30일 북조선로동당 제2차 전당대회에서 김일성 일파는 공격의 대상을 국내파 전반으로 확대했다. 오기섭은 물론, 그의 측근 정달헌, 남한 국내파 최용달과 리강국, 그리고 장순명과 리순근, 장시우 등 남북한 국내파를 모두 비난의 대상으로 삼고 있다. 특히 남한에서 월북해 북한에서 왕성하게 활동하던 최용달과 리강국이 이때 처음으로 김일성 세력의 공격대상이 되었다는 것은 그 의미가 매우 크다. 이들은 모두 박헌영과 떼려야 뗄 수 없는 관계를 유지하고 있었다. 당시 김일성은 당 기관들이 홍원 사람이나 서울 사람들만 충원하고 있다고 비난하고 있다. 함경남도 홍원군이 오기섭과 정달헌의 고향이기 때문에 홍원 사람은 오기섭의 인맥을 이르는 것이고, 서울 사람은 박헌영의 지지자, 즉 최용달과 리강국을 의미하는 것이었다. 47년 2월 출범한 북조선인민위원회에서 최용달은 사법국장, 리강국은 외무국장을 차지하며 나름의 입지를 확보해가고 있었다. 최용달은 45년 11월 북조선 5도행정국 사법국 부국장, 46년 2월 북조선임시인민위 사법국장을 거쳐 북조선인민위 사법국장이 되었고, 리강국은 46년 10월 월북한 뒤, 얼마 안 되어 47년 1월 함경북도 단천군(지금은 함경남도 단천시) 인민위원장에 임명되고,[37] 한 달 뒤인 47년 2월 북조선인민위 외무국장이 되었다. 이처럼 입지를 굳혀가는 박헌영 세력에 대한 경계의 필요성을 김일성은 느낀 것이다.

김일성은 "과거에 있어서는 공산주의자의 활동이 홍원, 서울식으로 지방에 고립적으로 생기고 일본놈들의 탄압이 심하였기 때문에 당이 대중적으로 기초 위에 서지 못하고 삼삼오오 지방적으로 떼를 지어 가지고 지하활동을 계속하여 유아독존식으로 제 리론(이론)이 제일 좋고 제가 수령인양하고 사업하였습니다"라고 분파주의를 비난했다. 오기섭을 비난하면서 박헌영을 끌어들여 함께 공격한 것이다. 그는 "또 한 가지 말해야 할 것은 남조선에서 온 동무들입니다. 북조선로동당에도 신용을 얻어야 하지만 남조선로동당에도 한몫 있으니까 남조선로동당에 충실한 체하고 남북로동당 간에 리간(이간) 행동을 취하는 것입니다. 자기와 친한 사람들이 남조선에 있고 자기도 과거 콤그룹이니까 한 자리 있지 하는 태도입니다. 그러나 이것은 어리석은 생각입니다"라며 남로당측을 공격했다.[38] 박헌영 세력의 분파주의적 행동을 지적한 것이다. 이는 장기적으로 박헌영 세력과의 권력투쟁에서 유리한 고지를 점령하기 위한 자료의 축적 차원이라고 이해할 수 있다. 이러한 사례들을 확인하고 그에 대한 지적을 기록해둠으로써 더 심각한 상황에서의 건곤일척에 대비하는 것이라고 할 수 있다. 또한 박헌영 세력에 대한 공격을 오기섭에 대한 공격과 연결시킴으로써 박헌영 세력에 대한 경고의

37) Headquarters, USAFIK, Seoul, Korea, 23 January 1947, 『미군정 정보보고서』 (HQ XXIV Corps G-2 Report), 제3권 (서울: 일월서각, 1986), p.426.
38) 「북조선로동당 제2차 전당대회 회의록」 (1948. 3. 29.), 국사편찬위원회, 『북한관계사료집』 1 (서울: 국사편찬위원회, 1982), p.415-418.

효과도 노린 것이라고 할 수 있다. 추후 도전을 계속하면 오기섭처럼 철저하게 비난받게 될 것이라는 경고였다.

김일성이 오기섭을 지속적으로 비난한 데는 오기섭 자신을 제거하는 것과 함께 이를 통해 박헌영에게 경고를 하는 의미가 있었던 것이다. 이는 북한 국내파를 제거한 뒤 북조선로동당과 남조선로동당을 합당하고, 여기에 들어온 남로당 출신들을 제거함으로써 북한에서 유일한 지도자의 위치를 굳히려는 김일성의 장기전략에 따른 것이었다.

불분명한 사망

1948년 8월 25일 최고인민회의 선거가 치러졌다. 212명의 대의원이 선출되었다. 오기섭은 대의원에는 선출되었다. 하지만 주요 자리를 주어지지 않았다. 최용달이나 리강국도 마찬가지였다. 리순근, 리봉수, 장종식, 한병옥, 문회표 등 인민위 국장 및 부장, 그리고 한면수, 정달헌, 문태화, 최봉수 등도 인민위원장급도 모두 탈락했다. 국내파가 자리잡을 수 있는 기회를 주지 않은 것이다. 9월 9일 창건된 조선민주주의 인민공화국의 초대각료명단에도 오기섭은 들지 못한다. 해방 직후 오기섭과 함께 김일성의 큰 정적이었던 무정은 민족보위부 부상(차관)이지만 조선민주주의 인민공화국 초대 내각에서 일할 기회를 가졌는데, 오기섭에게는 그 정도도 주어지지 않았다.

1956년 4월 23~29일 조선로동당 3차 당대회에서 오기섭은 71명의 중앙위원 가운데 하나로 선출되었다. 5월 소폭의 개각이 있었다. 부수상 박창옥은 금속공업성에서 분리된 기계공업성을 관할하는 기계공업상을 겸임하게 되었다. 화학공업상에는 부상 리천호가 임명되었고, 화학공업상을 겸임하던 부수상 정준택은 부수상만 맡게 되었다. 석탄공업성이 신설되어 류축운이 상(장관)에 임명되었다. 내각양정국과 수매국이 통합되어 수매양정성이 되었는데 그 수매양정상(收買糧政相)에 오기섭이 임명되었다. 하지만 이는 일시적인 불만세력 무마책에 불과했다.

1956년 김일성 개인숭배에 대한 당내의 비판이 확산되었다. 1956년 2월 소련공산당 20차 대회에서 스탈린을 비판하면서 김일성 개인숭배에 대해서도 비판적인 분위기가 형성, 확산된 것이다. 1956년 3월 조선로동당 중앙위원회 전원회의에서 흐루쇼프가 한 스탈린 비판 연설을 청취했다. 3차 당대회에서는 개인숭배 문제가 제기되었지만 김일성 세력은 자신들은 집체지도체제를 유지했고, 개인숭배는 숙청된 박헌영에 대한 숭배가 있었다며 박헌영 추종세력을 비판했다. 때문에 반김일성 세력의 불만이 높아졌다. 여기에 불을 붙인 것이 소련이었다. 주북한 소련대사 이바노프는 연안파 최창익에게 당 중앙위원회를 통해 김일성을 비판하고 그를 당 위원장에서 물러나게 하자고 제안했다. 이같은 이바노프의 몇 차례 제의를 최창익이 수용했다. 당시 당 상무위원이던 최창익을 비롯한 직맹위원장 서휘, 상업상 윤공흠 등 권력의 핵심으로부터 멀어져 가던 연안파가 중심이 되이 소련파의 박창옥, 국내파의 오기섭, 리필규, 류축운 등을 끌어들였다. 이러한 분위기 속에서 국내파 무마의 방안으로 오기섭에게 수매양정상이 주어진 것이다.

반김일성 세력은 1956년 8월 30일 당 중앙위 전원회의에서 김일성을 공격했다. 민주당 당수였던 최용건이 공식절차 없이 당 부위원장이 되었고, 정준택과 성일룡의 중용은 친일파를 우대하는 것이라고 공격했다. 김일성파는 연설하던 윤공흠을 단상에서 끌어내렸고 곧바로 출당 조치를 취했다. 서휘와 리필규도 출당되었다. 최창익과 박창옥은 당직과 정부직을 박탈당했다. 이것이 이른 바 '8월 종파사건'이다. 오기섭도 반김일성세력에 가담했지만 눈에 띠게 활동하지 않아 일단은 숙청을 면했다.

하지만 그대로 넘어가지는 않았다. 1958년 3월 3~6일 조선로동당 제1차 대표자회가 열렸다. 대회 마지막날 김일성의 총결보고가 있었다. 여기서 김일성은 연안파와 소련파, 국내파를 맹렬하게 비난했다. 당의 영도와 프롤레타리아 독재를 거부한다는 이유에서였다. 최고인민회의 상임위원장을 지낸 연안파 김두봉, 부수상인 소련파의 박의완, 국내파인 오기섭, 류축운 등이 집중 비난을 받았다.

> 김두봉, 박의완, 오기섭 등이 반혁명 폭동음모에 참가했다는 증거는 아직 없습니다. 김두봉과 박의완은 당을 엎어놓자고 했고 당지도부를 내딸구자고(내쫓자고) 했습니다. 즉 종파를 같이 했습니다. 오기섭은 내놓고 하지 않고 뒤에서 도적괭이 놀음을 하다가 들키어 났습

니다….김두봉, 박의완, 오기섭에 대한 우리의 의견은 사회주의 분배 원칙에 의해서 그들이 번 것만큼 주자는 것입니다.[39]

이들이 저지른 죄에 합당하는 처벌을 분명히 해야 한다고 역설한 것이다. 이러한 김일성의 혹독한 비판 이후 오기섭은 숙청되었다. 이 대회에서 오기섭은 수매양정상에서 해임되었고, 1958년 8월 당적도 박탈당했다.[40] 오기섭에 대한 비난은 1차 당대표자회가 끝난 뒤에도 계속되었다. 당대표자회 결정사항을 확산하기 위한 함경도당 대표대회에서 오기섭은 반당종파분자, 지방할거주의자로 공격당했다.[41] 전국 수매양정간부 열성자회의에서 신임 수매양정상 정성언은 반당반혁명종파분자 최창익과 오기섭이 막대한 해독을 깨쳤다고 강조했다.[42] 수매양정성 부상이었던 연안파 박효삼과 함께 수매양정상 오기섭을 반당반혁명종파분자라고 규탄하는 집회가 열리기도 했다.[43] 당적 박탈 이후 오기섭의 행적은 분명하게 알려지지 않고 있다. 박병엽은 1950년대 말이나 1960년대 초 병으로 사망했다고 한다. 하지만 시점도 불분명하고 사망 당시 상황에 대한 명확한 설명도 없다. 일제의 압박 속에서 독립과 새로운 세상을 꿈꾸며 사회주의 노동운동에 모든 것을 내걸었던 혁명가 오기섭은 그렇게 쓸쓸하게 북한역사에서 사라져갔다.

---

39) 김일성, "제1차 5개년 계획을 성과적으로 수행하기 위하여 – 조선로동당 제1차 대표자회에서 한 결론"(1985. 3. 6.), 『김일성저작집』 12 (평양: 조선로동당출판사, 1981), pp.134–135.

40) 스즈키 마사유키 저, 유영구 역, 『김정일과 수령제 사회주의』 (서울: 중앙일보사, 1994), p.47.

41) 『로동신문』 1958. 4. 6.; 『로동신문』 1958. 4. 8.

42) 『로동신문』 1959. 3. 10.

43) 『로동신문』 1959. 8. 29.

제5장

일국일당(一國一黨) 원칙

김일성의 혁명기지론

해방 직후 북한에서 가장 중요한 이슈중 하나는 북한에 독자적인 공산당을 만들 것인가 하는 문제였다. 김일성은 물론 자신이 중심이 된 독자 정당을 만들려 했다. 미국과 소련이 군정을 하고 있는 상황에서 남북분할문제의 해결이 쉽지 않을 것이고, 그렇다면 북한 지역을 혁명기지화한 뒤 장차 한반도 전역을 공산화하는 것이 옳다는 생각이었다. 김일성은 이를 위해서는 북한에 독립적 공산당이 형성되어 혁명작업을 본격화해야한다는 생각을 가지고 있었다.

물론 여기에는 박헌영의 지휘 하에 들어갈 수 없다는 김일성의 독자생존 의지도 작용했다. 그렇다고 김일성과 김책 등 항일빨치산파가 박헌영의 정통성을 처음부터 부정하는 것은 아니었다. 하지만 분단 장기화가 예상되는 상황에서 박헌영의 지도를 지속적으로 받을 수 없고, 되도록 빨리 자신들이 주도하는 혁명의 전위를 확보하겠다는 의도를 가지고 있었던 것이다.

그래서 김일성은 1945년 9월 22일 평양에 들어온 이후 곧바로 공산당 창당을 위한 준비에 착수했다. 10월 5일에는 소련군정과 북한의 공산주의자들이 참석한 가운데 북한에 당을 건설하기 위한 서북5도당 책임자 및 열성자대회 예비회의가 열렸다. 예비회의에 참석하는 대표를 선정하기 위해 각 지방에 대표가 파견되었다. 평안북도에 최용건, 함경남도에 안길, 함경북도에 김책, 황해도에 박성철 등이 간 것이다. 모두 김일성의 측근들이다. 이런 과정을 통해 도당 차원에서 57명이 추천되었고 이들이 예비회의에 참석했다. 회의의 집행부가 구성되었는데, 김일성과 김용범, 최경덕, 오기섭, 리주하 등 13명이 집행부였다. 의제는 당 조직문제, 정치노선상의 통일 문제, 정세에 대한 정확한 인식 등이었다. 물론 그 가운데 가장 중요한 것은 당중앙 지도기관을 북한지역에 세울 것인지였다.

이 회의에서 당 설립에 대한 반대가 많았다. 오기섭과 리주하, 정달헌, 김재갑, 백용구 등 국내파가 격렬하게 반대한 것이다. "서울에 당중앙이 분명히 있는데 북한에 당중앙을 별도로 설립하는 것은 분파행위"라는 것이 이들의 반대이유였다. 이 무렵 국내파 가운데서도 장시우, 장순명, 주녕하 등은 분국 창설에 찬성하는 쪽으로 돌아섰지만 오기섭 등은 여전히 반대 입장을 굽히지 않았다. 리주하는 박헌영의 직계여서 반대 입장이었지만 오기섭은 박헌영의 직계라고 보기는 어렵다. 1920년대에서 1930년대 초반까지 박헌영과 직접 연계를 맺으며 공산주의 활동을 했다. 하지만 1930년대 후반부터는 그런 색체가 엷어지고 오기섭이 오랜 감옥생활과 그 속에서의 조직활동, 함흥에서의 노조와 농조 활동을 기반으로 나름의 세력을 가지고 좌익항일운동을 해왔다. 박병엽은 오기섭이 공산주의 활동을 하면서도 박헌영이나 화요파, 경성콤그룹 등과 특별한 조직적 관계를 가지지 않았고 실제로 서울에 가 본 적도 없었던 것 같다고 말했지만,[1] 그렇지는 않고 오기섭의 중량감이 높아가면서 독립성이 조금씩 확보되는 과정을 겪었다고 할 수 있다. 따라서 오기섭이 북한에 독자적인 공산당을 세우는 것을 반대한 것은 기본적으로는 박헌영 지지 입장 때문이었지만, 소련의 간섭이 약화되고 좋은 기회가 오면 북한지역에서 자신의 입지를 강화하려는 의도도 어느 정도 있었다고 볼 수 있다. 해방직후 북한사회에서 오기섭은 그 정도의 야망을 가질 만한 비중을 가지고 있었다.

그래서 김일성은 박헌영을 설득하는 수밖에 없다고 생각했다. 주녕하와 장순명을 서울에 보내 박헌영의 공산당 건설에 대한 긍정적인 답을 받아오도록 했다. 10월 6일 이들은 서울에서 박헌영을 만났지만 박헌영은 김일성

---

1) 박병엽 구술, 유영구·정창현 엮음, 『조선민주주의인민공화국의 탄생』(서울: 선인, 2008), p.99.

을 직접 만나겠다는 의사를 피력한다. 그래서 10월 8일 개성 북부 소련군 38경비사령부에서 김일성과 박헌영이 처음으로 만났다. 김일성은 북조선분국을 만들어야 겠다는 생각을 강하게 피력했다. "북한의 공산당을 끌어가자면 조직이 필요하다"는 논리였다. 이에 대해 박헌영은 "정 그렇다면 소련공산당처럼 서울의 중앙당에 북부지도국을 하나 두고 김일성 동지는 서울에 내려와 당비서 겸 북부지도국장을 맡는 게 어떠냐"고 제의한다. 물론 김일성은 거절했다. 박헌영은 동석했던 소련군정의 민정장관 로마넨코에게 의견을 물었다. '김일성과 같은 생각'이라고 답했다. 그러자 박헌영은 "그러면 중앙당에 속하되 북부지역 공산당조직을 지도할 수 있는 중간기구로서 북조선분국을 설치하자"며 분국설치에 동의해줬다.[2] 어디까지나 형식상으로는 서울에 있는 조선공산당의 북부조선분국이었다. 하지만 이것은 곧 실질적으로는 독립된 공산당의 모습을 갖추게 된다.

김일성은 이미 평양에 입성하기 이전에 북한 지역에 독자적 공산당을 설립할 계획을 가지고 있었다. 일제가 망하기 직전인 1945년 7월 말 중국공산당 동북위원회 전체회의에서 북한에 투입될 조선공작단을 구성하기로 결정했다. 구체적인 내용은 88독립여단장 주보중(周保中)과 부참모장 최용건이 논의했다. 여기서 북한에 공산당을 창당하기로 합의한 것이다.[3] 당시 조직된 조선공작단의 단장이 최용건, 정치군사책임자가 김일성이었다. 북한에 들어오기 이전부터 김일성 세력은 용의주도한 사전논의를 통해서 북한 귀환과 동시에 독립적인 당의 창건을 이미 계획하고 있었던 것이다.

---

2) 중앙일보특별취재반, 『비록 조선민주주의인민공화국』 (서울: 중앙일보사, 1992), p.110-111.

3) 와다 하루키 저, 이종석 역, 『김일성과 만주항일전쟁』(서울: 창작과 비평, 1992), pp.284-285.

코민테른 규약을 지켜라

김일성 세력이 당 창건의 계획을 가지고 귀국하긴 했지만 문제는 서울에 있는 박헌영을 영수로 한 조선공산당이었다. 해방 전 국내에서 공산당 조직을 지속적으로 확대해온 박헌영의 존재감과 영향력은 컸고, 우선은 그가 중심이 된 조선공산당의 주도력을 인정할 수밖에 없었다. 박헌영의 동지 오기섭도 조선공산당의 전국성을 지지하는 입장이었다. 그의 입장은 일국일당을 규정하고 있는 코멘테른 규약을 지켜야 한다는 것이고, 그러자면 기존에 국내에서 활동해온 조선공산당이 중심이 되어야 한다는 생각이었다.

오기섭이 일국일당을 고집한 데는 또 다른 이유가 있다. 당시의 38선이 영구분계선이 될 것이라고 생각하지 않은 것이다. 오기섭의 생각으로는 미국과 소련의 군정도 임시적인 조치이고 2차대전 전후 처리과정이 원만하게 마무리되면 이들의 군정도 사라지고 따라서 38선도 없어질 것으로 보았다.[4] 이런 단계가 오면 조선공산당이 남북한을 모두 아우르는 정치를 해야한다는 생각을 가지고 있었다.

4) 김창순, "김일성의 제1호 정적 오기섭의 최후와 그 해학," 『북한』 197호(1988), p.115.

해외파에 대한 불신

오기섭이 김일성의 평양 중심 공산당 건설 전략에 반대한 이유에는 해외파에 대한 불신도 있었다.[5] 해방 직후 소련에서 입국한 김일성 세력이 소련을 배경으로 영향력 확대를 시도하는 것에 대해 거부감을 갖고 있었다. 실은 국내파와 해외파의 대립과 갈등의 역사는 일제 강점기로 거슬러 올라간다. 전세계 노동자들의 조직인 코민테른이 1919년 모스크바에서 창립된 이후 한국의 공산주의운동도 이에 많은 영향을 받았다. 마르크스·레닌주의에 기초하여 각국의 공산주의운동을 지도·지원하는 역할을 했던 만큼 코민테른은 한국의 공산주의 건설도 직접 지도하려 했다. 그래서 설치된 것이 꼬르뷰로(고려국)이다. 코민테른 민족부 극동총국 소속의 한국문제 전담기관이다. 이것이 설립된 것이 1922년 12월이다. 극동총국은 일본·한국·중국문제 관할기관으로서 모스크바에 있었고 블라디보스토크에도 지부를 두고 있었다. 꼬르뷰로는 이 극동총국 소속이었다. 꼬르뷰로의 임무는 그간의 파쟁을 극복하고 조선 내에 하나의 공산당을 건설하는 것이었다. 우선 시베리아 각지의 한인 공산주의 조직을 정비한 꼬르뷰로는 한국내에 조직원을 파견했다. 하지만 당시 국내는 북풍회와 서울청년회 등이 세력 경쟁을 하고 있었고 이런 상황에서 꼬르뷰로는 국내세력에 영향을 미칠 수 없었다. 1924년 2월 꼬르뷰로는 해체되었고 대신 오르그뷰로(조직국)이 설치되었다. 하지만 상황은 나아지지 않았고 오르그뷰로 역시 소기의 성과를 거두지 못한 채 1925년 2월 해체되었다.

5) 위의 논문, p.117.

코민테른의 전략이 성공하지 못한 것도 일제의 탄압에 직접 맞서 국내에서 투쟁하고 있던 국내세력이 해외의 공산세력을 믿지 못하고 그들과 함께 통일된 공산당 건설에 동의하지 않았기 때문이다. 이러한 역사를 배경으로 오기섭도 김일성 세력을 신뢰하지 않았다. 특히나 김일성이 소련의 지원을 받고 있던 점은 오기섭에게는 결코 달가운 일로 받아들여지지 않았다. 실제로 소련군정의 지원이 없는 상태에서 당시 다양한 이념과 세력의 분파들이 자유롭게 경쟁을 했더라면 김일성이 결코 유리한 상황은 아니었다.

국내파의 해외파에 대한 불신이 공식 석상에서 표현되는 경우도 적지 않았다. 정달헌은 1948년 3월 북조선로동당 2차 당대회에서 "쏘련 혹은 중국에서 들어온 동지들과 새로운 힘들에게 겸손한 태도로 자진하여 적극적인 지도와 교육을 받았어야 할 현명한 자각을 가지기에는 너무나 둔하였던 것입니다. 도리여(도리어) 이런 동지들을 반신반의하는 독선자존의 태도까지 비록 일시나마 가지였던(가졌던) 것입니다"라고 말했는데, 자신들이 조선공산당 북부조선분국 설치에 반대했던 것을 좁은 소견으로 반성하는 내용이지만 해방직후 국내파가 해외파에 대해 품었던 불신도 내비치고 있다.[6)]

이런 여러 가지 이유 때문에 오기섭과 국내공산세력은 북한지역에 공산당 중앙국을 세우는 것을 반대한 것이다. 하지만 김일성은 오기섭이 스스로 독자적으로 행동하려는 욕심을 가지고 있었기 때문에 평양에 공산당 중앙국을 설립하는 것을 반대하는 것으로 보았다. 북조선로동당 2차 당대회에서 김일성이 오기섭을 비판하면서 한 다음과 같은 노골적인 말이 그의 적나라한 감정을 잘 나타낸다.

> 그 때에 이 종파주의자와 개인영웅주의자들은 자기의 이와 같은 시도를 은폐하기 위하여「만일 북조선에 분국을 결성한다면 당을 분열시키는 것」이라고 부르짖으며 마치 자기가 당의 통일을 보존하는 듯이 떠들어댔으나 그 실은 자기본신부터 중앙에 복종치 않고 어떤 한 지방에서 영웅주의적 행동을 계속하며 당을 사분오열하여 한 지

---

6)「북조선로동당 제2차 전당대회 회의록」(1948. 3. 29.), 국사편찬위원회,『북한관계사료집』1 (서울: 국사편찬위원회, 1982), p.404.

> 방에서 독판을 차려놓고 종파를 계속하려고 하였습니다. 그렇기 때문에 미제국주의자들의 탄압 속에 있는 남조선 서울중앙이 그들을 잘 지도감독할 수 없으리라는 것을 알고 그 기회를 리용하여 종파를 계속하려고 가까히(가까이) 있는 또한 때때로 감시할 조건을 가지고 령도를 편히 할 수 있는 북조선 중앙국의 건설을 반대하지 않을 수 없었습니다. 만약 그 때 서울에 있는 중앙이 북조선 평양에 있었다고 하면 그들은 반드시 중앙을 지지한다는 구호를 들지 않고 딴 구호를 들고 나와 중앙을 반대하였을 것만은 사실일 것입니다.[7]

남한의 상황이 조선공산당이 활동하기에 여의치 못했고, 그 기회를 이용해 오기섭이 독자적 세력을 구축하기 위해 북한에 중앙국을 설치하는 것을 반대한다는 것이 김일성의 얘기다. 달리 말하면 오기섭의 야심이 북한 전역을 자기 세력 하에 두려는 것이었다고 지적하는 것이다.

7) 「북조선로동당 제2차 전당대회 회의록」 (1948. 3. 28.), 국사편찬위원회, 『북한관계사료집』 1 (서울: 국사편찬위원회, 1982), p.332.

로마넨코의 회유를 단호히 거절

소련의 생각은 김일성과 같이 북한에 공산주의 정권을 세우는 것이었다. 때문에 미소공동위원회의 성공에 그다지 매달리지 않았다. 이러한 소련의 생각은 일찍이 소련군의 평양입성 첫날 표현되었다. 치스차코프 소련군 제25군 사령관은 8월 26일 3,000~4,000 정도의 병력을 대동하고 평양이 들어왔다. 그날부로 일본인들의 행정권은 폐지되고 조만식의 평안남도 인민정치위원회로 이양되었다. 그는 "신정권이 각 도에 성립한 후 통일된 정부를 세운다. 단 신정부 소재지는 경성에 한하지 않는다"고 말했다. 우선 북한에 정권을 세워야겠다는 생각, 정부의 수도는 서울 이외 지역에도 건설될 수 있다는 생각을 말한 것이다. 이러한 사고의 연장선상에서 북한에 조선공산당과는 다른 독자적인 정당을 세울 수 있다는 생각도 갖고 있었다.

실제로 소련군 25군 정치담당 부사령관 레베데프도 소련이 진주할 당시부터 공산당을 만들어야 한다고 생각했다. "처음부터 이북에 공산당이 필요하다고 주장했다. 소비에트화의 첫 코스였을 뿐만 아니라 남쪽 당을 의식하지도 않았다. 그러나 현실적으로 서울에 당중앙이 있다는 어려움 때문에 여러 번 논의를 거치지 않을 수 없었다"는 것이 그의 증언이다.[8] 서울의 조선공산당을 의식하긴 했지만 그것 때문에 북한에 따로 공산당을 못 만든다고 생각하지 않았다는 얘기다. 하지만 모스크바에서 '평양에 북조선 조직국을 두라'는 지시가 떨어졌다.[9] 그래서 소련군정도 '조선공산당 북부조선분국'

---

8) 중앙일보특별취재반, 『비록 조선민주주의인민공화국』 (서울: 중앙일보사, 1992), p.113.
9) 김국후, 『평양의 소련군정』 (서울: 도서출판한울, 2008), p.121.

설치로 방향을 잡게 된 것이다. 모스크바에서 '분국 설립' 지시가 떨어진 것과 관련해서는 당시 서울에 있던 소련의 정보기관 요원들이 박헌영을 지지하는 보고를 소련공산당 중앙위원회에 했고, 이것이 영향을 줬을 것이라는 게 레베데프의 설명이다. 당시 소련 군부는 김일성을 지지한 반면, 정보기관은 박헌영을 지지하고 있었다.[10]

소련군정당국의 초기 입장은 오기섭을 군정 협조세력으로 포섭하는 것이었다. 그래서 소련군정의 민정장관 로마넨코 소장이 오기섭 회유에 나섰다.[11] 로마넨코는 25군 부사령관으로 소련군정의 민정장관을 맡아 점령정책을 실질적으로 집행하는 역할을 하고 있었다. 1946년 7월에는 김일성·박헌영과 함께 모스크바까지 가서 스탈린을 만난 인물이다. 로마넨코가 오기섭을 평양의 소련군 민정청으로 불렀다. 김일성과 김책도 동석했다. 지방에 머물러 있지 말고 평양에 와서 김일성과 함께 공산당 건설에 힘써달라고 설득했다. 협조를 하면 국내 공산세력의 대표로 대우하겠다고도 했다. 하지만 오기섭은 거절했다. 한 국가에 공산당이 2개 있을 수는 없다는 이유였다. 결국 그는 로마넨코의 회유를 거절하고 조선공산당 관북조직을 강화하는데 힘쓴다. 하지만 로마넨코는 소련군 함경도경비사령부와 정치고문에게 지시해 오기섭의 조직사업을 방해하도록 하기도 했다.[12]

오기섭과 함께 해방 직후 북한지역 국내 공산세력의 중심 역할을 했던 인물이 현준혁이다. 현준혁은 1906년생으로 연희전문학교 문과와 경성제국대학 법문학부를 졸업했다. 연희전문학교 시절부터 공산주의운동을 했고, 대구사범 교사를 하면서 학생들의 독서회를 통해 공산주의 활동을 하다가 검거되어 6년간 감옥생활을 했다. 그 이후 고향 평안남도 개천으로 돌아가 협동조합 결성 등 공산주의운동을 계속 하다가 여러 차례 투옥되었다. 해방 후 평양을 중심으로 공산당 조직 건설에 착수해 조선공산당 평안남도지구위원회 책임비서가 되었다. 평안남도 인민정치위원회 부위원장도 했다. 당

10) 위의 책.
11) 김창순, "김일성의 제1호 정적 오기섭의 최후와 그 해학," 『북한』 197호(1988), p.116.
12) 김창순, 『역사의 증언』 (서울: 한국아세아반공연맹, 1956), p.133.

시 위원장은 조만식이었다. 인민정치위원회는 조만식의 건국준비위원회와 공산주의 세력의 연합전선이었다. 현준혁은 프롤레타리아 혁명보다는 남북한의 연합과 통일이 더 중요하다고 생각했고 그래서 민족주의자들과 연합전선을 만들었다. 그래서 이론적 기반이 탄탄한 공산주의자이면서도 민족진영으로부터도 긍정적인 평가를 받고 있었다.

현준혁 역시 북한의 독자적 공산당 건설에는 반대 입장이었다. 남북한이 하나가 되어 민족문제를 해결하는 것이 공산혁명보다 우선한다는 생각을 가진 그로서는 당연한 결론이었다. 그런 현준혁이 1945년 9월 암살되었다. 암살 시기에 대해서는 두 가지 주장이 있다.[13] 하나는 '9월 3-4일설'. 사건 당시 동평양경찰서장이었던 유기선씨는 자신이 직접 목격한 것은 아니지만 부하들의 자세한 보고를 받았다면서 9월 3, 4일 쯤으로 기억한다고 말했다. 조만식과 함께 트럭을 타고 가다가 적위대 복장의 청년에게 저격을 당했다는 것이다.

또 하나는 '9월 28일설'이다. 전 조선로동당 부부장 박병엽의 증언이다. 9월 28일 조만식·홍기주와 함께 로마넨코 사령부에 들어갔다가 돌아가는 길에 지금의 김일성 광장 입구 근처에서 저격당했다고 한다. 그 부근에 사람들이 모여 있어 타고 가던 삼륜차에서 잠시 내렸다가 총에 맞았다는 것이다.

'9월 3일설'이 맞다면 당시 공산진영의 군대 역할을 했던 적위대의 대장 장시우가 범행을 저질렀을 가능성이 높다. 유기선의 증언이 "적위대 복장의 청년이 현준혁을 쏘았다"는 것이다. 어떤 형식이든 적위대 대장 장시우와 관련이 있다는 얘기다. 장시우는 소련군정의 도움을 받아 공산주의 국가를 건설하는 것이 옳다고 보았다. 이점에서 민족주의 세력과 연합전선을 통해 국가건설을 해야 한다는 현준혁의 생각과 차이가 있었다. 만주와 평양지역에 오랫동안 농민운동과 항일운동을 한 인물인 만큼 장시우도 현준혁에게 쉽게 양보하지 않은 채 그와 맞서 있었다.

---

13) 중앙일보특별취재반, 『비록 조선민주주의인민공화국』 (서울: 중앙일보사, 1992), p.129-135.

소련군정은 해방정국에 평양지역에서 활동하던 장시우와 김용범, 박정애, 최경덕, 리주연 등을 친소련군정파로 끌어들였다. 이들은 김일성 귀국후 김일성세력과 협력관계를 형성했다. 하지만 현준혁은 조만식과 협력하면서 소련군정과 일정한 거리를 유지하고 있었다. 이러한 국내세력 내부의 주도권과 노선 싸움 과정에서 장시우와 현준혁의 갈등이 심화되었고, 결국 장시우가 현준혁 암살을 지시했다는 추정이 가능하다.

'9월 28일설'이 옳은 것으로 증명된다면 김일성이 암살을 주도했을 가능성이 높아진다. 9월 22일 평양에 들어와 활동하던 김일성은 평양 국내공산세력의 실력자로 자리를 잡고 있으면서 나름의 독자적 노선을 걷고 있는 현준혁이 부담스러웠을 것이다. 전 북한 민주조선 주필 한재덕은『김일성을 고발한다』에서 소련군정의 한국인2세 통역관인 유채일이 "김일성세력이 현준혁을 암살했다"고 증언했다고 전한다.

"김일성 · 김책 등 소련파와 김용범 · 장시우 등은 현준혁을 그대로 두었다가는 공산당이 북한에서 패배한다고 생각했다. 그래서 로마넨코 소장실에 이들 네명이 찾아와 현준혁 처리에 관한 비밀회담을 했고 이 자리에서 현준혁의 살해를 결정했다"라고 유채일이 말했다는 것이다. 이것이 사실이라면 결국 조만식과 가까운 국내공산세력의 실력자를 제거함으로써 조만식의 영향력을 약화시키고 동시에 김일성 세력의 입지를 다져나가기 위한 조치로 현준혁을 제거했다는 얘기가 된다.

현준혁 암살과 관련해 한 가지 특이한 점은 북한이 1946년 11월 7일 현준혁 사망 1주기 추모식을 성대하게 거행했다는 것이다. 미군정을 담당했던 미24군단 평양 연락사무소의 1946년 11월 14일 보고서에 이 내용이 잘 나와 있다.

> 1년전 평양에서 조만식과 함께 차에 타고 있던 중 암살당한 공산주의 지도자 현준혁(Hyen Zun Hyek)에 대한 추모식이 11월 7일 열렸다. 추모식은 경찰본부 맞은 편 광장에서 대규모 장례행렬로 시작했다. 추모사에 나선 사람들은 그의 열렬한 공산주의 신념을 칭송했다. 경찰도 총동원 되었다. 장례행렬이 광장을 떠날 때 쇼팽의 장송행진

곡이 울려 퍼졌다. 행렬은 24군단 평양 연락사무소 북쪽, 일제의 신사가 있던 방향으로 향했다. 행렬은 다시 경찰본부로 돌아왔다. 거기엔 50개의 조화가 놓여 있었다.[14)]

11월 7일 추모식을 하면서 1년 전 사망했다고 쓰고 있으니 1945년 11월 7일 사망했다는 얘기가 된다. 1주기인 만큼 사망한 날을 잊었을 리는 없고, 추모식을 사망일에 맞추는 것은 일반적인 관례이기도 하다. 물론 추모식을 하는 북한 당국이 사망날짜와는 크게 상관없이 하루 날을 잡아 추모식을 했을 가능성도 있다. 하지만 9월과 11월은 너무 차이가 난다. 따라서 이 11월 7일 추모식이 어떤 의미를 갖는 것인지는 다른 자료를 통해 좀 더 연구해볼 가치가 있다.

현준혁 암살은 해방 후 한국에서 여러 차례 발생하는 주요인물 암살의 서곡이었다. 당시 현준혁 암살은 김일성 세력이 국내 공산세력의 약화를 노리고 저질렀다는 소문이 널리 퍼졌다.[15)] 김일성이나 김일성을 적극 지원하는 소련 군정이 오기섭을 껄끄럽게 생각했지만 그런 소문이 퍼져 있는 상황에서 오기섭 암살까지 생각할 수는 없었을 것이다. 결국은 현준혁이 죽어서 오기섭을 살린 것이다. 해방직후 북한 국내 공산세력의 두 거물의 운명은 이렇게 엇갈렸다.

---

14) 「Report on North Korea」, XXIV Corps Liaison Section, Pyongyang, Korea, 14 November 1946, Record Group 554, United States Army Forces in Korea, XXIV Corps, G-2, Historical Section, Records Regarding USAMGIK, U.S.-U.S.S.R. Relations in Korea and Korean Political Affairs, 1945-48, Box 76.

15) 김창순, "김일성의 제1호 정적 오기섭의 최후와 그 해학," 『북한』 197호(1988), p.116.

오기섭의 형식적 승리

김일성의 혁명기지론과 오기섭의 일국일당론 사이의 경쟁에서 우선 오기섭이 형식적으로는 승리했나. 독자적 공산당이 아니라 조선공산당의 북부조선분국이 설립된 것이다. 1945년 10월 10~13일 평양에서 서북5도 당책임자 및 열성자 대회가 열리고 조선공산당의 북한지역 본부가 세워진 것이다. 오기섭과 가까운 정달헌은 분국 설립 자체도 반대할 만큼 일국일당 주의에 충실했다. 서북5도 당대회에서 김일성은 박헌영이 분국 설립을 양해했다는 내용을 설명했다. 이때 정달헌은 "그처럼 중요한 결정을 당중앙위원회의 토론을 거쳐 해야지 어떻게 총비서 박헌영 개인과의 합의로만 결정할 수 있느냐"고 항의하기도 했다.[16] 하지만 조선공산당 북부조선분국은 어디까지나 서울 당중앙의 분국으로 창설된 것이기 때문에 국내파도 결국은 설립에 동의했다.

분국 설립이 이루어진 서북5도당 대회에서는 실제로 "우리는 북부조선의 특수성을 따라 모든 행정 기타 당의 정책을 실현식힘에(실현시킴에) 있어 더욱 당중앙과의 밀접한 지도와 연락이 요구되는 동시에 5도의 행정상 통제를 필요로 함에 따라서 북부조선에 당 북부분국 설치의 필요로써 당중앙에 직속된 분국을 설치할 것이다"라는 내용의 결의를 통해 조선공산당 북부조선분국이 서울에 있는 조선공산당의 직속 지국임을 명백히 했다.[17] 당증 하나 발행하는 것도 서울 당중앙의 승인을 받아서 하기로 했다.[18] 조선공산당

16) 중앙일보특별취재반, 『비록 조선민주주의인민공화국』 (서울: 중앙일보사, 1992), p.116.
17) 조선산업노동조사소, 『옳은 노선』 (도쿄: 민중신문사, 1946). p.45.
18) 위의 책, p.46.

북부조선분국은 설립 후 10월 23일 서울의 조선공산당 중앙위원회 승인 절차까지 받았다. 독자적인 조직이 아니라 조선공산당의 북한지역 담당 지국임을 스스로 분명하게 인정했던 것이다. 하지만 이는 형식적 승리에 불과했다. 내용상으로는 분국 설립과정을 김일성이 주도했고, 박헌영의 승인 하에 분국을 세우는 형식을 취하면서도 독자적인 공산당 조직을 건설하는 절차에 착수했다. 자신이 주장하던 일국일당제가 관철되자 오기섭은 당에 적극적으로 참여하지 않을 수 없게 되었다. 이때부터 김일성과의 경쟁도 본격화되었다.

김일성의 독자적 공산당 추진

1945년 12월 17~18일 열린 조선공산당 북부조선분국 제3차 확대집행위원회 회의에서 김일성은 분국의 독립을 추진한다. 우선 당의 이름을 바꾸려 했다. 북한문제연구소 이사장이었던 김창순은 해방정국에 신의주에 있는 평북신보 주필을 했는데, 그때 평북인민위원회 위원장이던 정달헌이 그런 얘기를 했다고 증언했다.[19] '조선공산당 북부조선분국'을 '북조선공산당'으로 바꾸자고 김일성이 제안했다는 것이다.

물론 국내파는 반발했다. 정달헌이 또 전면에 나섰다. 한 나라에 두 개의 공산당이 있을 수는 없다며 맞섰다. 여기에 대해 김책이 찬반 토론 없이 거수로 결정하자고 제안했다. 하지만 정달헌은 이것도 안 된다고 버텼다. 당명을 변경하는 데 토론이 없다는 것은 말이 안 된다는 논리였다. 이렇게 옥신각신하자 소련군정의 민정부사령관 이그나체프 대좌가 이 문제를 보류하자고 해 논의가 중단되었다. 하지만 당시 당명 변경에 강력 반발했던 정달헌은 오기섭의 후임으로 맡고 있던 함남도당 책임비서 자리를 내놓아야 했다. 평안북도 인민위원장으로 좌천된 것이다.[20] 당 책임비서보다 인민위원장은 하위직급인데다 자신의 본거지 함남을 떠나게 된 것이니 분명한 좌천이었다.

이 회의 이후 중요한 변화가 있었다. 회의에서 명칭변경이 보류됐지만 변경된 명칭이 사용되었다. 분국의 명칭이 '공산당 북조선조직위원회'로 바뀌

---

19) 중앙일보특별취재반, 『비록 조선민주주의인민공화국』 (서울: 중앙일보사, 1992), p.176–177.

20) 김준엽 · 김창순, 『한국공산주의운동사』 5 (서울: 청계연구소, 1986), p.406.

어 공식문서에서 사용된 것이다. '북조선공산당'이라는 분명한 독립정당으로의 변화가 실패한 상황에서 김일성파가 '분국'을 뺀 '공산당 북조선조직위원회'라는 명칭을 국내파의 동의가 없는 상태에서 사용하기 시작한 것이다. '조선공산당'을 빼고 '공산당'을 붙여 '공산당 북조선조직위원회'로 함으로써 박헌영으로부터 독립하는 모양새를 갖춘 것이다.

이와 관련해 미국의 문서기록보관청(National Archives and Records Administration)에 보존되어 있는 한국전쟁 당시 북한 노획문서에서 주목할 만한 기록이 발견된다. 노획문서 Box 8에 있는 문서번호 200523은 1948년 8월 한 군인이 교관의 교육내용을 상세히 적어놓은 것인데, 제목이 'ㄷㅏㅇㄱㅓ ㄴㅅㅓㄹ: 8.17~10.22'로 되어 있다. '당건설: 8.17~10.22'인 것이다. '당건설'이란 과목이고 교육기간이 1948년 8월 17일부터 10월 22일까지이었다. 교관은 방광열로 되어있다. 그 내용 중에 1945년 10월 20일에 '중앙국조직확정'이라는 대목이 나온다.[21] 10월 중순 분국을 만들고 곧바로 20일에 '중앙국'의 조직을 완성했음을 알 수 있는데, 이 기록이 표현하고 있는 대로 그 때부터 바로 '중앙국'이란 표현을 사용했을 가능성이 높다. 김일성세력은 벌써 10월 20일 시점에 조선공산당 북부조선분국의 조직을 완성하면서 '분국' 대신에 '중앙국'이라는 명칭을 썼을 가능성이 농후한 것이다. 북한이 조선공산당 북부조선분국을 창설하긴 했지만 이를 곧 김일성 주도의 중앙본부로 여겼음을 알 수 있는 것이다. 특히 이 자료는 10월 20일 중앙국 조직 확정과 함께 노선투쟁, 종파주의와의 투쟁도 결정했음을 보여주는데, 이는 분국 건설 직후부터 김일성 세력이 국내파 제거 작업에 착수했음을 보여주는 것이다.

조선로동당 부부장 출신의 박병엽도 분국 창설 이후 중앙국이라는 명칭을 주로 사용했다고 증언한다. "공식서류 3분의 2 가량은 중앙국으로 되어 있었던 기억이 납니다. 공청 같은 곳에서는 '중앙국 지시에 의해서'라는 식으로 아예 중앙국이라는 명칭을 사용했습니다. 분국 내 각 부서에 있는 직

---

21) 「ㄷㅏㅇㄱㅓㄴㅅㅓㄹ: 8. 17~10. 22」, 북한노획문서 Box 8, 문서번호 200523 (Records Seized by U.S. Military Forces in Korea, Record Group 242, National Archives Collection of Foreign Records Seized, 1941~, Box 8, Document No. 200523),p.6.

인도 처음 며칠 동안은 분국 것만 있었는데 곧 중앙국이라는 직인이 등장했습니다"라는 것이 박씨의 증언이다.[22]

북한은 정권 수립 이후에도 공산당의 명칭에 대해 매우 신경을 써왔다. 명칭을 제대로 구분하지 못해 현직에서 해임당하는 경우도 있었다. 1965년 무렵에 중앙당학교 교수 김택형은 한 토론회에서 공산당 북조선조직위원회, 조선공산당 북조선위원회 어느 쪽도 상관없다는 식으로 말했다. 당 선전부 부부장 한 사람이 마침 현장에서 이를 듣고 강하게 이의를 제기했다. 그 바람에 김교수는 해임당했다. 김교수의 의견에 동조했던 몇 명도 비슷한 처벌을 받았다. 어쨌든 3차 확대집행위 회의 이후 공산당 북조선조직위원회라는 명칭이 사용되다가 1946년 4월에 이르러 조선공산당 북부조선분국은 북조선공산당으로 공식 당명을 변경하게 된다.

그러다가 1946년 8월 북조선공산당과 조선신민당이 합당해 북조선로동당이 만들어진다. 1948년 3월 북로당 2차 당대회에서 국내파는 과거 분국 창설에 반대했던 사실에 대해 반성을 해야 했다. 정달헌은 "우선 나는 김일성 동지가 지적한 바 분국설치에 이의를 가진 몇 개 동지가 당내에 있었다는 그 동지들 중의 한 사람입니다"라고 자백했다. 그리고는 "오랫동안 지하와 철창의 정중지와(井中之蛙)로서 급격히 전변되고 발전된 당시의 국제국내정세에 심각한 연구와 검토 없이 당건설부터 착수하였으니 과오가 없이 사업이 발전될 리가 없습니다"라고 말했다.[23]

이렇게 과거 분국 창설 반대파에 대한 철저한 비판을 바탕으로 북조선로동당은 북한 사회 전체에 대한 지배력을 강화해 나가고, 1949년 6월 30일 북조선로동당은 남조선로동당 합당과 합당해 조선로동당이 된다. 국내파가 초기에 주장하던 조선공산당 중심의 일국일당은 결국 실현되지 못했고, 반대로 김일성 세력이 남한의 남조선로동당 까지 흡수해 일국일당을 이루게 된 것이다.

---

22) 중앙일보 특별취재반, 『비록: 조선민주주의인민공화국』(서울: 중앙일보사, 1992), p.124.

23) 「북조선로동당 제2차 전당대회 회의록」(1948. 3. 27.-30), 국사편찬위원회, 『북한관계사료집』 1 (서울: 국사편찬위원회, 1982), p.404.

제6장
인민전선과 속성 2단계 혁명

김일성의 민족통일전선

해방 직후 북한지역에서 활동하기 시작한 많은 세력들은 소련군정이 시작된 이후에도 쉽게 정리되지는 않았다. 그 가운데서도 김일성의 항일빨치산파와 국내공산세력 사이의 노선투쟁과 권력투쟁은 매우 치열했다. 노선투쟁의 핵심은 민족통일전전과 인민전전. 김일성은 민족통일전선을, 오기섭은 인민전선을 주장했다. 양측은 1945년 10월 조선공산당 서북5도 당 책임자 및 열성자 대회에서 각자의 입장을 열렬히 주장했나.

민족통일전선은 국가건설에 민족주의적 자본가와 지주를 포함시키자는 것이었다. 한 마디로 대중노선이다. 이 대회가 열린 시기는 김일성이 북한에 들어온 지 아직 한 달도 안 된 때였다.

> 민주주의인민공화국을 건설하기 위하여서는 로동계급와 농민뿐만 아니라 민족자본가도 포함한 모든 애국적 민주력량이 참가하는 통일전선을 결성하여야 합니다. 말로만이 아니라 실지로 인민공화국 창건을 위하여 투쟁하는 과정에서만 군중을 우리편에 쟁취할 수 있습니다.[1)]

물론 친일적 자본가와 지주는 제외되는 것이다. 이와 관련해서 김일성은 일제의 주구와 소극적 일제 협력자를 구분한다. 혁명을 파괴하려고 의식적으로 인민들을 탄압하고 학살한 자, 일제의 이익을 위해 민족의 이익을 배반한 자, 일제에 적극적·의식적으로 협력한 자 등은 주구로 규정했다. 반

1) 김일성, "새 조선 건설과 민족통일전선에 대하여 - 각 도당책임일꾼들 앞에서 한 연설(1945. 10. 13.)," 『김일성 저작집』 1 (평양: 조선로동당출판사, 1979), p.332.

면에 생계를 위해 또는 강압에 못 이겨 부득이 일제에 복부한 사람, 소극적·피동적으로 일제에 복무한 사람 등은 교양하고 개조해 재생의 길을 열어주어야 한다고 말했다.[2] 따라서 통일전선의 포섭 대상이 되는 자본가와 지주는 일제시대에도 자본가·지주이었지만 일제에 적극적으로 협력하지 않고 어쩔 수 없이 일제와 일정정도 소극적 협력관계를 유지했던 사람들을 일컫는 것이다.

김일성이 북한에 들어와 처음으로 군중 앞에 모습을 드러낸 1945년 10월 14일 평양시 군중대회에서 한 연설에서도 같은 취지를 강조했다.

> 조선민족은 이제부터 새 민주조선 건설에 힘을 합하여 나가야 하겠다. 어떠한 당파나 개인만으로 이 위대한 사명을 완수할 수는 없는 것이다. 노력을 가진 자는 노력을 지식 있는 자는 지식으로 돈 있는 자는 돈으로 참으로 나라를 사랑하고 민주를 사랑하고 전민족이 완전히 대동단결하여 민주주의 자주독립국가를 건설하자.[3]

돈 있는 자는 자본가와 지주를 이를 것이고, 이들도 국가건설세력으로 적극 참여해야 함을 강조한 것이다. 김일성이 이러한 민족통일전선을 주장한 데에는 그의 항일투쟁 당시의 경험도 작용했다. 일제에 맞서 싸워 이기기 위해서는 민족주의자를 포함한 모든 항일세력이 힘을 결집해야 했다. 이러한 경험이 해방 직후 국가건설 단계에서도 친일세력을 제외한 모든 세력의 포용을 주장하도록 한 것이다. 해방 직후 북한의 상황은 민족주의적 자본가와 지주들의 힘이 크고 공산주의 세력은 약했다. 김일성은 이런 상황을 명확히 인식하고 있었다. "제국주의 국가인 미국의 군대와 사회주의 국가인 쏘련의 군대가 남북에 진주하고 있는 사실 그리고 우리 당의 력량이 아직 충분히 강하지 못한 조건을 또한 반드시 고려하여야 합니다"라는 연설이 김일성의 인식을 잘 나타내고 있다.[4]

---

2) 김일성, "새 조선 건설과 민족통일전선에 대하여 - 각 도당책임일꾼들 앞에서 한 연설(1945. 10. 13.)," 『김일성 저작집』 1 (평양: 조선로동당출판사, 1979), p.335.

3) 한재덕, 『김일성 장군 개선기』 (평양: 민주조선사출판부, 1948), 국사편찬위원회, 『북한관계사료집』 12 (과천: 국사편찬위원회, 1991), p.336.

4) 김일성, "새 조선 건설과 민족통일전선에 대하여 - 각 도당책임일꾼들 앞에서 한

그래서 김일성은 군중대회에서 역서한 것처럼 '당파나 개인만으로 이 위대한 사명을 완수할 수 없다' ' 돈 있는 자는 돈으로 지식 있는 자는 지식으로 노력을 가진 자는 노력으로 기여해서 새로운 국가를 건설해야 한다'고 기회 있을 때마다 강조했다.5)

연설(1945. 10. 13.)," 『김일성 저작집』 1 (평양: 조선로동당출판사, 1979), p.332

5) 『조선중앙년감 1949』 (평양: 조선중앙통신사, 1949), p.634.

오기섭의 인민전선

이러한 김일성의 생각에 맞선 것이 오기섭의 인민전선 노선이다. 무엇보다 노동계급의 이익을 우선시한 정치노선이다. 오기섭은 노동자와 농민 중심으로 정권을 구성, 운영하는 '노농소비에트'를 구상하고 있었다.[6] 소비에트는 협의회를 의미하는 것으로 영어로 하면 council이 된다. 1905년 1월혁명 이후 그해 5월 상트 페테르부르크의 한 방직 공장에서 노동자들이 스스로의 대표들을 뽑아 구성한 것이 첫 소비에트이다. 이 첫 소비에트 이후 상트 페테르부르크와 모스크바 등 러시아 주요 지역에 노동자 소비에트가 구성되었고, 이 소비에트가 공장들의 파업을 통일적으로 지도하는 역할을 했다. 노동자 소비에트는 점차 노동자·농민·군의 대표가 모이는 소비에트로 확대되었다. 1917년 2월혁명의 소용돌이 속에서 혁명에 가담한 군대에서 각 중대 당 1명씩, 노동자들은 1,000명에 1명씩 대표를 뽑아 '노동자와 병사 대표자 소비에트 임시 집행위원회'를 구성했고, 이것이 발전해 하나의 국가제도가 되었다.

오기섭은 실제로 '공장은 로동자에게로'라는 구호를 내세우고, '빈농위원회'를 조직해 이러한 계획을 실천하려는 움직임도 보였다. 또, 소련군 주둔에 따라 민주주의적 첫혁명 단계는 완료되었다고 보고 사회주의 수립의 길로 나가야 한다고 주장하기도 했다.[7] 당시 함경남도에는 노동자와 농민 조

---

6) 「북조선로동당 제2차 전당대회 회의록」(1948. 3. 29.), 국사편찬위원회, 『북한관계사료집』 I (서울: 국사편찬위원회, 1982), p.382. 이러한 내용은 1948년 3월 29일 북조선로동당 2차 당대회에서 함남도당위원장 김열의 오기섭 비판 내용 중에 나오는 것이다.

합에 가입한 사람의 수가 40만에 육박했는데,[8] 이를 활용해 '노농정권'을 창출해내려는 계획이었다. 이 같은 노동자 중심 국가건설 주장은 프롤레타리아 혁명론에 가까운 것이었다.[9] 김일성 세력이 주장하는 것처럼 오기섭이 "소련주둔으로 민주주의 혁명이 완성되었으니 이제 사회주의 혁명을 하자"고 주장했다면 그야말로 프롤레타리아 혁명론이 되는 것이다. 하지만 뒤에서 보는 것처럼 당시 오기섭은 한국사회를 자본주의로 보고, 우선은 민주주의 혁명을 조속히 완료해야 하다고 보았다.

오기섭의 인민전선은 국가건설 세력에서 자본가와 지주를 철저히 제외한다. 순수 계급노선이다. 이들을 친일세력으로 보았기 때문이다.[10] 오기섭은 일제통치하에서 민족주의자는 살아남을 수 없었기 때문에 지주와 자본가로 일제시대를 산 사람들은 민족주의자일 수가 없고 모두 친일파라고 본 것이다. 오기섭의 눈에 김일성의 민족통일전선은 친일파와 반동분자들을 끌어들이기 위한 전술로밖에 보이지 않았다.

1930년대 후반 인민전선 노선을 내세운 세력은 여럿 있었다. 이재유그룹, 원산그룹, 청진그룹, 삼천포그룹 등이다. 하지만 이념과 조직 면에서 어느 세력도 체계적이지는 못했다.[11] 오기섭의 인민전선도 이와 유사한 형태로 면밀한 체계를 갖추기보다는 실천을 먼저 내세우는 노선이었을 가능성이 높다. 하지만 그 밑그림을 어느 정도 파악할 수 있도록 해주는 자료는 북한노획문서에서 발견된다. 미군정이 『해방일보』 기사를 영어로 번역해 놓은 자료에 이에 대한 단서를 제공하는 내용이 있다. 『해방일보』 1945년 8월 31일자에는 함경남도 집행위원회(Executive Committee)가 소련 정치위원회의 대

---

7) 이 역시 「북조선로동당 제2차 전당대회 회의록」(1948. 3. 29.) 가운데 김열의 오기섭 비판 내용 가운데 나오는 것이다.

8) 찰스 암스트롱 지음, 김연철·이정우 옮김, 『북조선 단생』 (파주: 서해문집,2006), p.92.

9) Charles K. Armstrong, The North Korean Revolution 1945-1950 (New York: Cornell University Press, 2003), p.59.

10) 조선산업노동자조사소, 『옳은 노선을 위하야』 (1945), pp.36-45, 백학순, "북한에서의 '단일적 지도력'의 확립과 당·국가 건설," 『현대북한연구』 2권 1호 (1999), p.12에서 재인용.

11) 강혜경, "1930년대 후반 '왜관그룹'의 인민전선술 수용," 『역사연구』 3호(1994).

표로 나온 쿠체로프(Kucherov)와 인터뷰를 한 내용이 실려 있다. 함남집행위는 함남의 공산주의자협의회와 조선건국준비위원회 함남지부가 공동으로 구성한 조직이었다. 함남인민위원회의 전신이다. 쿠체로프는 소련군정의 함남책임자인 것으로 보인다. 오기섭이 북한 지역에서 처음으로 함흥에 공산주의 조직을 꾸렸다는 것은 소련군의 문서로도 확인되는 만큼 여기서 말하는 집행위원회에 오기섭의 세력도 관여했을 것으로 보인다. 어쨌든 그 기사 내용은 이렇다.

> 함경남도 집행위원회가 다음의 문제들과 관련해 소련 정치위원회 대표 쿠체로프 동지와 두 시간 동안 인터뷰를 가졌다. 노동자와 농민을 위해 설립되는 새로운 정권의 특징, 토지 문제 등에 대해 쿠체로프는 다음과 같이 말했다.
>
> 1. 일본인 소유 토지는 모두 몰수될 것이다.
> 2. 새로운 정부는 비 일본적 요소들로 구성될 것이다. 소련은 한국에 노동자-농민의 정권이 설립되어야 한다고 연합국에 제안할 것이다.
> 3. 토지문제는 한국에서 가장 중요한 문제이다. 토지는 사람 수를 바탕으로 재분배되어야 한다. 지주의 토지는 지주가 스스로 경작할 수 있는 부분을 제외하고는 모두 몰수되어야 한다. 이미 몰수된 일본인 토지는 농민들에게 분배되는데, 분배는 농민들의 노력을 바탕으로 될 것이다.
> 4. 공장에 대해서 우리는 일본인 소유였던 공장에서 일본적 요소는 모두 제거할 것이다. 공장은 소련에서처럼 노동자와 기술자들에 의해 운영될 것이다. 모든 노동자는 하나의 직업 조직에 속하게 될 것이다. 만약 일본인 기술자가 필요하다면 일시적으로 우리의 통제 하에 그들을 개별적으로 이용할 수 있을 것이다.[12)]

---

12) "Establishment of the Workers' and Peasants' Regime... Japanese Land Should Be Confiscated," 『Hae Bang Ilbo』, 31 August 1945, Record Group 554, United States Army Forces in Korea, XXIV Corps, G-2, Historical Section, Records Regarding USAMGIK, U.S.-U.S.S.R., Relations in Korea and Korean Political Affairs, 1945-48, Box 65.

함남집행위가 요구사항을 제시하고 소련측이 이를 수용하는 형식이었을 것으로 보이는데, 그 내용이 노동정권의 창립을 중심으로 하고 있다. 일제의 잔재는 모두 청산하고 노동자와 농민의 정권을 세워 토지개혁을 실시하고 공장도 국유화해 노동자들이 운영할 수 있도록 한다는 것이다. 이러한 내용이 오기섭의 주요무대인 함남에서 주요세력들의 요구 형태로 나온 것으로 미루어 오기섭이 제시한 인민전선도 이러한 내용을 가지고 있었던 것으로 볼 수 있다.

해방직후 북한지역 주요 국내세력의 또 한 갈래는 현준혁 세력이었다. 현준혁도 오기섭의 인민전선과 유사한 전략을 초기에 가지고 있었던 것으로 보인다. 평양 주둔 소련군 사령부가 중심이 되어 1945년 9월 15일 조선공산당 평남지구 확대위원회를 열었는데, 여기서 '정치노선에 관하여'라는 제목의 결정서 채택되었다. 이 결정서는 평남지구당부가 국제정세에 대한 정확한 요해가 약하기 때문에 자기 정치노선상에 국부적 편향을 범했다고 지적했다. 또, 국내외의 각 당, 각 파, 각 단체, 각 계급층을 총망라한 단일한 민족적 통일전선을 결성해야 하며, 사유재산과 사유토지가 승인되어야 한다고 강조했다. 다시 말해 평남지역 공산당을 이끌고 있는 현준혁이 좁은 소견으로 좌경적 오류를 범했다는 것이다.[13] 이런 내용으로 보아 현준혁이 계급성이 강한 인민전선과 유사한 주장을 폈을 가능성이 있지만 그 구체적인 내용은 확인되지 않고 있다.

이와 관련해서 우리가 주목하지 않을 수 없는 것은 당시 박헌영의 생각이다. 그의 생각은 1945년 8월 20일 발표한 '8월테제'라고 부르는 '현정세와 우리의 임무'에 잘 나타난다.[14] 그 주요내용은 노동자·농민 중심의 조직사업을 전개하고 '광범한 민주주의적 인민전선'의한 인민정권 수립해야 한다는

---

13) 결정서 원문은 『해방일보』(1945. 10. 30.)와 『혁명신문』(1945. 10. 16.)에 게재되어 있다. 스칼라피노·이정식, 『한국공산주의 운동사』 2 (서울: 돌베개, 1986), p.410 재인용.

14) "현정세와 우리의 임무," 김남식 편, 『남로당자료』 I (서울: 코리아콘텐츠랩, 2002), pp.10-24.

것이었다. 이를 통해 토지문제 등을 혁명적으로 해결해야 한다는 내용을 포함하고 있었다. 이 '8월테제' 발표를 계기로 장안파가 8월 24일 당을 해체했고, 9월 11일 조선공산당이 재건되게 되었다. 그가 말한 '광범한 민주주의적 인민전선'이란 노동자와 농민, 혁명적 인텔리겐차, 소자본가, 민족자본가 등을 아우르는 개념이었다.[15] 결국 박헌영의 당시 정치노선은 민족통일전선과 같은 것이었다.

15) 스칼라피노·이정식, 『한국공산주의 운동사』 2 (서울: 돌베개, 1986), pp.318-319.

오랜 지하투쟁과 인민전선

오기섭이 인민전선을 주장하게 된 것은 그의 오랜 지하 투쟁 과정과 관련이 있다. 1948년 3월 북로당 2차 당대회에서 오기섭은 자신의 그동안의 과오를 반성한다면서 이렇게 말한다.

> 일본제국주의의 식민지 사회에서 부단히 압박을 받고 있으며 흔히는 말할 수 없는 생활상 격심하고도 급격한 악화와 파멸을 당함으로 용이하게 극단적 혁명성으로 넘어가나 조직성과 규률(규율)과 강고성을 발양할 만한 능력이 없는 소부르죠아 급진적 천진한 조급성이 있었기 때문이다.[16)]

오랜 지하투쟁과 13년이 넘는 일제 감옥생활이 자신의 사상의 과격성을 가져왔다는 얘기를 하고 있는 것이다.

그런데 오기섭과 김일성의 이러한 노선투쟁은 러시아 혁명 이후 트로츠키와 스탈린의 투쟁 모습과 닮았다. 이론가 트로츠키는 노동자 독재를 주장했다. 농민은 일시적인 동맹세력은 될 수 있지만 결국은 노동자 중심으로 사회주의를 완성해야 한다는 것이었다. 그것이 마르크시즘의 교리라는 것이 트로츠키의 생각이었다. 그런 점에서 트로츠키는 철저한 원칙론자였다. 원칙주의자 트로츠키의 모습은 다른 사례들로도 확인된다. 1922년 스탈린이 자기세력을 확장하기 시작했다. 레닌은 이에 맞서 동맹을 만들고 스탈린을 몰아내자고 트로츠키에게 비밀스럽게 제안했다. 트로츠키는 거절했다. 잘못

16) 「북조선로동당 제2차 전당대회 회의록」(1948. 3. 29.), 국사편찬위원회, 『북한관계 사료집』 I (서울: 국사편찬위원회, 1982), p.388.

된 것을 제거하기 위해 잘못된 짓을 하는 것은 옳지 않다는 얘기였다. 1923년에는 그와 가까운 장군들이 쿠데타를 제의했다. 당시 그는 수세에 몰려있었다. 1922년 말 레닌이 쓰려져(1924년 1월 사망) 스탈린의 권력은 강화되고 있었다. 이런 상황에서 장군들이 스탈린을 몰아내고 권력을 잡자고 제안한 것이다. 하지만 이번에도 '쿠데타는 불법'이라는 것이 트로츠키의 답이었다. 꼬장꼬장한 지식인의 모습을 보인 것인데, 이런 사실을 알았는지 몰랐는지 스탈린은 집권 후 정적 트로츠키를 국외로 추방했고, 결국은 하수인을 시켜 죽였다. 트로츠키는 피켈(등산할 때 얼음 찍는 도끼)로 뒤통수를 찍혀 비참하게 죽었다.

트로츠키와는 달리 스탈린은 노동자 세력만으로는 사회주의 완성이 어렵다고 생각했다. 혁명을 추진하자면 힘이 필요한데 노동자만으로는 수적으로 부족하고, 농민과 관료가 함께 참여해야 한다고 보았다. 현실론자 스탈린, 정치가 스탈린의 면모를 이런 데서 볼 수 있다. 이런 점이 차가운 지식인 트로츠키와 뚜렷이 구분되는 점이었다. 오기섭과 김일성도 이와 비슷한 모양으로 구분됐다.

김일성의 인민민주주의 국가 건설 전략

김일성파와 국내파가 이처럼 다른 정치노선을 내세우게 된 것은 양측이 당시의 당면과제가 무엇인지에 대한 인식을 달리 했기 때문이다. 김일성은 당시 한반도가 외부의 제국주의 세력에 의한 식민지화 위협을 받고 있다고 판단했다. 제국주의 세력은 친일파, 민족반역자, 남한을 강점한 미제국주의자들과 연합한 자 등을 말하는 것이었다. 따라서 이들을 제외한 민족주의적 자본가와 지주를 포함한 모든 세력이 단결하여 식민지화의 위협을 막아내는 것이 중요하다는 생각을 한 것이다. 이러한 통일전선 형성을 통해 민족적 부르주아·지주 계급을 포용하면서 국유화와 중·소 개인기업이 공존하는 인민민주주의 국가를 건설하는 것이 당면과제라는 생각을 하고 있었던 것이다.[17)]

소련군정 당국도 당장 소비에트정권의 수립보다는 반일적 민주주의 정당과 사회단체의 광범위한 연합을 통한 부르주아 민주주의 정권의 수립을 목표로 하고 있었다. 이를 위해 소련도 민족통일전선을 지지했다.[18)] 소련군정

---

17) 해방직후 김일성 세력의 국가발전전략에 대해서는 다음을 참조. 김창만, "북조선 민주개혁의 력사적 근거와 그 사회적 경제적 의의," 『인민』 (1949. 12), 국사편찬위원회 편, 『북한관계사료집』 39(과천: 국사편찬위원회, 2003), pp.429-453. 특히 p.452. 또한 인민민주주의 국가의 개념과 관련해서 북한은 "자본주의 국가보다는 앞서고 사회주의 국가보다는 아직도 뒤떠러지는(뒤떨어지는) 그런 전혀 새로운 인민적 민주주의 국가"라면서 "자본가나 지주의 리익을 위하야 복무하는 것이 아니라 로동자·농민·지식인·소시민 등 모든 근로인민의 리익을 위하야 복무하는 국가"라고 정의하고 있다. 「중요산업 국유화 독본」(1948. 2. 10), 『북한관련사료집』 7 (서울: 국사편찬위원회, 1989), p.452.

18) 백학순, "북한에서의 '단일적 지도력'의 확립과 당·국가 건설," 『현대북한연구』 2권 1호 (1999), pp.40-41.

의 의도는 장안파 조선공산당을 통해 보다 분명하게 나타났다. 장안파의 대표 이영과 최익한은 1945년 9월 30일 서울을 떠나 평양을 방문한 다음 10월 15일 서울로 돌아왔다. 이들이 평양에 간 이유는 그 당시 당의 노선을 보다 분명하게 설정하기 위해서였다. 이들이 평양에서 소련의 입장을 듣고 서울에 전해주자 장안파 조선공산당 중앙위원회는 10월 12일 '정권수립과 민족통일전선에 관한 결정'이라는 제목의 결정문을 발표했다. 내용은 한국의 현 혁명은 필연적으로 전진하는 부르주아 민주혁명이어야 한다는 것이었다. 민족 부르주아는 그들의 약점 때문에 이 혁명을 지도할 수 없고 프롤레타리아가 혁명의 주도세력이 되어야함도 강조했다.[19] 서구적 개념의 부르주아 혁명은 부르주아 즉, 자산가나 지주들이 주도하는 봉건타파를 위한 시민혁명을 일컫는 것이지만 이 당시 소련이나 조선공산당 세력은 프롤레타리아가 주도적인 역할을 하면서 사회구조를 근본적으로 개혁하는 과정을 부르주아 혁명이라고 지칭했다.

당시 소련은 스탈린이 직접 나서 "연해주군관구 군사회의의 지도 아래 북조선에 반일적인 민주주의 정당·조직의 광범한 블록을 기초로 부르주아 민주주의정권의 확립을 방조할 것"을 지시하기도 했다.[20] 소련의 의도는 급진적인 소비에트화나 사회주의 혁명의 조속한 완성보다는 통일전선에 의한 부르주아 혁명의 완성이었다. 이처럼 소련의 의도가 분명했기 때문에 소련과 철저한 협력관계를 유지하고 있던 김일성의 입장도 이와 다르지 않았던 것이다.

박헌영의 당면과제 인식도 김일성과 비슷했다. '8월테제'에서 분명히 밝히고 있지만, '현재 조선은 부르주아 민주주의 혁명 단계에 있으며, 앞으로 제2단계인 사회주의 혁명으로 전환되어야 한다'는 것이 그의 생각이었다. 1945년 10월 30일 발표한 '조선공산당의 주장 - 조선민족통일전선 결성에

---

19) 스칼라피노·이정식, 『한국공산주의 운동사』 2 (서울: 돌베개, 1986), pp.327-328.
20) "1945년 9월 20일 스탈린이 북조선 점령과 관련하여 하달한 지시," 『每日新聞』, 동경, 1993. 2. 26., 김광운, "해방 직후 북한에서의 통일전선," 『한국사학보』 제11호(2001), p.323. 재인용.

대하야'에도 이러한 인식은 명확하게 나타난다. 그는 우선 완전한 독립과 민주주의국가의 건설이 주요 과제라고 보았다. 그러면서 민주주의의 내용을 세밀하게 설명했다. 토지문제가 '평민적'으로 해결되어야 하고, 언론·집회·결사·파업·시위·신교의 자유가 보장되어야 하며, 8시간 노동제와 의무교육이 시행되어야 민주주의 국가라고 할 수 있다는 것이었다. 여기에다 근로대중생활의 급진적 개선, 남녀평등의 선거·피선거권 보장도 함께 되어야 한다고 강조했다.[21] 사회주의 혁명이나 프롤레타리아 혁명은 당시 상황에서 불가능 하고, 우선은 〈민족의 완전독립-'광범한 민주주의적 인민전선'에 의한 인민정권 수립-토지문제 등 해결에 의한 민주주의 국가 건설〉의 단계를 밟는 것이 중요하다고 생각한 것이다.

1946년 1월 기자회견에서 박헌영의 이러한 생각은 더 분명하게 나타난다. 미군정문서 가운데 발견되는 것인데, 한국신문을 영어로 번역해 놓은 것이다. 『서울신문』 1946년 1월 18일자에 실린 내용인데, 기사에 따르면 박헌영은 당시 상황에서 한국은 사회주의가 필요하지도 않고 사회주의화할 필요도 없다고 말했다. 그가 원하는 것은 단지 민주적인 독립국가 건설뿐이라고 강조했다.[22]

박헌영은 당시 정치환경을 사회주의로 나아가고 있거나 사회주의를 적극 추진할 수 있는 상황으로 보지 않았음을 알 수 있다. 다만 독립을 보다 분명하게 하고 '민주개혁'을 추진하는 것이 그의 관심이었다는 얘기다. 이러한 인식은 초기 오기섭의 인식과는 많은 차이가 있다. 이러한 차이가 박헌영과 오기섭의 연대가 이루어지지 않은 이유가 되기도 했을 것으로 보인다.

박헌영도 친일 자본가와 지주를 국가건설 세력에 포함하는 것은 물론 반

---

21) 박헌영, 「조선공산당의 주장 - 조선민족통일전선 결성에 대하야」, 조선산업노동조사소, 『옳은 노선』 (도쿄: 민중신문사, 1946), p.4.

22) "It Seems that I Was Misunderstood: Explanation of Park, Hun Yung to the Journalists," 『Seoul Shinmun』, 18 January 1946, Record Group 554, United States Army Forces in Korea, XXIV Corps, G-2, Historical Section, Records Regarding USAMGIK, U.S.-U.S.S.R. Relations in Korea and Korean Political Affairs, 1945-48, Box 75.

대했다. 다음과 같은 발표문 내용에 잘 나타난다.

> 진보적 민주주의를 국내에서 가장 잘 실천하는 조선공산당과 협력을 거부하지 않는 사람이라야 비로소 진정한 의미의 민주주의자가 된다. 그럼으로 금일에 있어서 두 가지 노선이 나서고 있다. 한 가지는 조선공산당에서 주장하는 노선인데 그것은 우에서 말한 바와 같이 일본제국주의 잔존세력과 친일파와 민족반역자의 일소로서 완전독립을 달성하는 동시에 이상에서 규정한 의미에서만 진보적 민주주의 제 단체의 대표자의 집결으로서 전조선민족 통일전선이 결성될 것이요. 따라서 인민공화국은 건설된다. ...(중략)... 이러한 우리당의 노선과 대립되는 노선을 주장하는 자가 있으니 그들은 우에서 이미 말한 바와 같이 더펴놓고(덮어놓고) 통일하라 한데뭉치라는 주장인데 그것은 반동적 성질을 가진 노선이다. 여기서 그렇게 하면 첫째로 그들은 ...(중략)... 우리 적이 되는 일본제국주의 잔존세력과 친일파 민족반역자에 대한 반대투쟁에 대하야는 태업하며 함구한다.[23]

친일파나 민족반역자가 아니면서 조선공산당과 철저한 협력을 이룰 수 있는 세력만이 민족통일전선에 참여할 수 있다는 얘기다. 그러면서 친일파와 협력하려는 세력을 질타하고 있다. 어쨌든 해방직후 박헌영의 정세인식과 국가건설 전략은 김일성과 유사했고 오히려 오기섭과는 거리가 있었다.

---

23) 박헌영, 「조선공산당의 주장 - 조선민족통일전선 결성에 대하야」, 조선산업노동조사소, 『옳은 노선』 (도쿄: 민중신문사, 1946), pp.3-5.

오기섭의 노동자·농민 중심 속성 2단계 혁명 전략

오기섭은 당시 한반도가 맞닥뜨리고 있는 적은 외세보다는 내부의 파쇼세력이라고 보고 지주와 자본가는 파쇼세력의 중심으로 간주했다. 그러니 이들을 일소하는 것을 당시의 당면과제로 본 것이다. 오기섭은 이들을 제거하고 곧바로 부르주아 혁명과 같은 근본 개혁작업이 짧은 시간 안에 이루어진 뒤 노동자.농민 중심으로 한 노농소비에트 정권의 창건을 국가건설 전략으로 상정했던 것으로 보인다. 노농소비에트 정권을 목적지로 생각했지만 해방직후 곧바로 프롤레타리아 혁명을 추진해야 한다는 생각을 하지는 않았다. 오히려 이러한 전략을 좌경적인 것으로 비판하기도 했다. 오기섭의 당시 정세에 관한 인식을 알 수 있는 얼마 안 되는 자료 가운데 하나가 1945년 10월 13일 북조선5도 당 책임자 및 열성자 대회에서 한 오기섭의 당의 정치적 임무에 대한 보고이다. 『옳은 노선』(도쿄: 민중신문사, 1946)라는 책자에 대회 회의록이 실려 있는데, 오기섭의 보고도 그 안에 포함되어 있다. 실제로 보고자는 '오00동무'라고 되어 있고, 보고의 제목은 '정치적 현세와 당의 임무'로 되어 있는데, 오기섭이 이 대회에서 조선공산당 북부조선분국의 2인자인 제2비서로 선출되었기 때문에 주요 보고를 한 오00동무는 오기섭이 틀림없어 보인다. 오기섭의 전반적 인식을 알아보기 위해 좀 길게 인용해 본다.[24]

> 일본제국주의의 붕괴로 말미암아 조선은 해방되었다. 조선의 현단계는 자본주의 계단이다. 이 계단에서 우리는 통일된 인민자주적 공화국을 건설해야 한다. 이 과제의 분석은 생략하고 조공운동 현상을 살펴보자. 해방 전 조선의 운동은 역사가 길다. 그 운동을 평가한

24) 조선산업노동조사소, 『옳은 노선』(도쿄: 민중신문사, 1946), pp.36-39.

다면 쿠시넨 동무가 말한 바같이 조선의 과거의 운동은 두 가지 종류로 나눌 수 있는데 그 하나는 이론만 가지고 말로만 싸우는 운동이요, 또 하나는 맑스 - 레닌주주의 이론은 몰라도 일본제국주의와 실지로 꾸준히 싸워 온 그것이다.

첫째의 말로만 싸워 온 동무들은 일본제국주의의 탄압이 고(高)해짐에 따라 전부가 굴복하였다. 1936년 일본제국주의가 중국침략을 개시하자 동무들에 대한 전시적(戰時的), 고압적 철퇴 아래 표면상은 우리 조선공산운동은 일소되었다고 볼 만큼 되었다. 그러나 진정한 볼세비키들은 지하에서, 감옥에서, 광산, 공장에서 투쟁을 해 왔다. 일본제국주의 전시고압 밑에서 무명의 공산주의자가 있었던 것을 잊어서는 안 된다. 8월 15일 이후 일본 제국주의가 붕괴되었다는 점과 붉은 군대가 진주해 왔다는 점에서 공산운동은 급속도로 발전해 왔다. 과거, 운동을 해 온 동무들은 박헌영 동무를 중심으로 하여 그 토대 위에서 활발히 투쟁해 왔다. 우리는 박동무의 강안(康安)과 우리 운동의 볼세비키화를 위하여 기립하자. - 일동 기립하다.

해방된 이후 우리는 공당문(共黨門)을 개방했다. 공장에서 농촌에서, 광산에서 노동자, 농민들이 들어오도록 문을 열어 놓았다. 그러나 말로만 싸워 온 전락했던 공산주의자는 엄정한 조사를 거쳐서만 들어올 수 있는 것이다.

조공운동은 발전하고 있지만 조직문제에 있어서 너무 약하다. 당면문제로 세포를 중심으로 하고 있지만 아직 되지 못한 곳도 많다. 그리고 둘째로는 조선운동의 전통이라 할까 경성을 중심으로 하고 있는 이영(李英) 일파의 그룹과 투쟁하지 않으면 안 된다. 당의 그룹은 많다. 이영 일파의 프로그램에는 트로츠키즘을 가졌다는 것이다. 조공운동의 확대강화를 위하여 해외에서 들어온 형제당원들에게 많은 기대를 한다.

우리 당에서 두 가지 경향이 있는데 하나는 우경이요, 또 하나는 좌경이다. 이 좌우경과 투쟁하지 않고 우리 운동을 볼세비키화 할 수는 없다.

우경적 경향 - 조선인민의 당면한 문제인 독립을 위해서는 민족통일전선을 구성해야 한다니까 친일적 조선인, 즉 과거 일본제국주의와 결탁하여 노동자, 농민을 착취하던 반동분자도 포함하여 인민주권 수립에 참가할 수 있는 줄 아는 경향이다. 이는 절대로 배격하지 않으면 안 된다. 일본 국가와 군대는 패퇴했지만 일본적 요소는 다분히 잔존되어 있다는 것을 잊어서는 안 된다.

좌경적 경향 - 한 가지는 우리가 오랫동안 지하실운동에서 국제정세를 정확히 파악하지 못하던 관계로 현 단계를 사회주의혁명 단계

> 라고 보는 것이요, 둘째로는 세계혁명의 본령인 쏘연방의 국제정책과, 조선민족의 해방이 우리의 내재적 힘으로 된 것이 아니고 연합국의 힘으로 되었다는 객관적 정세에 두어 범하는 오류이다. 셋째는 과거 전락했던 동무가 과거를 청산하기 위하여 공허한 혁명적 언변을 쓰는 데서 생기하는 오류이다.
>
> 우리 공산주의자가 범하는 오류의 근본적인 것은 좌경적인 것이다. 이것으로는 인민주권을 수립하는 데 인민을 광대히 집결시키지는 못한다.

오기섭이 해방직후를 사회주의혁명 단계로 보지 않았음이 이 보고에서 분명이 나타난다. 오히려 그렇게 보는 것을 '좌경적인 것'으로 비판하고, 그런 경향은 인민들의 외면을 받을 것이라고 경고하고 있다. 당시를 자본주의 단계로 보고 부르주아 혁명을 해야 한다는 주장을 했던 것만이 자료로 확인되는 것이다.

그렇다면 이러한 오기섭의 얘기는 '노농소비에트' 주장과 어떻게 어울릴 수 있을까? 결국 오기섭은 2단계혁명을 주장한 것이라고 할 수 있다. 자본주의 단계에서 부르주아 혁명과 같은 과정, 하지만 어디까지나 노동자·농민을 중심으로 한 민주개혁의 과정을 통해 '인민자주적 공화국'을 건설하고, 여기서 다시 노동자·농민이 주체가 되는 노농정권 단계로 이전해야 한다고 주장한 것이다. 노농정권에 방점에 찍혀있는 만큼 '인민자주적 공화국'은 되도록 짧게 거쳐야 하는 성격을 가졌다고 하겠다. 그러니까 큰 틀에서는 마르크스 전통적인 주장과 유사한 부르주아 민주혁명 – 사회주의 혁명의 2단계로 혁명이 추진되어야 함을 말한 것이다. 마르크스와 레닌 이론을 소련에서 공부했고 논리적으로 사고하는 데 익숙한 오기섭으로서는 어쩌면 당연한 주장이다. 하지만 마르크스 혁명론과는 달리 1단계부터 노동자와 농민이 중심이 되고 1단계가 속성으로 마무리 되는 형태의 2단계혁명론이라고 할 수 있다. 결국 오기섭의 국가건설전략은 '노동자·농민 중심 속성 2단계 혁명론'이 되는 것이다.

『해방일보』 1945년 8월 31일자에 실린 함경남도 집행위원회와 소련 정치위원회 대표 쿠체로프와의 인터뷰 내용도 2단계 혁명론으로 분석하면 그 틀이 좀 더 명확해진다. 3항의 토지개혁과 4항의 공장국유화 문제는 '인민자주적 공화국 단계'에서 해결하고, 여기서 한 단계 발전해 궁극적으로는 2

항의 노동자-농민 정권으로 나아가자는 내용인 것이다.

이렇게 보면 1948년 3월 북조선로동당 제2차 전당대회에서 김일성 세력, 특히 김열이 비판한 내용은 그 근거를 찾기 어렵다. 김열은 '오기섭이 소련군 주둔에 따라 민주주의적 첫 혁명 단계는 완료되었다고 보고 사회주의 수립의 길로 나가자고 했다'면서 오기섭의 '좌경적 성향'을 강하게 비판했다. 그런데 이런 내용을 뒷받침할 만한 자료는 발견되지 않고 있고, 오히려 민주주의 혁명에 더 힘을 쏟아야 함을 오기섭은 강조했다.

물론 중국과 소련에서 공산주의 학습을 했고 역시 이론가의 면모를 갖고 있던 박헌영이나 소련군에서 교육받은 김일성이 2단계 혁명론을 몰랐을 리 없다. 하지만 1945년 중반의 한국 상황에서 사회주의 혁명을 얘기하는 것은 무의미하고 우선 주요세력을 모아 정권을 잡고 주요 개혁작업을 하는 데에만 몰두하는 것이 옳다는 생각을 두 사람은 했다. 요컨대 당시 상황에서 김일성과 박헌영은 부르주아 혁명만 중점을 두었고, 오기섭은 부르주아 혁명의 조속한 종결에 이은 사회주의 혁명까지도 염두에 둔 국가건설 계획을 구상하고 있었던 것이다.

오기섭은 서북5도 당 대회에서 당의 정치적인 문제를 세밀하게 지적한 뒤 당의 규율문제도 언급하면서 보고를 마쳤다. 규율의 중요성을 십분 강조하는 당시의 오기섭의 태도는 아주 당당했다. 이후 김일성파의 공격에 시달리는 모습과는 완전히 다르다. 해방직후 그가 가지고 있었던 자신감과 주류의식을 여실히 느낄 수 있다.

> 다음에 당규에 대하여 말하겠다. 당의 결의에 있어서 소수파는 다수파에 복종해야 하고, 당규는 엄밀히 준수되어야 하며, 당 사업이 합법기에 있어서도 비밀은 엄수되어야 한다. 대중적 볼세비키를 위하여 당증 가진 당원 1인이 당증 안 가진 범인(凡人)의 당원을 획득해야 한다. 대중적 보조조직을 노동자, 농민의 각 단체 속에 가져서 당의 정책을 대중 안에서 실행해야 할 것이다.
>
> 당의 볼세비키 재활을 위하여 우리는 과거를 청산하고 하루 속히 자기 비판에서 재출발하지 않으면 안 된다. 조공문제를 생각할 때 일본의 재흥문제가 남아 있고, 아직 조공 내에는 일본제국주의 잔재가 남아 있다는 것을 경계하지 않으면 안 된다.

우리는 이론과 사상의 통일을 위하여 맑스-레닌주의로 무장하지 않으면 안 된다. 간부의 교양은 절대로 필요하며 노선을 바로 세우기 위하여 기관지를 간행야야 할 것이다. 당 내 모든 것은 민주주의적이어야 한다. 그러나 결정에 있어서 실행할 때는 절대복종해야 한다. 그러기에 민주주의적이면서 독립적인 것이다.

규율은 당의 생명이요, 당원의 생명이다. 이것이 없이는 혁명이 없다. 우리는 당의 볼세비키화를 위해 투쟁하여 세계에 뒤떨어지지 않기를 서로 약속하자.

一. 스탈린 동무 만세 !

一. 조선공산당 만세 !

一. 조선인민공화국 주권 만세 !

결성의 실행에 있어서 절대복종, 당 기관지까지 생각하는 그의 모습은 한 기업의 소유주와 같은 주인의식까지 엿볼 수 있다. 이 때가 오기섭으로서는 그야말로 최고의 전성기였다. 국내공산세력으로 북한 지역에 대한 우선적 권한을 주장할 수 있었고 해외에서 들어온 김일성파, 소련파 등에게 북한 사정에 대한 조언도 하면서 자기 나름의 구상으로 국가건설을 꿈꾸고 있었던 시기였다. 그런 모습을 보고의 문구들이 숨김없이 드러내 보여주고 있다.

지금까지 얘기한 해방정국에서 오기섭과 김일성, 박헌영의 노선 차이를 좀 정리를 해보면 아래의 표로 만들 수 있다.

▌해방정국 좌익의 국가건설전략▐

	오기섭	김일성	박헌영
당시 정세 규정	자본주의	자본주의	자본주의
당면과제로 제시한 정부(국가) 형태	노농소비에트	인민민주주의 국가	인민정권
구체적 방안	인민전선 (2단계 혁명)	민족통일전선	광범한 민주주의적 인민전선
주체 세력	노동자 · 농민 (모든 자본가 · 지주 제외)	노동자 · 농민 · 민족자본가 · 민족적 지주 (소극적 친일 세력 포함)	노동자 · 농민 · 혁명적 인텔리겐챠 · 소자본가 · 민족자본가 (친일 자본가 지주 제외)

노선 차이의 원인

통일전전파와 인민전전파의 차이에는 해외파와 국내파라는 입지의 차이도 반영되어 있었다. 김일성은 만주에서 항일운동을 하다 소련을 거쳐 해방 직후 귀국했다. 국내기반은 약했다. 그래서 친일파는 어쩔 수 없지만 민족주의적 입장을 지닌 지주와 자본가는 연합세력에 포함시켜야 한다는 주장을 한 것이다. 자신의 세력 확장에 매우 중요한 문제가 아닐 수 없었다. 여기에다 해외파는 당시 한반도를 둘러싼 국제세력의 동향에 대한 이해가 빨랐다. 지역적 기반 없이 해외에서 항일운동을 할 당시부터 생존과 효과적인 운동을 위해 익히 길러왔던 국제적 감각이었다. 김일성은 이미 소련점령군이 처음부터 민족통일전선을 추구하고 있음을 알고 있었고 거기에 맞추어 자신도 통일전선을 주장한 것이다. 여기에 비해 오기섭은 국내세력으로서 국내적 기반을 비교적 탄탄하게 유지하고 있었으며 이를 믿고 지주와 자본가를 제외한 계급성 강한 인민전선을 내세운 것이다.

공산주의자들의 한계에 대한 김일성의 분명한 인식도 그의 민족통일전선론 형성에 일정한 역할을 했다. 공산주의자들에 대한 당시 대중의 인식이 그다지 좋지 않았고, 이를 김일성이 알고 있었던 것이다. 각 도당의 책임자들을 모아놓고 민족통일전선의 당위성을 강조하는 연설해서 "과거 공산당에 대한 일본제국주의자들의 악선전과 종파분자들이 끼친 해독행위로 말미암아 공산당은 아직도 광범한 대중의 지지를 받지 못하고 있으며 정치적으로 각성하지 못한 일부 군중은 민족주의자들에 대한 환상을 버리지 못하고 있습니다"라고 강조했다.[25] 이처럼 김일성은 일제의 악의적인 선전으로 인민들이 공산주의자들에 대해 부정적인 인식을 가지고 있었고, 그런 만큼 공산주의자들 뿐만 아니라 다양한 세력이 연합해 국가를 건설해야 한다는 생각을 명확하게 가지고 있었다.

인민전선과 민족통일전선 논쟁은 당시 공산주의 세력이 어느 정도인지에 대한 인식의 차이도 반영하고 있었다. 국내파는 공산주의 세력이 상당한 것으로 판단했고, 반면에 김일성파는 그렇지 못한 것으로 판단했다. 실제 전 조선로동당 부부장 박병엽의 증언에 따르면 서북5도 당대회가 열릴 당시 공산당원은 1,000명 정도였고, 제대로 된 당원은 그 절반인 500명 수준이었다고 한다.[26] 1945년 12월 조선로동당 북부조선분국 제3차 확대집행위원회 회의가 열릴 즈음에는 당원이 4,530명이었다.[27]

그러던 것이 1946년 8월 28일 북조선로동당 창립대회 당시에는 366,339명으로 크게 증가했다.[28] 하지만 해방 전부터 당 생활을 했던 사람은 많지 않았다. 당시 당의 대표위원 801명을 선출했는데, 그 가운데 해방 이전부터 당 생활을 했던 사람은 62명으로 전체 대표위원의 7%에 불과했다.[29] 1947년 6월이 되면 당원수가 더욱 늘어서659,824명이 된다.[30]

이러한 수치로 볼 때 해방직후 공산주의 세력은 매우 열악한 수준이었다. 그렇다면 해방직후의 상황에 대한 합리적 판단과 평가 능력 면에서 김일성파가 국내파보다 앞서 있었다고 볼 수 있다.

---

25) 김일성, "새 조선 건설과 민족통일전선에 대하여 - 각 도당책임일꾼들 앞에서 한 연설(1945. 10. 13.)," 『김일성 저작집』 1 (평양: 조선로동당출판사, 1979), p.333.

26) 중앙일보 특별취재반, 『비록: 조선민주주의인민공화국』 (서울: 중앙일보사, 1992), p.121.

27) 김일성, "북조선공산당 각급 당단체들의 사업에 대하여 - 북조선공산당 중앙조직위원회 제3차 확대집행위원회에서 한 보고"(1945. 12. 17.), 『김일선 저작집』 1 (평양: 조선로동당출판사, 1979), pp.476.

28) 「1947년 8월 21일 중앙상무우원회 결정서 - 북조선로동당 당원성원에 관한 1947년 8월 1일 현재 통계(통계)에 대하야」(1947. 8. 21.), 국사편찬위원회, 『북한관계사료집』 17 (과천: 국사편찬위원회, 1994), p.115.

29) 「북조선로동당 창립대회 회의록」(1946. 8. 29.), 국사편찬위원회, 『북한관계사료집』 1 (서울: 국사편찬위원회, 1982), p.110.

30) 「1947년 8월 21일 중앙상무우원회 결정서 - 북조선로동당 당원성원에 관한 1947년 8월 1일 현재 통계(통계)에 대하야」(1947. 8. 21.), 국사편찬위원회, 『북한관계사료집』 17 (과천: 국사편찬위원회, 1994), p.119.

서북5도 당대회... 오기섭의 승리

1945년 10월 11일 서북5도 당대회 둘쨋날 인민전선 문제로 김일성파와 국내파가 맞붙었다. 김일성은 인민전선은 당시 북한의 실정을 몰라서 하는 얘기라고 비판했다. 그러면서 민족반역자를 제외하고는 모두 국가건설에 동참시켜야 한다고 강조했다. 그러자 국내파의 실력자 정달헌이 나섰다. "지주나 자본가도 돈만 내면 된다는 것이냐"고 따진 것이다. 또 다른 국내파 김재갑은 김일성 노선은 '소부르주아적 우경투항주의'라고 공격했다.

그러자 안길이 일어나 반격했다. 안길은 빨치산 가운데 이론가였다. 안길은 동지를 모독하지 말라면서 "반(反)파쇼 인민전선에서는 히틀러에 반대하면 자본가든 지주든 다 수용했다. 지금은 조국건설, 민주주의 건설을 위해 민족반역자는 심판하되 나머지는 모두 힘을 모아야할 때다. 공산당이나 공산주의자들만으로 건국사업을 제대로 할 수 있겠는가"라고 역설했다. 이에 대해 정달헌이 "새파란 게 뭘 한다고 건방지게 나서느냐"고 맞서면서 감정싸움이 격화되었다.[31] 논리적인 토론이 더 이상 전개되지 못하면서 결국 김일성이 제시한 민족통일전선은 채택되지 않았다.

이 대회에서 채택된 30개 항의 결정서는 제19항에서 "동요 없는 궁극적 노동계급의 최후이익을 위한 볼쉬비키당이 되기 위하야는(위하여) 당의 구성요소에 절대적 다수를 노동계급과 농민(특히 빈농)을 대열 내에 인입(引入)하여야 한다. 아직 북부조선당부에는 인테리겐차와 소시민이 절대다수를 차지하고 있는 당부가 있음을 적시한다"라고 밝히고 있다.[32] 노동자와 빈농을 적극 당에

31) 중앙일보 특별취재반, 『비록: 조선민주주의인민공화국』 (서울: 중앙일보사, 1992), pp.120-121.

끌어들여 당의 색체를 보다 분명한 프롤레타리아 정당으로 만들어야 한다는 것이다. 오기섭이 내세우는 인민전선의 주장을 적극 받아들인 것이다.

김일성이 귀국한 것이 1945년 9월 19일이다. 그의 세력은 103명에 지나지 않았다. 소련군 88독립보병여단 소속이었던 88명, 소련계 한인 15명이 고작이었다. 서북5도당대회는 김일성이 귀국한 지 한 달도 안 돼 열렸다. 당시는 아직 김일성이 세력기반은 제대로 잡지 못한 상태였다. 오기섭의 승리는 김일성이 준비되지 않은 상태에서 이룬 불완전한 승리였다.

이 대회 이후에도 오기섭은 국가건설 과정에서 친일세력의 철저한 배격과 노동자, 농민의 적극 참여를 수시로 강조한다. 1945년 11월 7일에는 『정로』에 "중앙의 지시를 위한 투쟁"이라는 글을 기고한다.

> 전민족의 이익을 위하야 전조선인민의 의사에 의한 인민공화주권을 수립하기 위하야 친일적 반동분자와의 투쟁을 철저히 하야 그들을 인민주권에 제외하는 투쟁을 전개하면서 있다. 친일적 반동분자와의 반내숙청투쟁이 없이는 전인민의 이익을 위한 인민전선은 결성되지 못할 것을 우리는 잘 알고 있다.[33]

친일파을 배제한 기반 위에서 국가건설에 적극 나설 것을 강조하는 내용이다. 이와 함께 이 글에서 오기섭은 노동자, 농민의 조직적 확대를 재차 강조한다.

> 동요 없는 강철같은 볼세비키당이 되기 위하야는 해방전 일본제국주의와 그 동맹자를 반대하야 꾸준히 말없이 투쟁을 하여왔고 해방 후에 또 생산부흥에 꾸준히 싸워오는 노동자 농민(빈농)을 당대열 내에 다수 인입하기를 겨울이(게을리) 하지 안는다(않는다).[34]

오기섭에게 중요한 것은 당의 확대나 국가건설 모두 중요하지만, 그것이 노동자와 농민 당원의 확대를 통한 것이어야 의미가 있는 것이었다.

---

32) "당의 진로명시 정치노선확립 조직확대강화 - 대회결정서," 『정로』 1945. 11. 1., 국사편찬위원회, 『북한관계사료집』 31(과천: 국사편찬위원회, 1999), p.5.
33) 오기섭, "중앙의 지시를 위한 투쟁," 『정로』 1945. 11. 7., 국사편찬위원회, 『북한관계사료집』 31(과천: 국사편찬위원회, 1999), p.17.
34) 오기섭, "중앙의 지시를 위한 투쟁," 『정로』 1945. 11. 7., 국사편찬위원회, 『북한관계사료집』 31(과천: 국사편찬위원회, 1999), p.21.

김일성 민족통일전선론의 뒤집기

김일성은 한 달 후 반격에 나섰다. 1945년 11월 23~24일 열린 조선공산당 북부조선분국 제2차 확대집행위원회 회의에서였다. 이 자리에서 김일성은 자신의 민족통일전선 노선을 제시해 오기섭의 인민전선 노선에 대해 우위를 점했다.[35] 2차 확대집행위에 앞서 11월 20~21일 예비토론회가 열렸다. 김일성은 '4대 당면과업에 대하여'라는 제목으로 보고를 했다. 토지와 산업, 노동, 선거, 평등권 등의 문제에서 민주개혁을 실시하고, 이를 위해 이북에 혁명의 근거지를 창설할 것을 주장했다. 또, 친일파와 민족반역자를 숙청하고, 민족통일전선의 기치 아래 전 민족이 단결해야 한다고 강조했다. 예비토론회에서는 그저 보고를 듣고 넘어갔다.

하지만 23일 확대집행위 회의에서 이에 대해 국내파가 이의를 제기했다. 10월 서북5도 당대회에서 이미 인민전전으로 합의했는데 이제 와서 민족통일전선을 다시 들고 나오는 것은 잘못이라는 것이었다. 여기에 김일성파가 대거 반격에 나섰다. 일제시대 지하에서 공산주의운동을 하다 체포된 뒤 해방과 함께 풀려나온 인물 가운데 김택근, 송관조, 문태화 등이 김일성을 지지했다. 국내파의 유력인물인 주녕하도 김일성을 도왔다. 그래서 민족통일전선을 포함한 4대 당면과제에 대한 결정서가 채택되었다. 김일성의 대중노선이 수용된 것이다.

양측의 격돌과 김일성 세력의 승리가 2차 확대집행위 회의에서 확인되었지만 오기섭의 생각은 이 회의 이전에 이미 어느 정도 달라져 있었다. 11월

35) 중앙일보 특별취재반, 『비록: 조선민주주의인민공화국』 (서울: 중앙일보사, 1992), p.172.

중순 평양에서 평양시당원회의가 열렸다. 러시아의 10월혁명을 기념하는 회의였다. 오기섭이 보고했다. 여기서 오기섭은 새로 건설되는 국가에 참여해야 하는 세력을 일일이 열거했다.

> 우리는 민족통일전선에 있어 완전한 통일적 자주적 주권을 세울여면(세우려면) 첫재로(첫째로) 어떠한 당파, 어떠한 단체, 어떠한 개인을 물론하고 일치단결하야 완전한 통일된 민주주의적인 인민공화주권을 수립하여야 될 것이다. 그는 국내적으로 통일전선기초 우(위)에서 조선인민의 이익을 위하야 전인민의 총의를 대표하며 전인민의 지지를 받을 수 있는 주권이 되여야(되어야) 하며 국제적으로 민주주의국가의 승인을 받고 진보적 민주주이 국가군의 유력한 맹우가 되는 국가가 되어야 할 것이다.
>
> 이는 필연적으로 첫재로(첫째로) 일본제국주의의 군국적 금융적 압박과 착취를 당한 자유를 일흔(잃은) 360만의 노동게급(노동계급)이 참가해야 한다. 둘재로(둘째로) 봉건적 착취와 봉건적 기구 우(위)에 옴겨(옮겨) 놓은 일본제국주의 압박에서 자유를 일흔(잃은) 1,700만의 농민이 참가해야 한다. 셋재로(셋째로) 일본제국주의의 노예교육의 억제 하에 지식의 자유문화의 자유과학의 자유기술의 자유취직의 자유신교의 자유를 잃는 지식층이 참가해야 한다. 넷재로(넷째로) 일본제국주의 군수 금융 자본의 독점에서 민족자본의 발전을 일흔(잃은) 진보적 민족자본가가 참가해야 한다. 다섯재로(다섯째로) 기타 반일본적 진보층이 참가해야 한다. 이러한 모든 게급(계급) 모든 개인이 참가할 수 있는 데서 만이 전인민의 총의에 의하야 전인민의 이익을 위한 인민공화주권이 수립될 수 있는 것이다.[36]

노동자와 농민 중심의 국가건설을 강조하던 초기의 입장에서 민족자본가, 지식인을 포함하는 진보층을 모두 아우르는 국가의 건설을 주장하는 입장으로 바뀌었다. 더욱이 다음과 같은 오기섭의 언급은 '노농소비에트' 주장에서 크게 변화되었음을 보여준다.

> 이러한 구성에서만이 이러한 게급(계급) 개인의 참조에서만이 자본주의 게단의(계단의) 과업을 해결할 수 있고 또 자본주의 과업의 해결을 하는 것이 조선의 역사적 과업을 해결하는 것이고 이러한 역사

---

36) 오기섭, 「10월혁명 기념 투장총결산 보고 - 평양시당원회의에서」, 『정로』 1945. 11. 14., 국사편찬위원회, 『북한관계사료집』 31(과천: 국사편찬위원회, 1999), pp.30-31.

적 과업을 걸치지 않고서는 앞으로 사회주의 사회를 건설치 못하며 만일에 이러한 역사적 과업을 걸치지(거치지) 않고 조선에 사회주의 혁명이니 쏘베트 주권을 지금 말하는 자는 사실로 역사적 과업을 무시하고 국제정세를 모르고 국내통일을 분열식히는(시키는) 반공산주의자며 토로츠키적(트로츠키적) 좌경적 기회주의자이다.[37]

나중에 1947년 2월 북조선로동당 중앙위원회 제4차 확대전원회의에서 본인이 좌경인사로 지적받자 오기섭은 '나는 조선의 트로츠키이다'라고 김일성 일파를 조롱하게 되는데, 이러한 운명을 모른 채 오기섭은 1945년 11월 시점에서 트로츠키적 급진혁명론자를 비판하고 있다.

지식인과 민주적 자본가를 국가건설 세력에 포함하는 오기섭의 글은 1945년 11월 이후로는 여럿 발견된다. 모스크바 3상회의의 신탁통치안을 지지하는 1946년 초의 글에서 오기섭은 다음과 같이 주장한다.

조선인민이 당장 주권 수립을 요구하는 것은 어느 다른 계급이 아니고 조선의 노동자, 농민, 인민적인 지식층, 민주주의 자본가이고 특히 노동계급의 전위당인 조선공산당과 그 목적과 방법에 있어 민주주의 정당 단체는 모두 요구하는 바이다. 그러나 문제는 관념적인 욕구에서 해결되는 것이 아니고 객관적 현실에서 실현되는 것이기 때문에 객관적 정세에서 과학적으로 파악하는 것이 조선공산당의 정당한 노선이며 그렇기 때문에 조선공산당은 옳은 것이다.[38]

그러면서 오기섭은 신탁통치안을 찬성해야 한다고 강조하는데, 노동자나 농민과 주장·이해를 공유하는 계급으로 민주주의 자본가를 거론하고 있다. 자본가와 지주를 배척하던 이전의 인식과는 확연히 다른 모습이 아닐 수 없다. 이러한 내용이 담긴 오기섭의 글 "모쓰크바 삼상회의 조선에 관한 결정과 반동파들의 반대투쟁"은 이론가 오기섭의 치밀한 면모를 여실히 볼 수 있는 자료이기도 하다. 삼상회의 결정사항인 신탁통치를 받아들여야 한다는 논지를 담은 이글은 당시 국내외 정세를 면밀히 분석하고 그에 따른 북한의 대외정책 방향을 제시하는 내용이었다. 특히 그는 "사이비 애국자들은

---

37) 오기섭, 「10월혁명 기념 투장총결산 보고 - 평양시당원회의에서」, 『정로』 1945. 11. 14., 국사편찬위원회, 『북한관계사료집』 31(과천: 국사편찬위원회, 1999), p.31.
38) 오기섭, "모쓰크바 삼상회의 조선에 관한 결정과 반동파들의 반대투쟁," 국사편찬위원회, 『북한관계사료집』 12 (과천: 국사편찬위원회, 1989), p.257.

우리는 왜 자기 힘으로 독립하려 하지 않고 다른 나라 힘만 바랄 수 있겠는가?하고 금일에야 새삼스럽게 발광적으로 떠들고 있다. 그러면 그들에게 반문하노니 웨(왜) 막연하게도 '상당한 기간후'에 조선독립을 주겠다는 카이로 결정 때는 한마디의 반대 커녕 발광적으로 환영하다가 '5년 이내'로 단축되고 구체화된 3국결정을 반대하는가?"라며 민족주의 세력의 논리적 허점을 지적하면서 당시 공산세력의 찬탁논리를 대변했다.[39]

1947년에 이르러서는 보다 구체적으로 자본가의 역할을 인정한다. 1947년 2월 17~20일 열린 북조선 도·시·군인민위원회 대회에서 오기섭은 토론에 나서 인민경제발전을 위한 전인민의 노력을 강조하면서 "개인소유의 옹호는 개인의 소유권만을 옹호하고 보장하는 것만이 아니라 우리민족 전체의 경제에 큰 관계가 있는 것입니다. 일상생활에 필요한 생활필수품을 생산하는데 있어서는 개인자본가들의 역할이 기대할 바가 큰 것입니다"라고 말했다.[40] 경제체제가 완전한 사회주의로의 이행 전에는 소규모 자본가의 역할이 인민소비생활의 편의를 위해 필요하고 중요함을 얘기한 것이다.

김일성 세력의 민족통일전선론의 승리로 자본가들은 일정 정도 활로를 확보할 수 있었다. 조선민주주의인민공화국 창건을 위한 최고인민회의 대의원 후보자 등록이 1948년 8월 5일 완료되었다. 김일성과 김두봉, 최용건, 김달현 등 전국에서 모두 227명이 후보등록을 마친 것이다. 이들의 성분을 보면 노동자 48명, 농민 76명, 정권기관·정당·사회단체 간부 52명, 인테리 및 기술자 19명, 기업가 9명, 상인 7명, 수공업자 5명, 종교복무자 11명 등이다.[41] 기업가와 상인, 수공업자는 자본가 계급으로 볼 수 있는데, 이들이 북한 건국의 중책을 맡은 최고인민회의 대의원으로 뽑혀 실제로 조선민주주의인민공화국 초대수상으로 김일성을 선출하는 역할을 했다.

---

39) 오기섭, "모쓰크바 삼상회의 조선에 관한 결정과 반동파들의 반대투쟁," 국사편찬위원회, 『북한관계사료집』 12 (과천: 국사편찬위원회, 1989), p.249.

40) 「북조선 도시군인민위원회 대회 회의록」(1947. 2. 17.-20), 국사편찬위원회, 『북한관계사료집』 8 (과천: 국사편찬위원회, 1989), p.115.

41) 「해방후 4년간의 국내외중요일지」(1945. 8~1949. 3), 국사편찬위원회, 『북한관계사료집』 7 (과천: 국사편찬위원회, 1989), p.768.

지식인 · 자본가 · 지주에 대한 끝없는 의심

1945년 11월 중순부터 이미 지식인을 국가건설의 주역의 하나로 포함시키고 있지만 지식인에 대한 의구심은 쉽게 버리지 못했다. 1946년초 『정로』 기고문에서 "평양 인테리는 대체로 보아 정치적으로 사상적으로 침체되고 있다는 것을 지적하지 않을 수 없다"며 평양을 중심으로 활동하는 평양의 지식인에 대해 불신을 표시하고 있다. 특히 그는 평양의 지식인들이 침체되고 있는 이유를 다음과 같은 평양지역의 특수한 성격 때문으로 분석하고 있다. 첫째는 평양이 민족부르주아지의 중소상공업이 가장 발달한 곳이라는 점이다. 둘째는 평양이 조선 제2의 문화도시이면서 종교활동도 왕성하다는 점이다. 셋째는 평양의 지식인이 대부분 중소민족자본가의 자제들이란 점, 넷째는 해방 후 학생들에 대한 반동세력(민족주의 세력)의 사상적 침투가 강화되었다는 점이다. 다섯째는 평양에 진보적 민주주의 청년운동이 미약한 점, 여섯째는 진보적 민주주의청년 운동을 바로 지도하며 자극할 만한 노동운동과 농민운동이 미약한 점이다.[42] 러시아 최후의 황제 니콜라이2세(제위 1894-1917) 부부는 지식인을 의미하는 인텔리겐치아라는 단어를 몹시 싫어했다. 이 단어를 들었을 때 마치 매독이란 단어를 들었을 때의 표정을 지었고 러시아어 사전에서 이 단어가 삭제되어야 한다고까지 생각했다.[43] 물론 그 정도의 혐오는 아니지만 오기섭은 평양 지식인을 믿지 못하는 마음을 갖고 있었다.

42) 오기섭, "안(인)테리에 대한 제언," 『정로』 1946. 1. 29., 국사편찬위원회, 『북한관계사료집』 31(과천: 국사편찬위원회, 1999), p.185.
43) 김학준, 『러시아혁명사』(서울: 문학과지성사, 1999), p.236.

1946년 초 오기섭은 민족적 자본가와 지주에 대해서도 불신의 감정을 가지고 있었다. 국가건설의 주도세력에 포함시키면서도 한편으로는 불신을 표현하고 있다. 1946년 2월 12일자 『정로』에 실린 글은 오기섭의 이러한 이중적인 의식을 잘 보여주고 있다. "금차 전쟁과정에서 억압당하고 있든(있던) 양심적 자본가와 지주들은 반일 반제적이였(었)으며 해방후에도 건국을 위하야 헌금, 토지헌납 등 민주주의적 민족전선 결성에 일익을 형○하고 있다"(○는 판독불가)며 민족적 자본가와 지주의 역할을 인정하고 있다.[44]

하지만 같은 글에서 오기섭은 3.1운동 당시의 민족부르조아 세력의 개량주의적 입장을 비판한다. "민족뿌르죠아 상부시노자늘은 혁명적 객관정세와 혁명적으로 앙양된 대중의 압력에 의하야 지도한 형편에 속하여 있었다. 뿐만 아니라 이 뿌루죠아 지도자들은 그 계급적 약점과 모순에 의하야 대중의 혁명적 무장봉기와 반대방향-평화적 타협적 복구적 개량주의적 방향으로 나타났다"고 주장한 것이다.[45] 물론 3.1운동 당시의 지도자들을 비판한 것이지만 민족부르조아의 계급적 한계성을 지적하고 있다는 점에서 해방정국에서의 민족부르주아에게도 바로 해당하는 비판이 아닐 수 없다.

3.1운동 주역에 대한 이러한 비판은 이제 주류가 된 김일성 세력과 같은 인식이었다. 이즈음 조선공산당 북부조선분국 제4차 확대집행위원회가 열려 3.1운동 기념에 대한 당의 공식 결정서가 채택되었다. 이 결정서는 "(3.1운동은) 당시 지도층이든(이던) 자산계급 소자산계급 지식분자들은 그 운동을 일으켜 놓고 속수무책으로 곳(곧) 적에게 투항하고 말었(았)다"고 밝히고 있다.[46] 당의 중심이던 김일성파와 오기섭이 3.1운동 주도세력에 대해서는 같은 평가를 하고 있었던 것이다.

어쨌든 오기섭은 지식인뿐만 아니라 민족적 자본가와 지주에 대한 불신

44) 오기섭, "3.1운동의 의의와 교훈," 『정로』 1946. 2. 12., 국사편찬위원회, 『북한관계사료집』 31(과천: 국사편찬위원회, 1999), p.245.
45) 오기섭, "3.1운동의 의의와 교훈," 『정로』 1946. 2. 12., 국사편찬위원회, 『북한관계사료집』 31(과천: 국사편찬위원회, 1999), p.250.
46) 「3.1기념에 대한 결정서」, 『정로』 1946. 2. 18, 국사편찬위원회, 『북한관계사료집』 31(과천: 국사편찬위원회, 1999), p.277.

을 떨치지 못했다. 김일성 세력의 민족통일전선 노선에 밀려 한편으로는 국가건설의 주도세력에 지식인과 민족 자본가·지주를 포함시키면서도 다른 한편으로는 이들을 미덥지 못하게 여기는 입장을 여전히 버리지 못한 것이다. 이러한 오기섭의 태도는 그의 바탕과 출발이 이 노동자·농민 중심의 국가건설전략이었음을 다시 한 번 상기시켜 준다.

1947년 3월 15일 채택된 북조선로동당 중앙위원회 제6차 회의 결정서는 당시까지도 당의 일부 간부들이 민족통일전선 노선에 합류하지 않고 있다고 비판하고 있다. "일부의 당단체들과 그의 지도간부들은 오늘까지도 북조선의 정치경제발전에 대한 현단게(현단계)의 특수성을 알지 못하며 따라서 제정당들과 사회단체들의 견고한 민주주의적 발전에 있어서 거대한 성과를 획득하는 결정적 핵심이라는 것을 알지 못하고 있다. 유감스럽게도 일부의 당지도부들은 인민의 민주주의적 리해를 위하여서는 민주주의 민족통일전선에 망라된 제정당들과 사회단체들이 절대적으로 완전히 호상협조하여야 하며 그 협조를 앞으로 튼튼히 발전시켜야 한다는데 대하여 아모러한(아무러한) 책임감도 느끼지 않는다"라고 비난한 것이다.[47] 물론 여기서 말하는 민주주의 민족통일전선은 직접적으로는 제정당 사회단체들로 구성된 조직체를 의미하지만 이는 다양한 세력의 연대를 말하는 것으로, 결국 여기에 협조하지 않는 당간부는 여전히 인민전선에 기울어 있는 세력을 의미하는 것이다. 결정서는 주녕하의 이름으로 발표되었는데, 주녕하가 여전히 오기섭 세력에 대한 집요한 견제를 계속하고 있음을 새삼 확인할 수 있다.

국내공산세력이 권력투쟁에서 패하면서 정세인식이나 국가건설전략에서 김일성파의 논리를 수용할 수밖에 없었다. 국내파도 점차 사회주의 혁명이나 노농정권은 언급하지 않게 되고, 김일성의 인민민주주의 국가 건설 전략으로 경도되는 것이다. 즉, 북한의 정치 환경에서 인민민주주의를 훌륭하게

47) 「북조선로동당 제6차 중앙위원회 결정서」, 북한노획문서, Box 41, 문서번호 201205 (Records Seized by U.S. Military Forces in Korea, Record Group 242, National Archives Collection of Foreign Records Seized, 1941~, Box 41, Document No. 201205),pp.5-6.

발전시키는 것이 가장 중요한 과제라는 주장을 국내파도 하게 되는 것이다. 물론 1949년 시점이 되면 국내파의 기존주장은 존재하기 어려운 상황이 되지만 1949년 8월호 『청년생활』에 실린 최용달의 논문은 이를 명시적으로 보여준다. 그는 논문에서 북한이 인민민주주의를 확고히 발전시켜야 사회주의의 기초를 마련할 수 있다고 강조한다.[48] 그는 또 "인민민주주의공화국은 자본주의로부터 사회주의에로 국가발전을 보장하는 과도기적 국가의 새로운 형태인 것이다. 다시 말하면 이는 로동계급을 선두로 하는 근로대중의 주권의 새 형태로서 현 역사적 제 조건 하에서 사회주의에로의 발전을 가장 잘 보장하는 것이다"라면서 인민민주주의를 조속히 완성해야함을 역설하고 있다.[49] 물론 해방직후 원칙론적 계급성 견지의 측면에서 최용달이 오기섭에 비길만 하지는 않지만, 이러한 글의 논지는 해방직후 노동정권을 주장하던 국내파 분위기에서 완전히 멀어진 것이었다.

48) "인빈민주주의 국가들은 사회주의에로 나아간다", 『청년생활』(1949. 8), 북한노획문서, Box 77, 문서번호 201870 (Records Seized by U.S. Military Forces in Korea, Record Group 242, National Archives Collection of Foreign Records Seized, 1941~, Box 77, Document No. 201870),p.35.

49) 위의 문서, p.40.

공청을 민청으로 대체

이러한 노선투쟁 과정을 거쳐 1945년이 가기 전 12월 17~18일 열린 조선공산당 북부조선분국 제3차 확대집행위원회 회의에서 김일성은 책임비서에 선출되었다. 새로운 집행위원에는 김일성을 비롯해 김용범, 무정, 오기섭 등이 뽑혔다. 김일성은 이 회의에서 공산청년동맹을 민주청년동맹으로 재조직하는 문제를 제기하고 이에 대한 함남도당과 오기섭의 반대를 비판했다. 민주청년동맹을 조직하려는 김일성의 의도는 청년조직의 재정비를 통해 민족통일전선을 보다 효과적으로 형성하려는 것이었다.[50] 공청은 소수의 공산주의 신봉 무산청년만이 가입할 수 있는 청년조직이었다. 이것만 가지고는 새로운 국가건설의 추진력을 확보할 수 없기 때문에 가입을 원하는 청년들을 모두 수용하는 북조선민주청년동맹으로 바꿔야 한다는 얘기였다.

당시 청년단체는 우후죽순으로 생겨나 26개나 되었는데 김일성은 이를 하나로 묶어내려는 계획을 가지고 있었다. 또, 1945년 11월 3일 조만식이 조선민주당을 창당했는데 북한의 청년들이 조선민주당에 많이 입당했다. 함흥비료공장 등 전국 주요 기업소와 공장의 청년노동자 2천 여 명이 한꺼번에 이 당에 가입하기도 했다. 이러한 상황에서 공산당의 세력을 확장하기 위해서는 공청을 해체하고 민청으로 새롭게 조직을 구성하면서 조직을 확대해야 한다는 것이 김일성의 생각이었다.[51]

---

50) 한재덕, 『김일성장군 개선기』 (평양: 민주조선사출판부, 1948), p.114-119, 백학순, "북한에서의 '단일적 지도력'의 확립과 당·국가 건설," 『현대북한연구』 2권 1호 (1999), p.16 재인용.

51) 김일성과 오기섭의 민청·공청 논쟁 관련 부분은 다음을 참조. 중앙일보 특별취

오기섭은 물론 "공산주의를 포기하겠다는 것이냐"며 반대했다. 오기섭의 생각은 공청을 정예화해 공산주의 혁명의 중심세력으로 육성해야 한다는 것이었다. 역시 순수 계급노선이다. 소련의 레닌청년공산주의동맹을 모델로 한 것이다. 오기섭의 이러한 주장은 조선공산당 북부조선분국 창설 당시 '정예공산주의자를 중심으로 한 국가건설' 주장의 연장선상에 있었다. 실제로 오기섭의 세력권 안에 있던 함경남도 당위원회는 중앙위원회의 여러 차례 지시에도 불구하고 한동안 공청을 민청으로 개편하는 작업을 미루기도 했다.[52] 정달헌이 함경남도로 내려가 함남지역만은 공청을 민청으로 바꾸지 못하도록 한 것이다.[53]

특이한 것은 여기에 소련파가 동조했다는 것이다. 허가이와 태성수, 박영빈 등 소련파가 공청을 유지해야한다고 주장하고 나섰다. 소련파는 공청을 그대로 살리고 민청을 별도의 조직으로 만들면 된다고 생각했다. 아니면 조선민주당에 청년조직을 만들어 이를 공청과 합쳐 새로운 단체를 만들고 주도권을 공산세력이 가지도록 하자는 의견이었다. 최용건이 조선민주당 부위원장이었기 때문에 그것도 가능하다는 주장이었다.

하지만 김일성은 '공청 해체 민청 수립'을 밀어붙였다. 조선민주당에 청년조직을 만들면 그쪽으로 청년들이 몰릴 것이고 그렇게 되면 공산세력이 주도권을 행사하기 어렵게 된다는 생각이었다. 당시 북한에는 기독교세력이 여전히 강해 기독교도 조만식이 위원장인 조선민주당에 많이 들어가 있었고, 이런 상황에서 민주당 청년조직을 만들고 이를 공청과 통합한다는 것은 결코 이기는 전략이 못 된다는 판단이었다.

민청 수립에 관한 김일성의 주장은 역시 소련군정의 의견과 같은 것이었다. 소련측은 공청과 우익청년단체의 잦은 충돌을 우려했다. 이 문제를 해

재반, 『비록: 조선민주주의 인민공화국』 (서울: 중앙일보사, 1992), pp.308-313.

52) 김일성, "북조선공산당 각급 당단체들의 사업에 대하여 - 북조선공산당 중앙조직위원회 제3차 확대집행위원회에서 한 보고"(1945. 12. 17.), 『김일성 저작집』 1 (평양: 조선로동당출판부, 1979), p.479-480.

53) 「북조선로동당 제2차대회 회의록」(1948. 3. 29.), 국사편찬위원회, 『북한관계사료집』 1 (서울: 국사편찬위원회, 1982), pp.417.

결하기 위해서는 우선 청년조직을 확장하고 이 조직이 자연스럽게 소련군정을 지지하도록 해야 한다고 생각했다. 그러자면 당시의 북한 상황에서 공산주의 색체를 분명하게 드러내지 않는 것이 좋겠다고 보았다.

양측의 논쟁이 심해 3차 확대집행위원회 회의에서 결론을 내지 못했다. 하지만 책임비서가 된 김일성은 12월 말 집행위원회 회의를 거듭하면서 소련파를 설득해 공청을 발전적으로 해체하고 민청을 새로 결성하기로 한다. 1946년 1월 3일 북조선 민주청년동맹 결성준비위원회가 구성되고, 16~17일 북조선 민주청년단체 대표자회가 열려 민청 구성이 공식 의결되었다.[54] 이러한 민청 설립 과정이 조선로동당 부부장을 지냈던 박병엽의 증언인데, 한국전쟁 당시 미군이 평양에서 노획한 문서는 좀 다른 측면을 보여준다.

1945년 8월부터 1949년 3월까지 북한의 주요 결정과 사건 등을 정리해 놓은 「해방후 4년간의 국내외 주요일지」라는 문서는 1945년 11월 27일 민주청년동맹대회가 열렸다고 기록하고 있다. 더욱이 이 대회에서 김일성이 조선청년이 걸어갈 길을 제시하는 연설을 했고, "일본제국주의 잔재와 친일파를 숙정하고 민주주의 인민공화국을 건설하기 위하여 민족통일전선에 총역량을 집중하자"는 내용의 결의문도 채택된 것으로 이 문서는 전하고 있다.[55]

『평양민보』도 김일성의 민주청년동맹대회 참가 소식을 자세히 전하고 있다. 김일성은 '민청대회에 임하여'라는 제목으로 연설했는데, 조선 청년들이 어디로 가며 무엇을 할 것인가를 똑바로 명시해 주었으며 깊은 감명과 열광적 환호를 일으켰다고 이 신문은 보도했다.[56] 따라서 김일성 세력은 3차 확대집행위원회 회의가 열리기도 전에 민주청년동맹을 어느 정도 구성하고, 이 조직을 민족통일전선 노선을 확대하고 강화하는데 활용한 것으로 보인다. 김일성은 1945년 12월 말에 다시 민청에서 연설을 했다. 『평양민보』 12월 30일 자가 보도하고 있다. 여기서 김일성은 학생들은 민청에 적극 가입

54) 중앙일보 특별취재반, 『비록: 조선민주주의 인민공화국』 (서울: 중앙일보사, 1992), p.311.
55) 「해방후 4년간의 국내외중요일지」(1945. 8~1949. 3), 국사편찬위원회, 『북한관계사료집』 7 (과천: 국사편찬위원회, 1989), p.582.
56) 한재덕, 『김일성 장군 개선기』 (평양: 민주조선사출판부, 1948), 국사편찬위원회, 『북한관계사료집』 12 (과천: 국사편찬위원회, 1991), p.341.

해 노동자와 농민에게 지식을 전해주고, 노동자·농민으로부터 혁명적 의식과 세계관, 생활태도 등을 배워야 한다고 강조했다.[57] 1946년이 오기 전에 민청이 어느 정도 조직을 갖추게 되었고, 김일성도 이미 이때부터 민청을 직접 지도, 관리했음을 이러한 자료들이 보여주고 있는 것이다.

더욱이 1946년 1월에 이르러서는 오기섭도 직접 민청 행사에 참석해 연설까지 했다. 민주청년동맹이 1946년 1월 2일 평양인민극장에서 모임을 갖고 오기섭을 연사로 초청한 것이다. 오기섭은 이 자리에서 '삼국외상회담에 있어서의 조선문제 결정과 조선공산당의 태도'라는 연제로 반탁주장을 길게 반박하고 찬탁을 해야 하는 이유를 설명했다. 신탁통치를 받아들이는 것이 조선독립을 보장하는 길이라는 논리를 폈다.[58] 이 무렵 오기섭은 이와 같은 찬탁논리를 적극 펴는 활동을 열심히 했다. 신문에 많은 글을 많이 썼다. 1월 31일자 『정로』에 "반탁운동의 매국적 본질"이라는 제목의 칼럼을 통해 반탁운동을 조목조목 비판했고, 같은 신문 2월 5일자에도 "소위 반탁운동자의 정체"라는 제목의 글을 통해 남한의 민족주의 세력이 벌이고 있는 반탁시위가 강제 동원에 의한 것이라고 비난했다.[59] 김일성 세력과 이미 이해를 같이 하는 쪽으로 바꾸어 있었음을 이러한 대목에서도 확인할 수 있다.

---

57) 한재덕, 『김일성 장군 개선기』 (평양: 민주조선사출판부, 1948), 국사편찬위원회, 『북한관계사료집』 12 (과천: 국사편찬위원회, 1991), p.343-344.

58) "삼국외상회의 조선문제결정과 조선공산당의 태도," 『정로』 1946.1.9., 국사편찬위원회, 『북한관계사료집』 31 (과천: 국사편찬위원회, 1999), p.109.

59) 오기섭, "반탁운동의 매국적 본질," 『정로』 1945. 1. 31., 국사편찬위원회, 『북한관계사료집』 31 (과천: 국사편찬위원회, 1999), pp.195-199.; 오기섭, "소위 반탁운동자의 정제," 『정로』 1945. 2. 5., 국사편찬위원회, 『북한관계사료집』 31 (과천: 국사편찬위원회, 1999), pp.211-215.

입당 요건 완화

김일성은 또, 3차 확대집행위 회의에서 입당 요건을 완화하는 데 성공했다. 당초의 입당 요건은 1년 이상 당 경력을 가진 보증인의 보증이었는데, 1년 이하의 당경력을 가진 사람이라도 2명이 보증하면 입당이 가능하도록 고쳤다. 자기세력을 확장하는 데 노력을 많이 기울이던 김일성은 이로써 보다 많은 자파 당원들을 확보할 수 있게 되었다. 2차 확대집행위원회 회의에서 민족통일전선 노선으로 길을 잡은 김일성은 3차 확대집행위원회 회의에서 입당요건 완화하고, 민청 수립을 확정함으로써 자신의 세력기반을 크게 확대할 수 있게 된 것이다.

이와 같은 격렬한 노선투쟁에서 패한 오기섭은 3차 확대집행위 회의를 계기로 눈에 띄게 약해진다. 그 단적인 현상이 이 회의를 전후한 시점에 함남도당 책임비서직에서 물러난 것이다.

오기섭세력이 권력투쟁에서 급속히 불리해진 상황에서도 박헌영은 오기섭을 크게 돕지 못했다. 물론 서울에서 미군정의 감시와 탄압을 받고 있었고, 미군정세력과 싸우는 것을 우선시했기 때문이다. 하지만 오기섭이 지속적으로 박헌영을 지지했기 때문에 박헌영도 오기섭의 영향력 강화를 위해 어느 정도는 움직였을 가능성이 있다.

이와 관련해 서북5도 당대회 회의록 뒷부분에 "이상의 보고에 경성 중앙파견원인 정OO동무로부터 당원은 정부에 드러가서(들어가서) 주위 여러사람에게 영향을 줄 만큼 능동적이어야 한다고 강조하고, 박OO동무로부터 금후는 여자 운동을 위하야서도 정부기관에 여자동무를 많이 너달라는(넣어 달라는) 요구가 있었다"라는 대목이 나온다.[60] 정OO는 박헌영의 측근 정태식으로 보인다.

정태식은 공산주의 선전물을 발행하고 메이데이 투쟁에 참가한 혐의로 1936년 일제로부터 5년형을 선고 받는 등 오랫동안 국내에서 공산주의 운동을 한 인물이다. 해방직후에는 재건된 조선공산당의 대변인과 같은 역할을 맡고 있었다. 1945년 12월 28일 모스크바3상회의의 신탁통치 결정 소식이 전해지자 자신을 찾아온 기자들에게 정태식은 '조선의 자주독립을 위해서 절대로 반대한다'는 입장을 밝히기도 했다.[61] 당의 공식입장이 정해지기 전 자신의 개인적인 생각을 말한 것인데, 초기 국내 공산주의자들의 신탁통치에 대한 입장을 그의 이러한 말에서 읽을 수 있다. 소련과의 교감이 이루어지기 전에는 이들도 신탁통치 반대 의견이었던 것이다. 어쨌든 정태식이 당시 서북5도 당대회에 참석해 어떤 역할을 했는지, 오기섭 등 북한의 국내 공산세력과 어떤 얘기를 나눴는지는 아직 알려지지 않고 있다. 이런 부분이 좀 더 밝혀지면 박헌영이 오기섭을 돕기 위해 어떤 역할을 했는지 알 수 있게 될 것이다.

60) 『옳은 노선』 (동경: 민중신문사, 1946), p.47.
61) 『조선인민보』 1945. 12. 29. p.1.

제7장

직업동맹 독립론

김일성의 노조 무력화와 오기섭의 직맹 독립론

북한은 일찌감치 노동조합을 직업동맹으로 바꿔부르기 시작했다. 노동조합이 직업동맹이라는 용어로 바뀐 것은 1945년 8월 26일 소련군이 평양에 진주한 지 한 달 반 만인 10월 12일이다. 소련 25군 사령관 치스차코프 대장이 "북조선 노동대중에게 자유적 직업동맹, 보험회사, 문화, 계몽협회들의 결성권을 줄 것"이라는 성명서를 발표하면서 직업동맹이라는 용어가 사용되기 시작했다. 노동조합은 노동자만을 위한 것으로 인식되기 쉽고, 노동자 이외에 기술자와 사무원까지 포함하는 개념으로 직업동맹이 적절하다고 여긴 것으로 보인다. 치스차코프의 성명 이후 11월 25일 '평양문화인 직업동맹'이 결성되었고 12월 19일에는 '북조선 인민교원 직업동맹 결성준비위원회'가 출범했으며, 이듬해 2월 2일에는 '평양시 인민교원 직업동맹'이 출범하는 등 직업동맹이 속속 생겨났다.

노동조합을 직업동맹으로 전환한 데는 소련군정과 김일성이 노동조합을 무력화하려는 전략도 개입되어 있었다. 우선 노동자의 권익보호를 목적으로 하는 노조에 사무직과 기술자를 포함시켜 직업동맹으로 변화시키고, 노동자들을 당원으로 입당시켜 당과 직업동맹을 서로 가깝게 한 뒤, 모범노동자들을 직업동맹 간부로 임명하고 동시에 당 간부로도 임명해 직업동맹의 성격을 당의 부속기관화하려는 계획이었다. 모범노동자란 일 열심히 하고 당의 지시를 잘 따르는 노동자를 이르는 것이기 때문에 이렇게 되면 직업동맹은 노동자 권익보호라는 노동조합의 본래의 목적과는 매우 거리가 먼 조직이 되는 것이다. 이는 곧 노동조합에 조직적 바탕을 가지고 있는 국내파 공산주의자들의 기반을 약화시키는 것이었다. 실제로 이 계획은 이후 속속 진행되었다.

이러한 전략은 기본적으로 당이 모든 기관의 상위에 존재한다는 당 우위론의 기반 위에서 가능했다. 김일성은 실제로 그런 생각을 명시적으로 밝히곤 했다. 1945년 12월 조선공산당 북부조선분국 제3차 확대집행위원회 회의에서의 다음과 같은 보고가 대표적이다.

> 우리가 직업동맹을 지도하면서 단지 노동계급의 경제형편 개선에만 생각할 것이 아니다. 당 일꾼이 반드시 잊지 말어야 할 것은 우리당은 노동계급의 당이며 당대열은 첫째로 노동자로써 보충된다는 것이다. 자기사업에 있어서 항시 기억하여야 할 것은 당은 보통 조직이 아니고 노동계급의 기타 모든 조직체 중에 있어서 고상한 형태의 조직이며 노동계급의 기타 모든 조직체를 지도할 단체이다.[1)]

직맹의 당 부속기관화는 장기적인 전략이고, 해방직후 상황에서 직맹은 우선 노동자와 사무원의 입지 강화에 주목했다. 1945년 11월 말까지만 해도 14개의 산별직업동맹이 조직되었다. 이러한 소련군정과 김일성의 직맹 조직계획과 관련 없는 노동자·사무원들의 자발적 조직도 전국적인 조직을 갖춰 갔다. 1945년 11월 30일에는 노동자와 사무원들의 조직인 조선노동조합전국평의회(전평) 북부조선총국 결성대회가 열렸다. 이 조직은 19만 6백여 명이 가입한 거대 단체였다. 이 단체는 대회 결정서에서 김일성세력이 강조하는 항일무장투쟁의 혁명전통을 무시하고 "조선에 있어 비록 약하나마 민족해방투쟁을 꾸준히 하여 온 부대는 조선근로대중"이라고 강조했다. 또 "조선공산당 만세" "조선인민공화국 만세"를 외치며 박헌영 지지를 분명히 했다. 이는 곧 당시 노동세력에 대한 전평의 영향력, 아울러 북한 지역 노동세력을 기반으로 갖고 있던 오기섭의 힘을 보여주는 것이기도 했다.

실제로 전평 북부조선총국 결성을 기념한 『평양민보』 1945년 11월 30일자 사설은 국가건설에서 노동자의 중요한 역할을 강조했다. 그러면서 오기

---

1) 김일성, 「북부조선당 공작의 착오와 결점에 대하여-조공북조선분국 중앙제3차 확대집행위에서 보고」, 국사편찬위원회, 『북한관계사료집』 I (서울: 국사편찬위원회, 1982), p.6.

섭이 '한국의 노동자들은 가장 진정한 애국자들이다'라고 말했음을 강조했다. 이 사설은 '노동자의 유일한 힘은 수에 있다. 그런데 단결을 잃으면 수의 힘은 붕괴된다'라는 마르크스의 언명과 함께 오기섭의 말을 인용하고 있다. 당시 북한지역의 노동세력 가운데서 오기섭이 큰 비중을 차지하고 있음을 새삼 알게 해주는 글이 아닐 수 없다. 이 사설은 또 노동자들이 국가건설에서 중요한 역할을 하기 위해서는 이들의 전위부대가 필요함도 역설하고 있는데, 오기섭의 말을 인용하면서 이러한 내용을 강조함으로써 오기섭을 노동자들의 리더로 상정하고 있음을 시사하고 있다.[2)]

노조를 무력화하려는 김일성의 전략과는 별개로 오기섭은 노동조합에 관한 한 자신이 전문가이고 관련 논리에서도 자신이 앞선다고 생각했다. 해방 직후 실제로 노조는 어느 정도 오기섭의 영향 아래 있었다. 오기섭이 해방과 함께 신의주 감옥에서 풀려나자마자 시작한 것이 함흥으로 내려가 노조를 조직하는 것이었다. 공장단위 노조를 먼저 꾸리고, 이들을 모아서 시 단위 조직을, 이들을 모아서 도 단위 조직을 꾸렸다. 또 노조 조직 작업이 1929년 원산총파업 등을 주도했던 적색노동조합 출신들을 중심으로 이루어졌는데, 오기섭은 원산총파업 당시 후원회 위원장으로 활동했다.

오기섭은 직업동맹의 성격에 관해 많은 논문도 쓰고 연설도 많이 했다. 함경도 지역에서의 노조활동 경력을 바탕으로 평양에 진출한 그로써는 당연한 것이었다. 오기섭은 직업동맹은 당의 지지단체도 아니고 국가에 종속되는 것도 아니며 노동자의 이익을 보호하기 위한 독립적인 조직이라고 보았다.[3)] 심지어 직업동맹은 지위 면에서 당과 대등하고, 따라서 당의 직업동맹에 대한 지도는 거부되어야 한다고 주장했다.

---

2) "Editorial: Congratulations in Order on the Formation of the North Korea General HQ of the Korean Labor Union," 『Pyong Yang Min Bo』, 30 November 1945, Record Group 554, United States Army Forces in Korea, XXIV Corps, G-2, Historical Section, Records Regarding USAMGIK, U.S.-U.S.S.R., Relations in Korea and Korean Political Affairs, 1945-48, Box 65.

3) 중앙일보 특별취재반, 『비록: 조선민주주의 인민공화국』 (서울: 중앙일보사, 1992), p.311.

따라서 오기섭은 직맹은 철저히 공산주의로 무장된 사람들로 구성되어야 하며 노동자의 복지를 위해 기업가와 공장주와 투쟁해야 한다고 생각했다. 국영기업의 노동자도 국가조직과 싸워야 한다고 주장했고, 실제로 평양방직공장과 평양제사공장, 평양고무공장 노동자들의 파업을 선동하기도 했다. 노조는 노동자들을 위한 조직화된 방어 무리라고 생각한 로자 룩셈부르크와는 달리 노조가 자본가에 대항한 공격 무기가 될 수 있다는 인식을 오기섭은 가지고 있었다고 볼 수 있다.

직맹 관련 오기섭의 활동은 두 가지 의미를 지니고 있었다. 첫째, 생산과정에서 침해가능성이 많은 노동자들의 권익을 실질적으로 보호하겠다는 것이었다. 노동자 권익의 효과적인 보호를 위해서는 직업동맹이 당이나 정권기관으로부터 독립성을 지키는 것은 기본적인 전제조건이었다. 둘째는 정치투쟁이었다. 김일성은 오기섭의 정치적 기반인 노조를 무너뜨리고 직업동맹의 독립성을 인정하지 않음으로써 오기섭을 제거하려 했다. 이에 대한 반작용으로 오기섭은 직업동맹의 중요성과 독립성을 더욱 강조한 것이다.

하지만 현재 남아있는 공적인 간행물에서 오기섭이 이러한 입장과 좀 다른 주장도 한 것으로 나타난다. 1945년 11월 14일 『정로』에 실린 '레닌의 공산당 조직원리 개요'라는 해설기사에서 그는 "당은 노동계급의 한 부분이며 한 부대이기는 하지만 당은 보통부대가 아니라 노동계급과 노력대중의 지도단체이며 노동계급의 전위조직이고 노동조합은 노동자의 군중조직이다. 또 당은 노동계급의 모든 단체 중에 최고단체이며 노동계급의 모든 단체를 지도한다"라고 주장했다.[4] 당의 직업동맹에 대한 우위를 분명히 인정하고 있는 것이다.

왜 이런 차이가 발생하는 지에 대한 해석은 여러 가지가 있을 수 있겠지만, 1945년 11월 시점에 벌써 그의 입지가 공적 간행물에서 김일성과 반대되는 자신의 입장을 분명히 밝힐 만큼 강하지 못했기 때문이라고 보는 것

---

4) 백학순, "북한에서의 '단일적 지도력'의 확립과 당·국가 건설," 『현대북한연구』 2권 1호 (1999), p.17.

이 옳을 것이다. 실제로 12월 17~18일 열린 제3차 확대집행위원회 회의에서 김일성은 오기섭의 직업동맹관을 맹렬히 공격했다. “우리 중에는 아직도 직업동맹 지도는 공산당의 사업이 아니며 직업동맹은 당지도 하에서 사업할 것이 아니라고 논증하는 자들이 있다”며 오기섭을 몰아세웠다.[5] 이 대회에서 당의 제2비서 자리도 물러났다. 김일성은 당의 책임비서가 됐다. 이 무렵 벌써 권력투쟁에서 이렇게 밀리고 있었기 때문에 오기섭 입장에서는 『정로』와 같은 간행물에 자신의 속내와는 다른 논지의 글들을 내놓게 된 것이다.

5) 태성수 편, 『당문헌집: 당의 정치노선 급 당사업 총결과 결정』, 제1권, pp.5-6, 백학순, “북한에서의 ‘단일적 지도력’의 확립과 당·국가 건설,” 『현대북한연구』 2권 1호 (1999), p.18에서 재인용.

생존을 위한 자아비판

제3차 확대집행위원회 회의가 끝난 지 3일 만에 개최된 조선공산당 평양시당 제1차 대표대회(1945. 11. 20.)에서 오기섭은 당내의 이색분자와 가(假)공산주의자 숙청을 강조했다.[6] 직업동맹관과 관련한 김일성의 맹공으로 인해 오기섭은 위협을 느꼈을 것이고 그에 따라 자아비판 차원에서 이색분자 숙청을 역설한 것이다. 덕분에 오기섭은 1945년 12월 25~26일 열린 평남도당 제1차 대표자회에도 당의 중심인물로 참석했고, 1946년 2월 8일 북조선임시인민위원회 수립 시까지는 당 기관지 『정로』를 통해 왕성한 집필활동을 할 수 있었다. 이 시기 그의 국내파 동지 최용달도 『정로』에 많은 글을 실었는데, 국내세력의 이론가적 특성을 잘 보여주는 것이기도 하다.

1946년 초 무렵만 해도 오기섭이 가짜 공산주의자 숙청을 외치면서도 한편으로는 자기주장을 때때로 하곤 했다. 1946년 1월 평안남도 인민정치위원회 확대위원회가 열렸다. 오기섭이 여기서 축사를 했다. "공산당을 대표하야 평남에 있어서 정치, 행정의 제일선에서 활동하시는 여러분에게 축사의 말슴(말씀)을 들입니다(드립니다)"라며 당당한 모습으로 축사를 시작할 정도였다. 조선에서 앞으로 민주주의국가가 건설되어야 하고 이를 위해서는 국제민주주의국가의 맹방이 되도록 해야 하며 동시에 경제와 운수, 문화 발전도 추구해야 한다고 강조했다. 그러면서 노동조합에 대해서는 노동자 보호의 기능을 다시 강조했다.

---

6) 『정로』 1945년 12월 21일, 26일, 백학순, "북한에서의 '단일적 지도력'의 확립과 당·국가 건설," 『현대북한연구』 2권 1호 (1999), p.18에서 재인용.

> 노동조합은 노동자의 직업단체이며 노동자의 이익옹호를 위한 조직입니다. 금일 조선이 산업정체를 노동조합에게 책임을 물리는 것을 올치않음니다(책임을 묻는 것은 옳지 않습니다). 노동자가 자기계급의 이익옹호와 생활향상을 위하야 민주주의 기초 우(위)에서 생산에 ○○참가해야하며 또 ○○에 참여해야 합니다. 권력기관인 인민위원회는 노동자의 이익옹호를 위하야 친절한 시책이 있어야 할 것입니다(○○는 판독 불가).[7]

직업동맹은 어디까지나 노동자들의 권익보호에 그 존재이유가 있으며, 인민위원회도 이를 적극 지원해야 한다는 것이다. 자신의 기본적 인식인 직업동맹 독립론을 조금 완곡한 형태로 다시 얘기한 것이다.

북조선임시인민위원회 출범하면서 노동자 권리 신장을 위한 노동운동은 위축된다. 임시인민위 구성 다음날 속개된 1946년 2월 9일 '북조선 각 정당·사회단체, 각 행정국 및 각 도·시·군인민위원회 대표 확대협의회'에서 노동운동 관련 결정서를 채택했다. "노동운동을 적극 방조하여 광산·기업소와 운수업기관에 공장위원회 및 제작위원회의 광범한 조직망을 설치할 것"이라는 내용이었다.[8] 노동운동을 적극 돕는다고 하지만 실제로 공장위원회나 제작위원회는 노동계급의 이익을 대표한다는 명목으로 조직된 노동자 관리조직이었다. 공장의 관리·운영에 노동계급을 참여시켜 노동자들의 정치적 열성과 공장의 주인으로서의 의식을 높이려는 목적을 가진 조직이었다.

1946년 2월 무렵에는 노조보다는 국가의 발전이 더욱 중요한 가치라는 김일성 세력의 인식이 평양의 주요 세력 사이에 거스를 수 없는 대세로 인식되는 모습이었다. 1946년 2월 12일자 『일간자유황해』를 보자. 이 신문은 미군정을 담당했던 24군단 정보참모부 군사실(USAFIK XXIV Corps G-2 Historical Section)에서 북한의 신문들을 번역해 놓은 문서에서 발견된다. 여기에는 조선민주당 황해도 지부가 해주 지역 6개 노동단체의 질문에 대답한 내용이

7) "인민위원회의 나갈 길-오기섭동지 축사 요지," 『정로』 1946. 1. 26., 국사편찬위원회, 『북한관계사료집』 31 (과천: 국사편찬위원회, 1999), p.175-179.

8) 「해방후 4년간의 국내외중요일지」(1945. 8~1949. 3), 국사편찬위원회, 『북한관계사료집』 7 (과천: 국사편찬위원회, 1989), p.596.

자세히 실려 있다. 당시의 상황에 대해 설명하는 대목에서 "우리의 현재 문제는 역사적 생산 공동체의 조속한 발전이다. 즉, 인민의 생산력을 발전시키는 것이 현 단계의 첫 번째 명령이다. 따라서 우리는 노동운동도 이러한 근본적 노선과 함께 전진하는 것이 옳다는 것을 알고 있다"라고 밝히고 있다.[9] 신탁통치에 반대하던 조만식은 1946년 1월 6일 소련군에 의해 연행되어 고려호텔에 가택연금되었다. 그러면서 조선민주당은 최용건에 의해 장악되고 김일성의 노선을 보다 분명하게 지원하게 되었으며, 노동운동과 관련해서도 노조의 자율성을 인정하지 않는 주장을 하게 된 것이다.

1946년 2월 15일 개최된 조선공산당 북부조선분국 제4차 확대집행위원회 회의에서 오기섭은 또 비판의 대상이 되었다. 종파주의적 행동을 하고 당규약과 규율을 지키지 않는다는 이유 때문이었다. 1946년 6월 무렵부터는 직맹은 노동자들의 생산력 증진을 자극하는 조직으로 인식되게 되었고, 이러한 요구에 부응하지 못하는 노동자나 관리자는 "반동"이나 심지어 "반역자"로 불리게 되었다.[10]

1946년 8월 28~30일 열린 북조선로동당 창립대회에서 오기섭은 또 자아비판을 해야 했다. 당원의 이전 당적에 따라 당원들을 구별하는 행위는 종파주의를 부추기고 당의 통일성을 해치는 것이라고 스스로 비판하는가 하면 김일성에 대한 존경을 표시하고 복종을 맹세했다. 이 대회에서 오기섭은 북조선로동당 중앙위원회 위원 43명 가운데 34번째로 선출되었다. 제1차 중앙집행위원회 회의에서는 13명의 상무위원을 선출했는데, 오기섭이 13번째였다.[11]

---

9) Headquarters, USAFIK, Office of the A. C. of S., G-2, Language and Document Section, APO 235, 9 March 1946, p.116.

10) Headquarters, USAFIK, Seoul, Korea, 27 June 1946, 『미군정 정보보고서』 (HQ XXIV Corps G-2 Report), 제12권 (서울: 일월서각, 1986), p.60.

11) 백학순, "북한에서의 '단일적 지도력'의 확립과 당·국가 건설," 『현대북한연구』 2권 1호 (1999), pp.20-21.

사활을 건 직업동맹 논쟁

1945년 12월 17~18일 제3차 확대집행위원회 회의에서 김일성이 오기섭의 직업동맹관을 직접 비판한 것은 1회전에 불과했다. 1947년 2월 8일 북조선로동당 중앙위원회 제4차 확대회의에서의 비판은 더욱 혹독했다. 본래 이 회의는 평안북도 영변과 정부, 선천, 삭주, 창성 등에서 일어난 북로당 당원과 민청, 청우당 당원 사이에서 일어난 폭력사태를 논의하기 위해 소집되었다. 그런데 둘쨋 날 갑자기 '오기섭동지의 좌우경적 과오에 대하여'라는 안건이 상정되었나. 오기섭이 1946년 9월 어느 날 『로동신문』에 게재했다는 '국가와 직업동맹에 관하여'가 비판의 표적이 된 것이다. 그 글의 내용은 이러했다.

> 직업동맹은 노동자들의 유일조직체이기 때문에 끝까지 노동자들의 이익을 대변하는 단체이어야 한다. 지금 북반부에서는 경제산업기관들이 국유화되었지만 그 기관에서 일하는 노동자들의 이익은 역시 직업동맹에 의하여 보호되어야 한다. 국유화된 산업경제기관이라는 관념에 사로잡혀 부질없이 노동자들의 이익을 무시하거나 침해하는 일이 있어서는 안 된다. 그런 일이 있으면 직업동맹은 그와 같은 직장과 투쟁하면서라도 노동자들의 권익을 옹호하여야 한다.[12)]

공격의 선봉에는 북조선로동당 중앙위원회 부위원장 주녕하가 섰다. 주녕하는 "북한의 공장과 기업소들이 이미 사회주의적 소유로 전환되었기 때문에 북한의 노동자들이 국유화된 산업경제기관에 반대하여 투쟁할 수 없다"며 오기섭을 공격했다. 주녕하는 또 오기섭이 자본주의사회의 노동조합이론을 북

---

12) 김창순, 『북한15년사: 1945년 8월-1961년 1월』(서울: 지문각, 1961), pp.108-109.

한에 적용함으로써 사리를 잘 모르는 노동자들로 하여금 투쟁의 대상이 국유화된 산업경제기관인 것으로 착각하도록 고의로 선동했다고 역설했다.[13]

소련에서도 당과 직업동맹과의 관계를 놓고 논란이 있었다. 멘세비키는 국가의 성격과 관계없이 노동조합은 자율성을 지녀야 한다고 주장했지만 이는 소수 주장에 불과했다. 레닌을 비롯한 볼세비키는 당이 직업동맹을 지도해야 한다는 주장이었다. 그래서 1920년 당이 노동조합을 지도해야하는 것으로 결론이 났다. 그러면서도 레닌은 일정부분 노조의 노동자 이익 보호 기능을 인정해주고 동시에 사회주의 건설에도 적극 참여해야 한다고 강조했다. 또한 그는 노조의 공산주의 학교(school of communism)으로서의 기능을 강조했다. 노동자는 빈곤과 착취를 당하기 때문에 사회주의혁명에 성공하더라도 학식이 갖추어지지 않는 상태이다. 따라서 노동자들이 새로운 사회체제에 맞게 의식수준을 높이고 도덕성과 실천력을 갖추기 위해서는 학습이 필요한데, 노동조합이 그런 기능을 해야 한다는 것이다.[14] 이러한 기능이 노조가 당의 영도 하에 존재하는 상태로 이루어져야 함은 물론이다.[15] 스탈린은 보다 강경한 입장이었다. 사회주의 건설에서 생산력발전이 무엇보다 중요하고 노조는 발전에 필요한 돌격대를 만들고 노동규율을 위반하는 노동자를 감시하고 감독하는 역할을 해야 한다고 강조했다.[16]

주녕하의 공격은 따라서 스탈린의 주장과 적극 부합하는 것이었다. 그런데 실제로는 『로동신문』에서 오기섭의 글 '국가와 직업동맹에 관하여'는 발견되지 않는다. 김창순은 '1946년 9월 또는 10월 어느 날,'[17] 서대숙은 '1946

---

13) 위의 책, pp.107-108.

14) V. I. Lenin, "The Role and Functions of the Trade Unions in the Business and Administrative Organisations of the Proletarian State," *Collected Works 33* (Moscow: Progress Publishers, 1965), pp.189-191.

15) Margaret Dewar, *Labour Policy in the USSR 1917-1928* (London: The Royal Institute of International Affairs, 1956), pp.83-84.

16) R. V. 대니얼스 저, 석영중 역, 『스탈린 혁명』(서울: 신서원, 1990), p.108-109.

17) 김창순은 『북한15년사: 1945년 8월-1961년 1월』(서울: 지문각, 1961), p.108 에서는 9월에, "김일성의 제1호 정적 오기섭의 최후와 그 해학," 『북한』 197호(1988), p.124 에서는 10월에 오기섭이 '국가와 직업동맹에 관하여'를 발표했다고 기록하고 있다.

년 9월 18일'이라고 말하고 있지만,[18] 1946년 9월 1일부터 1947년 4월말 사이 『로동신문』에 그런 기사는 실리지 않았다.[19] 다만 당시 회의 중간 휴식시간에 『로동신문』이 배포되었다고까지 김창순이 기술하고 있는 점으로 미루어 어떤 형태로든 오기섭의 글이 발표되긴 한 것 같다. 하지만 아직까지는 다른 신문이나 잡지에서도 '국가와 직업동맹에 관하여'라는 글은 발견되지 않고 있다.

또 북조선로동당 중앙상무위원회가 작성한 1947년 3월 19일자 "'북조선 인민정권 하의 북조선 직업동맹'이라는 제목 하에서 오기섭 동무가 범한 엄중한 정치적 오류에 관하여"라는 문건에 의하면 오기섭의 직업동맹에 관한 주장이 담긴 이 글 '북조선 인민정권 하의 북조선 직업동맹'은 『로동신문』 1947년 3월 13일자에 실려 있다고 한다.[20] 하지만 이 글 또한 해당일자 신문에 실려 있지 않다. 따라서 그의 직업동맹관을 보다 깊이 알 수 있는 자료들을 더 찾아내는 작업이 필요한 상황이다. 그런데 오기섭의 글을 실었다는 이유로 『로동신문』 주필 태성수가 견책처분까지 받을 점으로 보아 이 글 또한 어떤 형태로든 『로동신문』과 관계는 있는 것으로 보인다. 어쨌든 위의 문건에 의하면 오기섭은 자신의 글에서 국유화 조치가 취해졌지만 "자본과 로동의 계급적 리익의 대립은 남아있는 것이며 직업동맹이 각 방면으로 로동대중의 리익을 옹호하는 것은 가장 중요한 과업의 하나이며 이를 공공연하게 내걸어야 하며 직업동맹은 로동대중의 리익의 옹호를 위하여 조건에 적합하게 개조되고 변경되고 보충되어야 할 것이다"라고 강조했다.[21]

어쨌든 북로당 중앙위 제4차 확대전원회의에서 주녕하의 혹독한 비판을 받은 오기섭은 다른 때와는 다르게 강하게 맞섰다. 자신은 마르크스와 레닌

---

18) Dae-Sook Suh, *Kim Il Sung: The North Korean Leader* (New York: Columbia University Press, 1988), p.85.

19) 백학순, "북한에서의 '단일적 지도력'의 확립과 당·국가 건설," 『현대북한연구』 2권 1호 (1999), p.22.

20) 북조선로동당 중앙상무위원회, 「"북조선 인민정권 하의 북조선 직업동맹"이라는 제목 하에서 오기섭 동무가 범한 엄중한 정치적 오류에 관하여」(1947. 1. 10.), 국사편찬위원회, 『북한관계사료집』 30 (과천: 국사편찬위원회, 1998), pp.158.

21) 위의 문건, p.159.

의 주장에 따라 직맹의 노동자 보호 의무를 말하는 것이라면서 『레닌선집』까지 흔들면서 강력 반발한 것이 이때이다.

이와 관련해 한 가지 의아스러운 점은 비슷한 시기에 나온 오기섭의 발언이 '국가와 직업동맹에 관하여'와 '북조선 인민정권 하의 북조선 직업동맹'에서 밝혔다는 내용과는 사뭇 다르다는 것이다. 1946년 10월 19일 각도 노동부장회의에서 당시 북조선임시인민위원회 노동부장이었던 오기섭은 "금후에 있어서 우리는 먼저 기술을 타개하여 산업국과 협력하야 생산을 높이며 생산을 높임으로써 실업자를 없애야 하겠다"고 말했다.[22] 노조의 활동보다는 노동자와 정부 또는 국유기업과의 협력을 강조한 것이다.

이처럼 발언 내용에 차이가 있는 것은 두 가지 원인 가운데 하나로 보인다. 하나는 그가 당시 북한 행정기관의 고위관료로서 공식입장을 밝힐 때와 개인적인 의견에 비중을 실어 의사표현을 할 때가 달랐다는 것이다. 전자의 경우에는 노동자와 국유기업의 협력을 강조하고, 후자의 경우에는 직업동맹의 독립성을 강조했다는 것이다. 다른 하나는 노조와 국유기업의 협력을 강조하는 것은 일상적인 경우 취해야할 행동을 강조한 것이고, 직업동맹의 독자성을 강조한 경우는 노조와 국유기업이 노동조건을 놓고 긴장 상황에 돌입했을 때의 행동을 이르는 것으로 볼 수 있다. 오기섭이 당시 김일성 세력의 공격을 매우 심하게 받고 있던 상황이었다고 하더라도 공식입장 · 개인입장에 따라 그렇게 앞뒤 안 맞는 발언을 했다고 보기는 좀 어려울 것 같다. 따라서 일상적으로는 협력을 하되 충돌상황에서는 직업동맹이 끝까지 노조의 편을 들어주어야 한다는 주장을 한 것으로 보아야 할 것이다.

22) 『로동신문』 1946. 10. 21.

직업동맹을 권력투쟁의 보루로

소련에서도 이미 '당의 직업동맹 지도'로 결론이 난 문제를 두고 왜 오기섭은 직업동맹 중심의 주장을 계속했을까? 무엇보나 오기섭은 직업동맹을 권력두생의 최후 보루로 간주했던 것 같다.[23] 경쟁자 김일성은 소련의 강력한 후원을 받고 있었다. 하지만 오기섭은 노동조합 외에는 별다른 지원세력이 없었다. 이런 상황에서 오기섭은 자신이 오랫동안 관여해온 노조를 자신이 기댈 수 있는 단 하나의 세력으로 보았다. 1947년에 순수 노동자가 43만, 그 가운데 직맹 가입자는 38만이었다. 광산노조가 가장 많아서 5만 2천, 교통과 화학 부문 노조가 4만 5천 명이었다.[24] 해방직후에는 직맹원이 이보다 좀 적었겠지만 당시 북한사회에서 드물게 조직적 면모를 갖춘 세력이었음은 분명하다. 오기섭은 이런 세력에 의지해 나름의 뜻을 펴보려 했다. 그래서 끝까지 노조의 역할을 강조하고 그 중요성을 역설한 것이다.

직업동맹 중시의 오기섭 인식은 해방 전 오랜 감옥생활과 관계가 있다.[25] 13년이 넘는 수감 기간 동안 그의 인식은 변화하는 주변정세의 민첩하게 대응하기보다는 과거에 고착되어 있었다고 할 수 있다. 실제로 오기섭은 북조선로동당 제2차 전당대회에서 자아비판을 하면서 자신이 오류를 범한 원인은 "국제 국내 정치정세를 바로 분석하지 못하고 새환경 새정세 하에서의 혁명적 당의 정책과 로선을 바로 인식 못 하고서 10년 전 낡은 정세와 조

---

23) 백학순, "북한에서의 '단일적 지도력'의 확립과 당·국가 건설,"『현대북한연구』2권 1호 (1999), p.24.

24) Strong, *In North Korea*, p.29.

25) 위의 논문.

건이 다른 시기의 인식 – 이 인식을 가진자가 나뿐이 아니지만 – 을 고집한데 있었습니다"라고 말했다.[26] 이런 점으로 미루어 오기섭은 전략과 전술에 능하면서 신축적으로 사고하기보다는 깊이 연구하고 생각한 다음 하나의 인식체계를 갖추게 되면 쉽게 바꾸지 않는 형이라고 할 수 있다. 이러한 점이 또한 김일성과 다른 면이다. 김일성은 항일빨치산 생활을 통해 장기적 목표와 전략을 갖고 있으면서도 그날그날의 투쟁과 생존을 위해 상황변화에 대응하는 능력을 발전시켜 왔다. 그것이 해방이후 빠르게 변화하는 국내외 정세를 신속히 파악할 수 있게 하고, 그에 따른 대응전략과 전술을 적기에 마련할 수 있도록 해준 것이다.

오기섭이 노조를 자신의 최후의 보루로 생각한 만큼 김일성 입장에서는 이를 해체하든지 성격을 개조하든지 해야 하는 상황이었다. 그래서 1946년 5월 그 성격을 바꾸는 작업을 단행했다. 5월 10일 박헌영과 오기섭을 지지하던 전평 북조선총국의 위원장 현창형을 해임하고 최경덕을 신임 위원장으로 임명했다.

현창형은 1905년 10월 7일 평안남도 순천군의 농민 가정에서 태어났다. 1914 소학교, 1917년 중학교를 졸업한 뒤, 1924년부터 만주에서 농민운동에 참여했다. 1930년에는 중국공산당에 입당하고, 1934년 국내로 돌아와 공산당 조직운동에 참여했다. 그 바람에 일제에 붙잡혔지만 증거부족으로 풀려났다. 1945년 재건된 조선공산당에 가입했고, 그해 10월 평양노동자연합을 조직했다.[27] 이후 전평 북조선총국 위원장이 되었고, 1946년 2월 북조선임시인민위원 23명에도 포함되었다.

최경덕은 해방 전 평남지역에서 활동하던 공산주의자로 김일성의 평양 입성 직후인 1945년 9월 말 항일빨치산파의 조직인 조선공작단에 가입한

26) 「북조선로동당 제2차 전당대회 회의록」 (1948. 3. 29.), 국사편찬위원회, 『북한관계사료집』 I (서울: 국사편찬위원회, 1982), p.387-388.

27) 「Council of All Korean Labor Union」, Headquarters, XXIV Corps, Office of the G-2, 8 July 1946, 『미군정 정보보고서』 (HQ XXIV Corps G-2 Report), 제12권 (서울: 일월서각, 1986), p.107.

인물이다. 이때 함께 입단한 사람들이 김일성파를 적극 지원하던 김용범, 박정애, 리주연이다.[28)]

1946년 5월 25일에는 전평 북조선총국을 북조선직업동맹으로 탈바꿈시켰다. 행동강령도 개정해 당과 직맹의 관계를 '당은 지시하고 직맹은 협조하는' 관계로 바꾸어 놓았다. 1947년 초 무렵에는 직업동맹이 당의 하부조직과 같은 단체로 변했다. 최경덕은 북조선직업총동맹 설립 1년 동안의 사업 경과를 보고하면서 "우리 직업동맹은 민주주의민족통일전선의 튼튼한 일환으로서 새 조선 건설의 강력한 부대의 역활(역할)을 담당하고 김일성장군의 주위에 굳게 뭉쳐 북조선임시인민위원회의 모든 민주주의적 시책에 적극 협력하여 왔으며 우리에게 부과된 역사적 임무를 완수하기에 저력을 다하여 왔다"고 말하고 있다.[29)] 김일성과 임시인민위의 정책에 어느 조직보다 솔선해서 협조하는 태도를 보여 왔다는 얘기다.

28) 김광운, 『북한정치사연구』 I, p.144.

29) 최경덕, "북조선직업총동맹의 일년간 사업보고," 『로동신문』(1947. 1. 18.), 국사편찬위원회, 『북한관계사료집』 35 (과천: 국사편찬위원회, 2001), p.95.

김일성의 2차 공격

1945년 12월 조선공산당 북부조선분국 제3차 확대집행위원회 회의에서 김일성이 오기섭의 직업동맹관을 비판한 이래 김일성은 두 번째 직접 공격에 나선다. 1947년 3월의 일이다. 이를 위해 당 기관지를 통한 사전 분위기 조성 작업도 진행했다. 1947년 1월 26일 자 『로동신문』은 다음과 같은 긴 문장의 기사를 전하고 있다.

> 어떠한 기관에는 직업동맹이 초급단체가 조직되어 있음에도 불구하고 그 단체의 사업이 그 기관의 사업을 원조하는 데 있어서 하등의 역할도 놀지 못하였으나 약간의 사업원조가 있었다 하더라도 그것이 매우 미약한 등사(等事)가 불무(不無)하며, 뿐만 아니라 직업동맹 사업을 맹렬히 전개한다 칭하면서 그 기관에서 행하는 생산이나 사업을 위하여 일반 맹원들을 동원하는 방향으로 나아가는 것이 아니라 국부적인 문제를 주로 하여 직업동맹은 노동자 및 사무원들의 조직체라는 것만 빙자하여 국영공장이나 사회단체의 기관임에도 불구하고 그 공장의 지배인이나 그 단체의 지도자들과 대립적으로 나아가는 옳지 못한 경향조차 있다.[30)]

이것이 한 문장이다. 이 긴 문장의 요점은 직업동맹이 전반적으로는 김일성체제에 봉사하는 조직으로 변화되었지만 일부는 오기섭이 주장하던 대로 노동자들의 이익을 대변하려는 지향점을 가지고 있다는 것이다. 그래서 『로동신문』은 이런 경향에 대해 비판하면서 동시에 직맹이 어떤 지도자를 맹신하는 것도 경계하고 있다.

---

30) "직업동맹의 사업을 강화하자," 『로동신문』(1947. 1. 26.), 국사편찬위원회, 『북한관계사료집』 35 (과천: 국사편찬위원회, 2001), p.194.

그런 반면에 또 어떠한 공장, 어떠한 단체에서는 직업동맹 초급단체 지도자들의 역량이 매우 미약한 관계로 그 공장의 지배인이나 그 단체의 지도자들이 하라고 하는 그대로 노동자와 사무원들의 이익을 몰각하고 무조건적으로 사업하고 있는 경향도 있으니 이것 역시 정당하지 않은 것이다.

이런 배경 속에서 3월 15일 북조선로동당 중앙위 제6차 확대회의에서 김일성이 공격에 나선 것이다. 큰 흐름으로 볼 때 직업동맹의 성격을 놓고 김일성계와 오기섭이 벌인 3회전이다. 1회전은 1945년 12월 조선공산당 북부조선분국 제3차 확대집행위원회에서 김일성이 주도 했고, 2회전은 1947년 2월 8일 북조선로동당 중앙위원회 제4차 확대전원회의에서 주녕하가 지휘했다.

김일성 입장에서는 오기섭식 독립적 직맹관도, 소지도자 추종식 직맹관도 모두 자신의 권력기반 강화에 방해가 되는 것이었다. 김일성이 문제 삼은 것은 주녕하가 이미 거론했던 신문의 글이었다. 김일성 역시 주녕하가 비판한 내용과 유사한 내용으로 오기섭의 직업동맹관을 좌경적인 것으로 몰아붙였다. 김일성은 오기섭의 주장이 국영기업소 내에도 자본과 노동 사이 계급적 이익이 대립하고 있음을 인정하는 것이고, 노동자가 인민정권을 상대로 투쟁을 해야 한다는 것이라고 비판했다.

또한 김일성은 오기섭이 해방 직후 함경남도에서 지방할거의 모습을 보인 것, 토지개혁 당시 평안북도에서 과오를 범한 것도 묶어서 비난했다.[31] 토지개혁 당시 오기섭에 평안북도 지역을 지도했는데 현지에 가서 '농촌위원회에서 승인만 하면 지주를 다른 데로 옮기지 말고 그대로 두어도 좋다'고 했다는 것이다. 이 때문에 평북지역에서 토지개혁에 반발하는 사건들이 발생했다는 비판을 가한 것이다. 당시 북한의 토지개혁법령은 지주는 토지를 내놓고 다른 지역으로 이주하도록 되어있었다. 지주가 그대로 남아 있으면서 생길 수 있는 분쟁의 소지를 없애기 위한 조치였다.

---

31) 김일성, "대중지도방법을 개선하여 올해 인민경제계획 수행을 성과적으로 보장할 데 대하여 - 북조선로동당 중앙위원회 제6차 회의에서 한 결론"(1947. 3. 15.), 『김일성저작집』 3 (평양: 조선로동당출판사, 1979), pp.186-187.

3월 19일 당중앙상무위원회 회의에서 이 문제가 다시 거론되었고, 그 결정서를 하급단체에 보내도록 했다. 오기섭을 북한 사회 전체가 비판 대상으로 삼도록 하는 조치였다. 이 회의에서 오기섭은 당중앙위 상무위원직에서 해임되었다. 그리고 1948년 초 오기섭은 북조선인민위원회 노동국장에서도 경질되었다.

이 문제로 인한 오기섭의 시련은 1948년 3월 27~30일 열린 북조선로동당 2차 당대회까지도 계속되었다. 소련파 박창옥이 직맹문제에 대한 오기섭의 오류를 지적했다. 1945년 12월, 1947년 2월, 1947년 3월의 공격에 이은 4회전이었다. 여기에 대해 오기섭은 다시 한번 반성해야 했다. 나아가 철저하게 김일성 정권의 정책방향에 부응하는 쪽으로 발언을 해야 했다. "나의 단체계약 등록사무에 있어 나는 직맹에서 또는 관리측이 국가적 견지를 떠나 국가재산을 아끼지 않고 로동자의 생활확보의 투쟁대상으로 체결된 일체 단체계약은 로동국장의 직권으로 남김없이 등록을 거절하도록 사업을 조직함으로써 당로선에 어그러짐이 없이 진행하였다고 자신 있게 말할 수 있습니다"라고 말했다.[32] 노동자의 권리보장보다는 당사업·국가산업발전에 무게를 두고 노동국장직을 수행해왔다는 얘기이다. 이때에는 이미 직맹의 독립성과 자율성에 대한 그의 철학은 찾아볼 수 없다. 권력에서 밀려 힘을 잃으면서 초기의 노동자와 노조 중심의 직맹관도 오기섭의 머릿속에서 속절없이 사라져간 것이다.

32) 「북조선로동당 제2차 전당대회 회의록」 (1948. 3. 29.), 국사편찬위원회, 『북한관계사료집』 1 (서울: 국사편찬위원회, 1982), p.388.

국가건설 전략의 차이

직업동맹 문제를 두고 김일성 세력이 오기섭을 그토록 가혹하게 공격한 것은 물론 오기섭과의 권력투쟁에서 안전한 승리를 얻어내기 위한 것이었다. 그런데 여기에는 해방이후 북한에서 국가를 건설하는데 필요한 전략의 차이도 깊이 개입되어 있다. 북한은 1946년 2월 북조선임시인민위원회 수립 이후 본격적으로 국가건설 작업에 착수했다. 3월 들어 바로 토지개혁을 실시하는 등 10월까지 일련의 민주개혁 작업을 시행해 북한사회의 정치·경제적 기본구조를 확립하게 되었다. 선거도 실시해 주요기구의 구성도 마쳤다. 이후 북한이 역점을 두고 추진한 것은 경제력을 확대하는 작업이었다. 1947년 2월 9일 도·시·군 인민위원회 대회에서 제시된 '1947년도 인민경제계획'은 그런 차원에서 마련된 것이다. 이러한 계획을 추진하기 위해서는 대중동원운동이 필요했고, 1946년 12월초 시작된 '건국사상동원운동'은 이를 위한 것이었다. 덕분에 1947년에 당초 계획을 훨씬 초과해 140.2%의 경제성과를 달성했다.[33)]

'천리마운동,' '3대혁명 붉은기 쟁취운동'과 같은 혁명적 대중운동은 주요 시기에 어김없이 등장하는 데 건국사상총동원운동이 그 시초이다. 이 운동은 문맹퇴치, 곡식헌납, 생산돌격 등 세 가지를 중심으로 전개되었다. 이 운동으로 1946년 12월부터 1948년 3월까지 2백만 명이 문맹을 탈출했고, 곡식헌납으로 모은 자금으로 북한 최초의 종합대학인 김일성대학이 세워졌다.[34)]

---

33) 「북조선로동당 제2차 전당대회 회의록」 (1948. 3. 27.), 국사편찬위원회, 『북한관계사료집』 1 (서울: 국사편찬위원회, 1982), p.301.

34) 『조선중앙연감 1949』 (평양: 조선중앙통신사, 1949), pp.98, 134-135.

오기섭의 직업동맹관 비판은 이러한 분위기에서 격렬해질 수밖에 없었다. 북조선로동당 중앙위 제3차 확대전원회의가 열린 1946년 11월 28일은 북한의 국가건설과 이를 위한 경제력 증진, 또 이를 위한 내부결속의 분위기가 고조된 가운데 열렸다. 이 회의의 주요 목적은 '생산부흥'을 강조하고 이를 전사회적으로 확산하는 것이었다. 주녕하는 이 회의에서도 오기섭을 공격했는데 오기섭의 권위·권력 약화와 함께 생산부흥 운동의 가속화라는 두 가지 목적을 가진 것이었다.

이와같은 국가건설 매진 분위기가 계속되면서 오기섭은 자신의 본래의 생각을 그대로 표현할 수 없었다. 1947년 2월 북조선로동당 중앙위 4차 확대전원회의에서 주녕하의 비판에 항변한 것을 제외하면 오기섭은 자신의 생각을 제대로 말하지 못했다. 반면에 1946년 8월 28~30일 북조선로동당 창립대회를 비롯해 여러 차례 주요 회의에서 자아비판을 했다. 1947년 2월 12~13일 제3차 각 도 노동부장·과장 회의에서도 북조선임시인민위원회 노동국장으로 참석한 오기섭은 직업동맹은 노동행정에 절대적으로 협력해야 한다고 강조했다.[35]

때로는 절충적 입장을 주장하기도 했다. 경제적 제한성이 존재하는 상황에서 직업동맹은 노동자의 이익을 위해 투쟁하더라도 권리의 역사성을 염두에 두어야 하며, 국가도 역사발전단계와 생산력의 정도를 고려치 않고 일방적 노동행정을 해서는 안 된다고 강조한 것이다. 직업동맹은 과거나 현재나 노동계급의 이익을 위해 투쟁하는 노동자들의 집합체이지만 경제건설을 위해서는 모든 노동자들을 동원하는 역할도 해야하고, 국가는 노동자들에게 노동규율과 증산을 요구하면서도 사회보험과 노동보호 등 복지 향상의 측면도 힘써야 한다고 주장한 것은 국가와 직맹 사이에서 절충적 태도를 표현한 것이다.[36] 『레닌선집』까지 흔들면서 직업동맹의 독립성을 역설하는 오기섭의 모습은 이러한 글에서는 찾아볼 수 없다.

---

35) 『로동신문』 1947. 2. 16.

36) 오기섭, "북조선임시인민위원회 노동행정부의 사명," 『인민』 제2권 제1호 (1947. 1. 10.), 국사편찬위원회, 『북한관계사료집』 13 (과천: 국사편찬위원회, 1992). pp.188-192.

국유화에 대한 입장의 차이

오기섭의 계급노선과 김일성의 대중노선의 근저에는 이들의 국유화에 대한 이견도 존재하고 있었다. 북한은 1946년 8월 10일 중요산업 국유화 법령을 발표하면서 국유화 작업을 본격화했다. 당시 국유화란 "일본제국주의와 일본인 개인 및 그들의 앞잡이던(앞잡이였던) 극소수 민족자본가들이 가지고 있든(있던) 중요한 공장・광산・교통・운수・은행・체신・발전소 등 그의(북한의) 중요산업을 인민의 소유 즉 인민이 주권을 잡은 진정한 우리 조선민주국가의 소유로 만드는 것"을 의미하는 것이었다.[37] 요컨대 중요산업의 시설과 운영을 국가가 맡아서 하는 것이다. 실은 김일성은 해방직후부터 국유화 계획을 가지고 있었다. 1945년 10월 서북5도 당대회 보고에서 "우리는 일제와 그 앞잡이들의 소유로 되여(되어) 있던 공장, 광산, 철도운수를 비롯한 중요산업을 국유화하여 인민의 소유로 만들어야 하겠습니다"라며 일찌감치 국유화 계획을 밝혔다.[38] 토지문제와 관련해서도 1945년 11월 조선공산당 북부조선분국 제2차 확대집행위원회 회의에서 "우리는 앞으로 지주의 토지를 몰수하여 고용농민과 빈농민들에게 나누어주려고 합니다. 그리고 농민들에게 나누어주는 땅에 대해서는 경작권만 주고 매매권은 주지 말아야 합니다. 이렇게 하여야만 농촌에서 착취제도가 되살아나지 못하게 할 수 있으

---

37) 「중요산업 국유화 독본」(1948. 2. 10), 국사편찬위원회, 『북한관계사료집』 7 (서울: 국사편찬위원회, 1989), p.423.

38) 김일성, "우리나라에서의 맑스-레닌주의 당 건설과 당의 당면과업에 대하여 - 북조선공산당 중앙조직위원회 창립대회에서 한 보고(1945. 10. 10.)" 『김일성 저작집』 1(평양: 조선로동당출판사, 1979), p.324.

며 땅의 주인이 되려는 우리 농민들의 세기적 숙망이 실현될 수 있습니다" 라고 말해 무상몰수 무상분배의 단계를 거쳐 국유화로 가려는 구상을 초기부터 가지고 있었음을 보여준다.[39)]

토지개혁은 1946년 3월에, 공장과 광산 등에 대한 국유화는 1946년 8월에 실행되는데, 이와 함께 1946년 10월 4일에는 개인소유권의 보호와 개인 상공업자들의 자유로운 생산 활동을 보장하는 법이 발표되었다. 국유화된 산업시설만으로는 인민들의 생필품 수요를 충족시킬 수 없었기 때문에 개인 상공업자들의 생산 활동 보장을 통해서 부족한 공급을 충당할 필요가 있었다. 따라서 이 시기의 북한체제의 성격은 일부 생산수단의 사유화가 허용되는, 자본주의에서 사회주의로 이행하는 과정에서 나타나는 과도기적 성격의 인민민주주의였다.[40)] 1950년 한국전쟁이전까지는 북한은 이 체제를 유지한다. 그래서 전체적으로 토지는 농민이, 공장과 산업시설은 국가가, 소규모 생필품 생산시설은 소상공업자가 소유하는 형태를 가졌다.

국유화와 관련해 김일성을 비롯한 당시 대부분의 사회주의 세력은 이를 사회주의의 주요 부분으로 인식하고 생산관계의 변화 자체에만 주목했다. 국유화에 따른 노동자들 스스로의 정체성 변화와 이에 대한 인식, 국유기업의 주체적 성원으로의 발전 등에 대해서는 관심을 기울이지 못했다. 국유화는 곧 해당기관의 전 인민 소유가 되는 것이고, 이것이 곧 사회주의이며, 따라서 노동계급의 이익은 자연스럽게 보장되도록 되어 있다는 생각을 했던 것이다. 다시 말해 노동의 성과를 독점하는 자본가가 존재하지 않고 노동의 성과로 발생한 잉여가치가 전적으로 인민생활을 향상시키는데 사용된

---

39) 김일성, "진정한 인민의 정부를 수립하기 위하여 - 북조선공산당 중앙조직위원회 제2차 확대집행위원회에서 한 연설"(1945. 11. 15.), 『김일성 저작집』 1 (평양: 조선로동당출판사, 1979), p.410.

40) 인민민주주의 국가의 개념과 관련해서 북한은 "자본주의 국가보다는 앞서고 사회주의 국가보다는 아직도 뒤떠러지는(뒤떨어지는) 그런 전혀 새로운 인민적 민주주의 국가"라면서 "자본가나 지주의 리익을 위하야 복무하는 것이 아니라 로동자·농민·지식인·소시민 등 모든 근로인민의 리익을 위하야 복무하는 국가"라고 정의하고 있다. 「중요산업 국유화 독본」(1948. 2. 10.),국사편찬위원회, 『북한관련사료집』 7 (과천: 국사편찬위원회, 1989), p.452.

다고 보았다.[41]

결국은 생산관계가 근본적으로 변화했으니 노동자는 노동만 열심히 하면 자신들의 이익은 저절로 보장된다는 논리였다. 게다가 노동자들의 이익은 노동자들의 정치조직인 노동당이 대표한다는 입장을 기본적으로 가지고 있었다. 따라서 당시 북한의 노동정책은 노동자들의 권익보호보다는 이념적 성향을 띠게 되었다. 국유기업에서는 기업주라는 협상과 투쟁의 대상이 존재하지 않기 때문에 직업동맹의 독자성도 불필요하다는 주장이었다.

이에 대해 오기섭은 국유화의 경우에도 노동자와 국유기관 사이의 이익은 일치되는 것이 아니고 계급적 이이의 대립은 여선히 남아 있을 수 있다고 보았다. 또, 그럴 경우 노조는 노동자의 이익을 대변해야 한다고 주장했다. 오기섭은 또 식량부족이나 생활곤란 등의 문제로 노동자들이 정권기관과 마찰을 겪게 되는 경우에도 노조는 노동자의 입장에 서야한다고 강조했다.[42] 이같은 오기섭의 주장은 당시 북한체제의 성격에 관한 그의 인식을 반영하고 있었다.

그는 북한체제의 성격을 국유화와 사회주의화가 완전히 진행되지 않은 단계로 보았고, 이 단계에서 직업동맹은 국가에 종속되는 것보다는 고유의 기능을 해야 한다고 본 것이다. 당시의 북한 상황에서 사회주의 혁명과 소비에트 주권을 말하는 것은 반공산주의적이며 트로츠키적인 좌경적 기회주의라라는 그의 주장이 이러한 인식을 잘 반영하고 있다.[43] 1948년 조선로동당 제2차 당 대회에서 김일성은 오기섭이 레닌의 신경제정책(NEP)의 논문을 그대로 도적질했다고 비난했는데,[44] 이는 오기섭이 자본주의적 요소를 여전

41) 「중요산업 국유화 독본」(1948. 2. 10.),국사편찬위원회, 『북한관련사료집』 7 (과천: 국사편찬위원회, 1989), p.435.

42) 북조선로동당 중앙상무위원회, 「"북조선 인민정권 하의 북조선 직업동맹"이라는 제목 하에서 오기섭 동무가 범한 엄중한 정치적 오류에 관하여(1947)」, 국사편찬위원회, 『북한관련사료집』 30 (과천: 국사편찬위원회, 1986), pp.159-160

43) 오기섭, "북조선임시인민위원회 노동행정부의 사명," 『인민』 제2권 제1호 (1947. 1. 10.), 국사편찬위원회, 『북한관계사료집』 13 (과천: 국사편찬위원회, 1992), p.190.

44) 「북조선로동당 제2차 전당대회 회의록(1948. 3. 29.)」, 국사편찬위원회, 『북한관련사료집』 1 (서울: 국사편찬위원회, 1982), p.417.

히 강조하고 있다는 의미였다. 1921년 실시된 신경제정책은 레닌이 무너진 경제를 살리기 위해 기업의 영리활동의 허용, 잉여농산물의 판매 허용, 외자도입과 같은 자본주의 요소를 대폭 도입한 정책이다. 북한이 사회주의가 아직 안되고 자본주의 단계로 머물러 있다고 보면서 노조의 역할을 강조하는 오기섭의 인식을 김일성은 자본주의적이라고 비판한 것이다.

이러한 인식을 바탕으로 오기섭은 국영기업소의 지배인은 직맹에 가입할 수 없다고 생각했다. 국영기업에도 여전히 자본과 노동의 대립이 상존하고 있으며, 그에 따라 지배인과 노동자도 대립과 투쟁의 관계 속에 있는 것으로 논리를 전개했다.[45)]

"국유화에 계급대립이 상존한다," "노동조합의 독자성은 여전히 필요하다"는 오기섭의 주장은 그가 당시 북한체제의 성격을 사회주의 이전 단계인 인민민주주의로 보고 있음을 보여주는 것이다. 요컨대 노조의 독자성과 관련해서 김일성은 주요산업이 국유화되었으니 노동자는 일만 열심히 하면 된다는 기본적인 입장이었고, 오기섭은 국유화되어도 노조의 독자적 활동은 필요하다는 주장이었다.

---

45) 김일성, "대중지도방법을 개선하며 올해 인민경제계획 수행을 성과적으로 보장할 데 대하여-북조선로동당 중앙위원회 제6차회의에서 한 결론(1947. 3. 15.)," 『김일성 저작집』 3 (평양: 조선로동당출판산, 1979), p.185-186.

노동자의 실태 반영

오기섭의 이러한 주장은 당시 북한의 노동 상황을 반영한 주장이었다. 국유화된 기업에서도 임금을 주지 못하는 경우가 발생할 만큼 당시 노동자들의 노동여건은 열악했다. 실제로 강원도 인제군 용대임산작업소 노동자들은 1948년에 9개월 동안 임금을 받지 못하고 있었다.[46] 노동법이 마련되어 있었지만 지켜지지 않고 있었던 것이다. 사기업에서는 노동법 위반사례가 더 많이 발견되었다. 1946년 8월 발표된 중요산업국유화법령에 따라 기업과 은행, 철도, 발전소 등의 소유권이 일세로부터 북한으로 넘어가 생산액 기준으로 1946년 말에는 전체 공업의 약 72.4%, 1949년에는 90.7%가 국유화되었다.[47] 하지만 개인기업도 여전히 존재했다. 1947년 당시 북한 전체 노동자의 약 30%는 민간기업장에서 일하고 있었다.[48] 이러한 사기업에서는 6시간 이상 노동이 금지된 16세 미만 소년에게 8시간의 노동을 시키기도 하고, 규정을 위반하면서 임신 9개월의 여성노동자에게 일을 시키기도 했다.[49]

배급제도 노동자를 통제하는 수단으로 활용되었다. 식량사정이 매우 열악한 상황에서 배급제는 1946년 3월 1일부터 실시되었다. 배급량은 중노동과 경노동, 사무 등 노동의 강도에 따라 차등적으로 지급되었다. 그 해 10월부터는 중노동과 경노동의 경우 목표량을 110%이상 초과 달성하면 배급을 더

46) 북조선로동당 강원도 인제군당, 「상무위원회 회의록 제35호」(1949), 국사편찬위원회, 『북한관계사료집』 3 (국사편찬위원회, 1994), p.130.

47) 한림대학교 아시아문화연구소, 『북한경제통계자료집』 (한림대학교 출판부, 1994), p.142.; 『조선중앙년감 1958』 (평양: 조선중앙통신사, 1958), p.177.

48) 이윤금, 「인민경제부흥과 발전에 대한 예정 숫자와 노동행정」, 『인민』 제2권 제3호(1947. 4. 28), 국사편찬위원회, 『북한관계자료집』 13 (국사편찬위원회, 1992), p.340.

49) 예대열, "해방이후 북한의 노동조합 성격논쟁과 노동정책 특질," 『역사와 현실』 70 (2008), p.224.

받을 수 있도록 했다. 1947년 5월부터는 정당한 이유 없이 결근할 경우 노동자와 부양가족에 대해 배급을 중단하도록 했다. 배급이 점점 노동자의 노동규율을 강화하는 수단이 된 것이다.[50)]

사회보험의 경우도 당시 재정여건이 열악했기 때문에 혜택을 노동자 모두에게 줄 수 없었다. 그래서 근속기간이 만 7개월 이상 된 노동자들만 사회보험 혜택을 받을 수 있도록 했다.[51)] 노동규율 잘 지키는 경우에만 혜택이 주어진 것이다. 해산보조금도 일정한 근속기간을 채운 경우에만 지급했다. 직업동맹에 가입한 노동자의 경우는 10개월 이상 근속했을 때, 비직업동맹원인 경우는 12개월이 넘었을 경우 해산보조금을 받을 수 있게 했다.[52)]

이러한 상황을 개선하기 위해 오기섭은 북조선임시인민위원회 노동부장으로 있던 1946년 12월 사회보험법 제정에 앞장서 결국 법을 만들어냈다. 법의 내용은 모든 노동자와 사무원이 의무적으로 사회보험에 가입되도록 한 것이다. 노동자나 사무원을 고용하고 있는 국가기관이나 협동단체, 민간업자로부터 보험료를 받아 국가가 책임지고 보험에 가입함으로써 이들의 생활의 질 향상을 추구한 것이다.

경제적 여건이 미흡했기 때문에 이러한 열악한 노동조건이 형성된 것이지만 기본적으로 주요 산업시설이 국유화된 상황에서도 노동자의 권익은 충분히 보장되지 못했고, 오히려 노동자의 지위는 여전히 불안하고 어려운 상황이었다. 오기섭은 이런 상황에서 국영공장의 경우에도 직맹이 국가조직이 맞서 노동계급의 요구를 관철시켜야 한다고 주장했다. 그 방법은 노동자가 착취당하는 자본주의 사회나 국유화가 완성된 소련과는 다른 것이 되어야 하며, 생산에 창의성을 발휘하면서도 요구할 것은 요구하는 형태이어야 한다고 강조했다.[53)] 이러한 노조 중시의 주장은 열심히 일하는 것 자체가 노동자 이익 보장의 길이라는 김일성의 주장과 맞서고 충돌할 수밖에 없었던 것이다.

---

50) 북조선임시인민위원회, 「식량배급에 관한 건」(1946), 국사편찬위원회, 『북한관계사료집』 5 (과천: 국사편찬위원회, 1994), p.361.

51) 북조선임시인민위원회, 「사회보험법」(1946), 국사편찬위원회, 『북한관계사료집』 5 (과천: 국사편찬위원회, 1994), p.701.

52) 위의 자료, p.707.

53) 오기섭, "북조선임시인민위원회 노동행정부의 사명," 『인민』 제2권 제1호 (1947. 1. 10.), 국사편찬위원회, 『북한관계사료집』 13 (과천: 국사편찬위원회, 1992), pp.190–191.

국내공산세력 전체에 대한 공격

직맹 논쟁 4회전이 벌어진 1948년 3월 27~30일 북조선로동당 제2차 당대회는 김일성이 오기섭 뿐만 아니라 국내공산세력 전반을 공격하는 기회로 이용되었다. 국내 공산세력이 결정적으로 세력을 상실하는 행사였기 때문에 좀 자세히 살펴볼 필요가 있다. 김일성은 많은 비판적인 용어를 동원해 국내세력을 맹공했다. 종파주의, 지방할거주의, 정실주의, 개인영웅주의, 자유주의, 천상천하 유아독존, 우물 안의 개구리 등의 딱지를 국내세력에 붙였다.[54] 한일무와 김열, 박창옥, 허가이 등 소련파들도 김일성의 공격에 가담했다.[55] 한일무는 북한 국내파인 오기섭과 정달헌, 남한 국내파인 최용달과 리강국이 종파주의적 행위를 했다며 자아비판을 해야 한다고 강조했다. 김열은 오기섭과 정달헌을 집중 비판하면서 이들이 종파주의, 영웅주의에 빠져 있을 뿐만 아니라 좌경주의와 우경주의 경향을 모두 갖고 있다고 공격했다.

이 회의에서 오기섭 공격의 빌미는 단체협약이었다. 소련파로 당선전부장인 박창옥은 우선 직맹 간부들이 단체계약을 체결할 때 관리를 맡고 있는 쪽에 쓸 데 없는 간섭과 과도한 요구를 하고 있다고 비판했다. 최경덕 직맹위원장을 직접 겨냥한 비판이었다. 오기섭을 직접 거명하지는 않았지만 그를 비난하는 내용이기도 했다. 이에 오기섭이 반박했다. 노동국장으로서 국가재산을 아끼는 차원에서 단체계약을 체결했다는 반박이었다. 노동자한테 결코 유리하게 하지 않았다는 얘기였다.

주녕하도 나서 직업동맹과 단체협약 문제는 전적으로 오기섭의 잘못이라고 말했다. 직업동맹위원장 최경덕은 주녕하의 비난을 피하기 위해 화살을

54) 「북조선로동당 제2차 전당대회 회의록」(1948. 3. 29.), 국사편찬위원회, 『북한관계사료집』 1 (서울: 국사편찬위원회, 1982), pp.413-418.

55) 위의 문서, pp.352-354, 381-386, 397-399.

오기섭에게 돌렸다. 노동계급 일부 낙후분자의 사상은 오기섭이 대표하고 있다고 말한 것이다. 결국은 단체계약 건을 가지고 박창옥, 주녕하, 최경덕 모두 오기섭을 비난한 것이다.

오기섭의 박창옥의 비판에 대응하는 듯 하다가 또 자아비판으로 태도를 바꿨다. 서울의 조선공산당을 지지한 것은 우물 안의 개구리와 같은 과오였고, 분파주의와 소부르주아적 급진성과 조급성을 가지고 있었다고 말했다.[56] 남한 국내파이었지만 당시 월북해서 활동하던 최용달은 공격에 거세게 반발했다. 최용달은 일제시대 강원도 원산을 중심으로 노조운동을 했는데, 해방 이후에도 이 지역 인물들이 최용달과 연계를 이어가고 있었다. 이를 두고 한일무가 종파주의, 분파주의라고 비판했는데, 여기에 대해 최용달은 한일무가 사소한 것을 가지고 "쓸데없는 의심"을 하는 것이라고 반박한 것이다.[57] 최용달은 1945년 11월 월북해 5도행정국에서 사법국 부국장, 북조선임시인민위원회에서 사법국 부국장과 국장을 역임하고, 북조선인민위원회에서 사법국장, 북조선로당 제1차 중앙검열위원회 상무위원을 맡는 등 남한 출신 가운데는 거물이었다. 월북 전 남한에서는 해방 직후 조선건국준비위원회 치안부장, 9월에는 조선인민공화국 중앙위원회 보안부장을 맡았었다.

최용달의 반박을 듣고 허가이가 반격에 나섰다. 오기섭, 최용달과 함께 리순근, 장시우도 비난했다. 이들이 아직도 옳지 못한 사상을 가지고 있고 비당적 행동을 하고 있다고 공격한 것이다. 특히 최용달에 대해서는 휘하의 간부를 동창생, 고향친구, 개인소개 등으로 임명했다고 구체적으로 비판했다.[58] 주녕하는 오기섭의 직맹관을 다시 한번 거론하며 이를 "북조선 로동계급 내에 아직도 부분적으로 잔존하는 불평분자-소부르조아적 락후분자의 사상을 대표하는 것"이라고 말했다.[59] 김일성 세력의 공격이 거세지자 정달헌, 장순명이 자신들의 종파주의적 과오를 인정하고 김일성에게 복종하기로

---

56) 위의 문서, pp.386-389.
57) 위의 문서, p.396.
58) 위의 문서, p.398.
59) 위의 문서, p.401.

했다.[60] 생존의 길을 찾은 것이다.

김일성은 다시 오기섭과 정달헌, 최용달을 공격하면서 회의를 정리했다. 오기섭에 대해서는 "오기섭동무가 쓴 직업동맹에 관한 론문도 영웅주의 사상에서 나온 것입니다. 적어도 이런 리론 론문을 쓸 것 같으면 정치위원회에 내서 물어보아야 할 것인데 오동무는 레닌동무의 신경제정책 때의 론문을 도적질해서 냈습니다. 그때 로씨아(러시아)에서 쓰이던 것이 지금 조선에 와서 맞을 리치가 어디에 있습니까? 오동무는 근본적으로 모르면서 아는 체 합니다"라고 비난했다. 정달헌에 대해서는 1945년 10월 조선공산당 북부조선분국 설립에 반대한 것을 지적하면서 "정달헌 동무가 해외에서 온 사람들을 반대하고 서울에 있는 중앙을 지지한 것이라고 하나 사실은 자기가 함남중앙을 맨들지 못하여 분국을 반대하였던 것입니다"라며 정달헌의 종파주의적 성향을 비판했다. 최용달에 대해서는 "계급적 각성이 없고 당을 존중히 여기지 않고 있습니다. 또한 친일파들과 가까운 표현을 많이 하였습니다"라고 공격했다.[61] 김일성의 이러한 구체적인 공격과 함께 국내파는 이 북로당 2차 대회 이후 주요 포스트에서 대부분 해임되는 운명을 맞았다.

60) 위의 문서, pp.403-405, 411-412.
61) 위의 문서, pp.417-418.

제8장
왜 오기섭은 김일성을 극복하지 못했나?

전략과 거리가 먼 인물

1945년 12월 조선공산당 북부조선분국 제3차 확대집행위원회 회의에서부터 김일성파이 공격을 당하기 시작한 오기섭은 1947년 2월 북로당 중앙위 4차 확대전원회의와 1947년 3월 북로당 중앙위 6차 확대전원회의, 1948년 3월 북로당 2차 대회에서 파상 공격을 받고 북한의 정치무대에서 자취를 감추어 간다. 실제로 1948년 3월 이후에는 북한의 자료에서 그와 관련된 기록을 찾기도 어렵다. 1949년 조쏘해운수식회사 사장을 맡고, 1956년 내각의 수매양정상이 됐지만 앞에서 살펴본 대로 실권은 없는 자리였다. 1956년 8월 종파사건에 연루되어 숙청된 뒤 병사했다. 이렇게 1945년 12월 이후 계속 핍박을 받지만 조직적으로 전략적으로 대응하는 모습은 보여주지 못했다. 그저 어쩌다 울분에 차 반박하는 정도에 그쳤다. 그만큼 전략적 접근에 익숙하지 않은 인물이었다. 일제 강점기 지하투쟁을 하는 동안에는 감옥에서도 학습모임을 조직하고 함흥지역의 노조조직도 꾸렸지만 해방 이후 권력투쟁의 과정에서는 그런 모습을 보여주지 못했다.

김일성은 1945년 9월 19일 원산에 들어오자 마자 자신의 심복들을 북한 전역에 파견한다. 정세파악과 자신의 세력기반 확보를 위해서였다. 세밀한 집권전략을 가지고 입국한 것이다. 김일성의 지시를 받고 지방으로 내려간 사람은 김책, 김일, 최현, 오신우, 박성철 등 모두 60명 정도 된다. 1948년 2월 조선인민군이 창설될 때까지 이들은 일정 지역과 연계를 가지면서 활동했다. 이들은 정세파악은 물론 지역 인재 발굴 작업도 함께 했다. 이들이 추천한 사람들을 평양학원에 입학시켜 교육을 시켰다. 일제 때 조종사로 근무했다든지 하는 특별한 경력이 있는 사람들을 찾아내는 것도 지방 파견 빨치산들의 일이었다.

평양학원은 1945년 10월 18일 개교해 정치반과 군사반을 운영했다. 개교한 달 쯤 후 1기생을 배출했는데 정치반 84명, 군사반 100여 명이었다. 이들이 북한사회 주요세력으로 김일성의 중요한 지원군이 돼주었다. 이후 군사반은 1946년 2월 보안간부훈련소로 바뀌었고, 정치반은 중앙당학교로 개편되었다. 김일성은 이와 같이 입국 직후, 그것도 북한 전역에 걸쳐 자신의 입지를 확보하는 전략을 펼쳤다. 귀국하자마자 지역정세 파악, 당대회 발기인위원회 조직, 예비회의, 박헌영과의 회담 등을 속전속결로 처리하고 한 달도 안 되어 조선공산당 북부조선분국을 창립했다. 이는 전략적인 마인드와 조직력, 추진력 등에 있어서 누구보다 앞서 있었기에 가능한 것이었다.

하지만 오기섭에게는 이러한 전략적 접근이 없었다. 노동문제 대한 자신의 전문성을 살리면서 북한 사회에서 공산주의 이념을 제대로 실현해보겠다는 신념은 해방공간의 어떤 인물보다 투철했다. 하지만 헤게모니 장악을 위해 계획을 세우고, 조직을 갖추고, 이를 실행하는 능력은 모자랐던 것이다.

소련군정과의 연계 형성 실패

오기섭은 당시 북한을 실질적으로 통치하던 소련군정과의 관계를 원만하게 하지 못했다. 김일성은 소련의 정책에 적극 협조하면서 소련군과의 신뢰관계를 쌓아간 반면 오기섭은 소극적이었다. 그러다보니 소련군정과의 관계는 소원할 수밖에 없었다. 주어진 조건에서 정치적 능력과 술수를 최대한 발휘해 자신의 세력을 확대해 나간 김일성과는 이런 점에서 크게 차이가 난다.

오기섭은 모스크바의 소련공산당과도 특별한 관계를 형성하지 못하고 있었다. 당시 세계 공산주의자의 지도적 위치를 점하고 있던 소련공산당과의 관계가 끊어진 상태에서 세력을 형성하고 확장하는 데 한계가 있었다. 1928년 이후 당 재건을 제대로 이루지 못한 점 때문에 소련의 지도자들은 한국 공산주의 지도자들을 무능력한 것으로 판단했고, 끊임없이 파벌싸움을 계속하는 점에 대해서도 부정적으로 보고 있었다.[1] 한국의 공산주의자들과 소련공산당과의 연계는 이미 1935년 7월 코민테른 제7차 총회 이후로는 이렇다 할 것이 없었다. 미국 전략정보국(OSS)도 한국에 공산주의세력이 강하긴 하지만 소련과의 관계는 없는 것으로 파악하고 있었다. 1944년 10월에 작성된 한국정치상황 보고서의 내용을 좀 자세히 보자.

> 한국에 강한 공산주의 운동이 존재하지만 소련과 그다지 연계가 있는 것은 아니고 성격상 애국적인 것이다. 젊은 공산주의자들은 더 과감하고, 항일운동을 보다 고무하기 위해 노력해왔다. 어떤 형태의 정부를 세우는 것보다는 보다 직접적인 목표인 한국의 독립에 주요 관심을 두고 있는 민족주의 단체도 있다.[2]

---

1) 스칼라피노 · 이정식, 『한국공산주의 운동사』 2 (서울: 돌베게, 1986), p.405.

이런 환경에서 소련군의 지지를 받은 김일성 세력과의 정치투쟁에서 국내 공산세력이 승리하기는 어려웠던 것이다.

김일성은 목표를 정하고 이를 성취하기 위해 온갖 수단을 동원했다. 해방직후 요정정치를 활용한 것도 김일성이었다. 독립운동가였지만 해방정국에서 북한을 장악하겠다는 목표를 세운 이후에는 철저하게 정치적이었다. 그 만큼 권력의지도 강했다. 소련군정의 주요인물들을 평양의 고급 요정으로 불러 화기애애한 분위기를 만든 다음 본인이 원하는 방향을 이야기를 끌어가는 그야말로 '정치적인' 능력을 보여줬다. 당시 30대 초반밖에 되지 않았는데도 말이다. 긍정적으로 말하자면 적극적이었고, 부정적으로 말하자면 전술과 계략에 능했다. 오기섭이나 김용범, 조만식은 생각하기 어려운 모습이었다.

김일성은 자신과 가까운 사람을 소련군정 주요인물들의 통역으로 심어 소련측과 보다 긴밀한 관계를 유지하는데 활용하기도 했다. 군정을 책임지고 있던 소련군 25군의 정치위원 레베데프 소장의 통역으로 박길남, 평안남도 경비사령관 무르진 대령의 통역으로 유성철이 활동했다.[3] 박길남은 88여단 통신대 소대장 출신으로 한국전쟁 당시에는 인민군 공병국장까지 지냈다. 유성철은 88여단에서 김일성의 통역을 했던 사람으로 한국전쟁 때는 인민군 작전국장이 되었다. 이런 사람들을 소련군 깊숙이 집어넣어 소련군정측의 의중을 파악하고 군정과의 관계를 원활하게 유지하는 데 활용했다.

김일성을 그러면서도 소련군이 하는 일에는 반대의견을 내지 않았다. 김일성이 원산으로 입국해 평양으로 들어가면서 생긴 일이다. 1945년 9월 19일에 입국한 김일성은 21일 치스차코프 25군 사령관과 만나 함께 평양으로 가기로 했다. 치스차코프가 직접 원산까지 김일성을 마중 나오는 것이니 소련이 김일성을 매우 비중 있게 생각했음을 알 수 있는 대목이기도 하다. 치스차코프를 기다리다 21일 오전까지 오지 않자 김일성 일행은 오후 1시쯤

2) 「Military Intelligence Division W. D. G. S. Interview Report – Korea」, 18 October 1944, Record Group 226, Records of the Office of Strategic Services 1940–1946, Box 1143, Record No.100748, p.4.

3) 유성철, "나의 증언 6," 『한국일보』, 1990. 11. 7., p10.

평양행 기차에 올랐다. 그런데 이 기차가 원산역을 벗어나 산모퉁이를 돌자마자 마주오던 열차와 충돌했다. 그 열차가 치스차코프가 탄 열차였다. 산모퉁이를 돌기 위해 기차가 속도를 줄였기 때문에 큰 피해는 없었다. 하지만 몹시 화난 치스차코프의 부관이 김일성이 탄 열차의 기관사를 현장에서 총살했다. 살려달라고 애원하던 기관사를 쏜 것이다. 김일성은 이를 막지 않았다.[4] 소련군과 충돌하고 싶지 않아서였을 것이다.

같은 시기 남한의 정국을 살펴보면 이승만은 김일성과 닮았고, 김구는 오기섭과 유사하다. 물론 정치적인 이념과 지향점은 다르지만 행위의 양태가 그렇다는 얘기다. 이승만은 미군정과 협력하며 남한의 난성을 받아들이고 친일파들도 이용하면서 정국을 주도했다. 대통령이 되어서도 일반대중의 요구를 철저히 파악하고 이 요구에 부응하는 정책을 우선시했다. 대중요구 지향 정책이었다. 토지개혁이 대표적이다. 국회의 다수를 차지하고 있던 한민당 계열의 반대에도 불구하고 토지개혁을 밀어붙였다. 널리 알려진 공산주의자였던 조봉암까지 농림부장관으로 등용하면서 강력하게 추진했다. 한민당계의 음모로 조봉암은 얼마 안 돼 물러나지만 이승만의 이러한 의지로 1950년 3월 유상매수 유상분배 형태의 토지개혁을 실행할 수 있었다. 5년 평균 생산고의 150%를 지주에게 보상해주고 농민에게 땅값으로 5년 평균 생산고의 150%를 5년 동안 내도록 하는 방안이었다. 이러한 대중지향성과 정치적 수완이 이승만을 남한의 최고권력자로 만들었다.

하지만 김구는 능수능란한 정치력을 발휘하기보다는 민족의 통합이라는 명분에 보다 큰 가치를 두었다. 단정에 참여하지 않으면 자신의 권력이 현격하게 축소될 것을 알면서도 그런 선택을 했다. 권력투쟁에서는 패배자였다. 오기섭도 그랬다. 정치지향이나 권력지향이라기 보다는 이념지향이었다.

---

4) 유성철, "나의 증언 5," 『한국일보』, 1990. 11. 6., p10.

국내파 결속력의 부재

김일성의 만주게릴라 세력은 결속력이 강했다. 그 중에서도 김일성의 핵심측근은 김책과 최용건이었다. 이들의 도움으로 항일빨치산 세력을 하나로 묶고 이를 바탕으로 국내파와 소련파, 연안파를 하나하나 넘어뜨렸다. 그러면서 자신들의 세력을 북한사회 전체로 확산시켰다. 와다 하루키는 김일성과 김책, 최용건의 결속을 한 집안의 형제간의 결의와 같은 것으로 본다.

> 이 세 사람의 관계는 다음과 같은 삼형제의 관계였다고 보는 것이 좋을 지도 모른다. 장남과 차남은 조건이 좋은 막내에게 집안의 상속을 잇게 한다는 결단을 내리고 막내의 현명함을 칭송하며 자기들도 스스로를 낮추어 막내를 섬기려고 하는 것이다. 이것은 전적으로 다른 집안과의 엄혹한 대항 속에서 집안을 흥하게 하기 위해서였다.[5)]

마치 삼국지의 유비와 관우, 장비의 도원결의를 묘사하는 것 같다. 막부시대 일본에서 있을 법한 이야기이기도 하다. 힘에 의한 승부가 모든 것을 결정했던 막부시대 영주 집안의 형제들은 아버지의 영지를 차지하기 위해 무사들을 동원해 서로 싸우기도 했고, 다른 영주와 경쟁하기 위해 형제 가운데 유능한 쪽을 밀어주기도 했다. 김일성이 1912년생, 김책은 1903년생, 최용건은 1900년생이니 김일성이 가장 젊었지만 김책과 최용건은 김일성의 능력을 인정하고 전적으로 도왔다. 목숨 걸고 항일빨치산 활동을 함께 했던 동지적 의식이 그런 것을 가능하게 했다. 이런 결속력을 바탕으로 중앙에서

---

5) 와다 하루키 저, 이종석 역, 『김일성과 만주항일전쟁』 (서울: 창작과 비평사, 1992), pp.280-281.

강인한 권력투쟁을 전개하면서 지방에서는 각급 지방당위원회에서 국내파를 약화시켜 나가는 작업을 진행해 나갔다.

오기섭에게는 없는 것이었다. 함남에서 함께 활동했던 정달헌, 주녕하, 리봉수, 김채룡 등이 있었다. 역시 함남이 본거지 였던 리주하도 남한에서 활동하면서 오기섭과 협력관계를 형성할 만한 인물이었다. 하지만 이들의 결속력이 항일게릴라를 따라가지는 못했다. 대부분 일제시대 감옥생활을 하다 출옥한지 얼마 안됐거나 지하 은신생활을 하다 활동을 시작한 상태였고, 북한 지역 내에서도 횡적 연대가 형성되지 못했다.[6] 가뜩이나 주녕하 같은 경우는 김일성세력에 가담해 오기섭 비난의 선봉역할을 하기도 했다. 주녕하가 왜 오기섭과 원수지간이 되었는지는 정확히 알 수 없지만 해방직후 함흥, 흥남 지역을 두고 같이 활동하면서 경쟁의식이 심화된 때문이 아닌가 추정해볼 수 있다. 둘 다 일제시대 함남지역의 노조를 바탕으로 좌익운동을 누구보다 열정적으로 했던 인물이다. 이런 배경을 가지고 해방 직후 같은 지역에서 활동하면서 경쟁과정에서 알력이 생긴 것으로 생각해볼 수 있다.

해방직후 북한의 국내 공산주의 세력은 여러 분파로 나뉘어 있었다. 크게 보면 화요파가 많고, 그 다음이 콤그룹, ML파 순이었지만 공산주의자들의 색깔은 매우 다양했다. 심지어는 친일경력자가 다른 지역으로 옮겨가 공산주의자로 행세하는 경우까지 있었다. 이 많은 세력이 하나로 묶이기는 어려웠다. 이런 요소도 오기섭이 김일성 세력에게 무력하게 공격당하게 되는 데 하나의 원인이 되었다. 게다가 오기섭은 성격이 다소 괴팍하고 고집이 센 편이었다. 그래서 주변에 사람들을 모으는 데 실패했다.

오기섭은 소련군이 북한을 떠나면 김일성파는 자연히 붕괴될 것으로 보고, 스스로 힘을 규합해서 자신들의 주장을 관철하려는 노력을 하지 않았다. 소련을 등에 업고 권력을 획득하려는 세력을 경멸하고 무시하면서, 스스로 자만하는 태도를 가지고 있었던 것이다.

그러다보니 국내공산세력은 북한 각 지역의 세포조직을 확대하려는 노력

6) 스칼라피노 · 이정식, 『한국공산주의 운동사』 2 (서울: 돌베게, 1986), p.406.

을 하지 못했다. 전국적 조직을 갖추고, 이를 국가건설의 조직적 기반으로 삼으려는 시도를 하지 못한 것이다. 노조조직이 있었지만 이 또한 오래지 않아 소련군정과 김일성세력의 영향력 하에 들어갔고, 김일성이 주도하는 공산당의 하부조직화되어 버렸다. 선제적으로 노조를 철저한 자기세력으로 묶어내는 전략을 구사하지 못했고, 그 바람에 공산당 하부조직화도 막지 못한 것이다.

결국 오기섭은 자기세력을 결속시키지 못한 채 제대로 정치력을 발휘하지 못했고 소련군정과의 관계도 형성하지 못해 북한역사에서 패자로 남게 되었다. 오랜 지하 항일투쟁과 노동자·농민에 대한 지대한 관심, 철저한 이념 무장, 정치한 논리, 다중을 압도하는 연설능력까지 갖추었던 오기섭은 권력의지와 권력투쟁능력의 결여로 '노동자·농민의 세상'이라는 자신의 오랜 꿈을 뒤로 하고 역사에서 사라졌다.

오기섭 연보

- 1903. 5. 1. 함경남도 홍원군 출생.
- 1919. 3.1운동 참가, '태90'형 선고받음.
- 1920. 함흥고등보통학교 중퇴.
- 1921~1922. 소련 체류.
- 1023. 사회주의 운동 시작.
- 1925. 2. 조선민중운동자대회 참가.
  7. 고려공산청년회 가입.
  10. 홍원청연동맹 집행위원.
- 1926. 3. 조선공산당 가입.
  8. 제2차 조선공산당 관련자 검거 당시 체포. 징역1년 선고받음.
- 1929. 원산총파업 후원회장. 검거 피해 상하이 행. 이후 모스크바 행.
- 1930~1932. 모스크바 동방노력자공산대학 수학.
- 1932. 3. 귀국.
  9. 고려공산청년회 재건활동 중 검거. 징역6년 선고받음.
- 1945. 8. 10. 소련군 함경북도 웅기 진주
- 1945. 8. 15. 일본 항복선언. 광복
- 1945. 8. 오기섭, 신의주 감옥에서 출옥. 함흥에서 공산주의 조직 건설 시작.
- 1948. 8. 16. 함경남도 인민위원회 조직준비위원회 결성. 전국적으로 정치·경제범 석방. 평안남도 건국준비위원회 결성.
- 1945. 8. 17. 황해도 인민위원회 준비위원회 결성. 조선공산당 평안남도 지구위 원회 결성.
- 1945. 8. 20. 소련군 원산 상륙. 건국준비위원회 황해도지부 결성.
- 1945. 8. 25 소련군 강원도 양양, 황해도 해주·금천 등에 진주.
- 1945. 8. 26. 소련군 선발대 평양 입성. 평안북도 자치위원회 조직.
- 1945. 8. 27. 평안남도 인민정치위원회 결성.
- 1945. 8. 29. 소련군 평안북도 신의주 진주.
- 1945. 8. 31. 평안북도 임시인민위원회 결성.
- 1945. 9. 오기섭, 조선공산당 함경북도 창설위원장 임명.
- 1945. 9. 1. 함경남도 인민위원회 결성.
- 1945. 9. 2. 황해도 인민위원회 결성.
- 1945. 9. 11. 조선공산당 재건(책임비서: 박헌영)
- 1945. 9. 15. 강원도 인민위원회 결성.

• 1945. 9. 19.	김일성 원산 입국
• 1945. 9. 22.	김일성 평양 입성
• 1945년 9월말	소련군정, 군단위 인민위원회 설치
• 1945. 10. 10.~13.	조선공산당 서북5도당 책임자 및 열성자 대회. 조선공산당북부조선분국 창설. 조직위 제1비서 김용범, 제2비서 오기섭. 오기섭 인민전선론 승리.
• 1945. 10. 14.	평양시 군중대회(김일성 연설).
• 1945. 10. 26.	함경북도 인민위원회 결성.
• 1945. 11. 3.	조선민주당 창당(당수 : 조만식, 부당수: 최용건 · 이윤영, 정치부장 : 김책)
• 1945. 11. 19.	북조선 5도행정국 발족(책임자 : 조만식. 그가 위원장이던 5도인민위원회 협의회가 개편된 것). 그 조직으로 산업국, 교통국, 농림국, 산업국, 체신국, 행정국, 교육국, 보건국, 사업국, 보안국등 10국을 둠.
• 1945. 11. 20.~21.	조선공산당 북부조선분국 제2차 확대집행위원회 예비토론회. 김일성, '4대 당면과업에 대하여 보고.
• 1945. 11. 23.~24.	조선공산당 북부조선분국 제2차 확대집행위원회 회의. 김일성파가 주장한 민족통일전선 채택(오기섭 인민전선론 패배).
• 1945. 11. 24.	평안남도 인민정치위원회를 평안남도 인민위원회로 개칭.
• 1945. 12. 17.~18.	조선공산당 북부조선분국 제3차 확대집행위원회 회의. 김일성 분국 책임비서, 김용범 제2비서, 오기섭 조직부장. 김일성, 오기섭 직맹관 비판(1회전)
• 1946. 1. 6.	조선민주당 위원장 조만식 소련군에 연행, 고려호텔에 가택연금
• 1946. 1월말	오기섭 조직부장 해임
• 1946. 2. 8.	북조선임시인민위원회 출범. 오기섭 3월 4일 선전부장 임명(선전부,기획부 사후 추가 설치).
• 1946. 4.	선공산당 북부조선분국, 북조선공산당으로 당명 변경
• 1946. 8.	오기섭, 북조선임시인민위 선전부장 해임.
• 1946. 9. 14.	오기섭, 북조선인민위원회 노동부장 임명(노동부 신설)
• 1947. 1. 24.	북조선임시인민위원회 노동부가 노동국으로 승격. 노동국장으로 노동부장 오기섭이 승격, 임명.
• 1947. 2. 8.	북조선로동당 중앙위 4차 확대전원회의. 주녕하, 오기섭 직맹관 비판, 오기섭 적극 항변(2회전)
• 1947. 2. 17.~20.	북조선 도 · 시 · 군인민위원회 대회. 오기섭, 서열23위로 주석단에 오르고 북조선인민회의 대의원에도 선출.

- 1947. 2. 22. 북조선인민위원회 출범. 위원장 김일성, 부위원장(민족보위국장 겸 임) 김책, 인민군 총사령관 최용건. 오기섭은 노동국장.
- 1947. 3. 15. 북조선로동당 중앙위 6차 확대전원회의. 김일성, 오기섭 직맹관 비판(3회전).
- 1947. 3. 19. 당중앙상무위원 회의. 오기섭 비판 결정서 채택, 도당과 직맹에하달. 오기섭 당중앙상무위원 해임.
- 1947. 9. 7. 김용범 사망(당시 북조선로동당 중앙검열위원, 북조선인민회의 대의원)
- 1948. 초. 오기섭, 북조선인민위원회 노동국장 해임(48. 1. 18까지는 유임 확인. 해임 일자는 불명). 조쏘해운주식회사 감독 임명.
- 1948. 3. 27.~30. 북조선로동당 제2차 전당대회. 김일성, 허가이, 주녕하, 한일무, 김열 등이 오기섭 등 국내세력(정달헌, 최용달, 이강국, 장순명, 이순근, 장시우) 비판. 박창옥, 오기섭 직맹관 비판(4회전).
- 1948. 9. 9. 조선민주주의인민공화국 수립.
- 1949. 오기섭, 조쏘해운주식회사 사장 임명.
- 1949. 6. 30. 북조선로동당과 남조선로동당 합당, 조선로동당 창당.
- 1956. 오기섭, 수매양정상 임명.
- 1958. 3. 3.~6. 조선로동당 1차 대표자회. 김일성, 오기섭 종파사건 연루 비판.
- 1958. 8. 오기섭 당적 박탈
- 1950년대 말~1960. 오기섭, 병사

참고문헌

〈북한 문서자료〉

「계약서」, 북한노획문서, Box 44, 문서번호 201230 (Records Seized by U.S. Military Forces in Korea, Record Group 242, National Archives Collection of Foreign Records Seized, 1941~, Box 44, Document No. 201230).

「노동부 설치에 관한 결정서 - 북조선임시이닌위원회 결정 제79호」, 국사편찬위원회, 『북한관계사료집』 5 (과천: 국사편찬위원회, 1987).

「ㄷㅏㅇㄱㅓ ㄴㅅㅓㄹ: 8. 17~10. 22」, 북한노획문서 Box 8, 문서번호 200523 (Records Seized by U.S. Military Forces in Korea, Record Group 242, National Archives Collection of Foreign Records Seized, 1941~, Box 8, Document No. 200523).

북조선로동당 강원도 인제군당, 「상무위원회 회의록 제35호」(1949), 국사편찬위원회, 『북한관계사료집』 3 (국사편찬위원회, 1994).

「북조선로동당 제2차 전당대회 회의록」(1948. 3. 27.－30), 국사편찬위원회, 『북한관계사료집』 1 (서울: 국사편찬위원회, 1982).

「북조선로동당 제6차 중앙위원회 결정서」, 북한노획문서, Box 41, 문서번호 201205 (Records Seized by U.S. Military Forces in Korea, Record Group 242, National Archives Collection of Foreign Records Seized, 1941~, Box 41, Document No. 201205).

「"북조선 인민정권 하의 북조선 직업동맹"이라는 제목 하에서 오기섭 동무가 범한 엄중한 정치적 오류에 관하여」(1947.3.19.), 국사편찬위원회, 『북한관계사료집』 30 (서울: 국사편찬위원회, 1998).

「북조선임시인민위원회 노동국 설치에 관한 결정서－북조선임시인민위원회 결정 제161호」, 국사편찬위원회, 『북한관계사료집』 5 (과천: 국사편찬위원회, 1987), p.96.

북조선임시인민위원회, 「사회보험법」(1946), 국사편찬위원회, 『북한관계사료집』 5 (과천: 국사편찬위원회, 1994).

북조선임시인민위원회, 「식량배급에 관한 건」(1946), 국사편찬위원회, 『북한관계사료집』 5 (과천: 국사편찬위원회, 1994).

국사편찬위원회, 『북한관계사료집』 1, 7, 13, 30, 39 (서울 · 과천: 국사편찬위원회, 1982 · 1989 · 1992 · 1998 · 2003).

국토통일원 편, 『북한최고인민회이자료집』 1－4(1988).

국토통일원 편, 『조선로동당대회자료집』 1－4(1988).

동아일보사 편, 『안보통일문제기본자료집(북한편)』(1972). 동문제연구소 편, 『북괴군사전략자료집』(1974)

오기섭, "모쓰크바 삼상회의 조선에 관한 결정과 반동파들의 반대투쟁," 국사편찬위원회, 『북한관계사료집』 12 (과천: 국사편찬위원회, 1989).
"인민민주주의 국가들은 사회주의에로 나아간다", 『청년생활』(1949.8), 북한노획문서, Box 77, 문서번호 201870 (Records Seized by U.S. Military Forces in Korea, Record Group 242, National Archives Collection of Foreign Records Seized, 1941~, Box 77, Document No. 201870).
「조선이 일본압박에서 해방된 제1주년 기념식 준비에 관한 북조선임시인민위원회의 계획안」, 북한노획문서, Box 41, 문서번호 201207 (Records Seized by U.S. Military Forces in Korea, Record Group 242, National Archives Collection of Foreign Records Seized, 1941~, Box 41, Document No. 201207).
「중요산업 국유화 독본」(1948. 2. 10), 『북한관계사료집』 7 (서울: 국사편찬위원회, 1989).
한림대 아시아문화연구소 편, 『조선공산당문건자료집』(1993).
「해방후 4년간의 국내외중요일지」(1945. 8~1949 .3), 국사편찬위원회, 『북한관계사료집』 7 (과천: 국사편찬위원회, 1989).

〈북한 공간자료〉

김일성, "대중지도방법을 개선하여 올해 인민경제계획 수행을 성과적으로 보장할 데 대하여 - 북조선로동당 중앙위원회 제6차 회의에서 한 결론"(1947. 3. 15.), 『김일성 저작집』 3 (평양: 조선로동당출판사, 1979).
김일성, "새조선 건설과 민족통일전선에 대하여"(1945. 10. 13.), 『김일성 선집』 1(평양: 조선로동당출판사, 1963).
김일성, "북조선공산당 각급 당단체들의 사업에 대하여 - 북조선공산당 중앙조직위원회 제3차 확대집행위원회에서 한 보고"(1945. 12. 17.), 『김일선 저작집』 1 (평양: 조선로동당출판사, 1979)
김일성, "우리나라에서의 맑스-레닌주의 당 건설과 당의 당면과업에 대하여-북조선공산당 중앙조직위원회 창립대회에서 한 보고(1945. 10. 10.)" 『김일성 저작집』 1(평양: 조선로동당출판사, 1979),
김일성, "제1차 5개년 계획을 성과적으로 수행하기 위하여 - 조선로동당 제1차 대표자회에서 한 결론"(1985. 3. 6.), 『김일성저작집』 12 (평양: 조선로동당출판사, 1981),
『로동신문』 1946. 10. 21.; 1947. 2. 16.; 1958. 4. 6.; 1958. 4. 8.; 1959. 3. 10.; 1959. 8. 29.
오기섭, 『북조선토지개혁법령의 정당성』(평양: 북조선농민연맹, 1946).
"직업동맹의 사업을 강화하자," 『로동신문』(1947. 1. 26.), 국사편찬위원회, 『북한관계사료집』 35 (과천: 국사편찬위원회, 2001).

최경덕, "북조선직업총동맹의 일년간 사업보고," 『로동신문』(1947. 1. 18.), 국사편찬위원회, 『북한관계사료집』 35 (과천: 국사편찬위원회, 2001).
조선산업노동조사소, 『옳은 노선』 (도쿄: 민중신문사, 1946).
『조선중앙년감 1949』 (평양: 조선중앙통신사, 1949).
『조선중앙년감 1958』 (평양: 조선중앙통신사, 1958).

〈구소련 문서자료〉

부르체프, M. (소련군정 정치사령부 제7호 정치국장), 「단평-조선임시정부 각료후보들에 대하여」, 『역사비평』 26 (1994),

〈한국 저서 · 논문 · 문서 자료〉

강인덕, 『공산주의와 통일전선』(서울: 극동문제연구소, 1980).
강혜경, "1930년대 후반 '왜관그룹'의 인민전선술 수용," 『역사연구』 3호(1994).
권오윤, "해방후 노동조합으로서 북한 직업동맹의 성격 변화 (1945-1950)," 『북한연구학회보』 제8권 1호(2004).
김광운, "해방 직후 북한에서의 통일전선," 『한국사학보』 제11호(2001).
김광운, 『북한정치사연구』 I (서울: 선인, 2003).
김국후, 『평양의 소련군정』 (서울: 도서출판한울, 2008).
김남식 편, 『남로당연구자료집』 1-2(1974).
김남식 "북한의 공산화과정과 계급노선," 『북한공산화과정연구』(서울: 고려대학교 아시아문제연구소, 1972).
김준엽외 편, 『북한연구자료집』 1-11(1969-1983)
김준엽 · 김창순, 『한국공산주의운동사』 5 (서울: 청계연구소, 1986).
김창만, "북조선 민주개혁의 력사적 근거와 그 사회적 경제적 의의," 『인민』 (1949. 12).
김창순, 『북한50년사』 (서울: 지문각, 1961).
김창순, "김일성의 제1호 정적 오기섭의 최후와 그 해학," 『북한』 197호(1988).
대니얼스 R. V. 저, 석영중 역, 『스탈린 혁명』 (서울: 신서원, 1990).
방선주, "미국 제24군 군사실 자료 해제," 『아시아문화』 3호 (1987).
박병엽 구술, 유영구 · 정창현 엮음, 『조선민주주의인민공화국의 탄생』(선인, 2010).
백학순, "북한에서의 '단일적 지도력'의 확립과 당 · 국가 건설," 『현대북한연구』 2권 1호 (1999).
백학순, 『북한권력의 역사』(서울: 한울아카데미, 2010).

서대숙 저, 현대사연구회 역, 『한국 공산주의 운동사 연구』(서울: 이론과 실천, 1985).
서동만, 『북조선사회주의체제성립사』 (서울: 선인, 2005).
서인석, "북조선 민주주의 민족통일전선의 전개과정과 성격에 관한 연구," 성균관대학교 석사학위논문, 1988.
스즈키 마사유키 저, 유영구 역, 『김정일과 수령제 사회주의』 (서울: 중앙일보사, 1994).
스칼라피노 · 이정식, 『한국공산주의 운동사』 2 (서울: 돌베게, 1986).
오기섭, "북조선임시인민위원회 노동행정부의 사명," 『인민』 제2권 제1호 (1947. 1. 10.), 국사편찬위원회, 『북한관계사료집』 13 (과천: 국사편찬위원회, 1992).
와다 하루키, "소련의 대북한정책 1945~1946," 『분단전후의 현대사』(서울: 일월서각, 1983).
와다 하루키 저, 이종석 역, 『김일성과 만주항일전쟁』(서울: 창작과 비평, 1992).
예대열, "해방이후 북한의 노동조합 성격논쟁과 노동정책 특질," 『역사와 현실』 70 (2008).
유성철, "나의 증언 1~19," 『한국일보』, 1990. 11. 1.~ 11. 30.
윤덕영, "해방직후 사회주의진영의 국가건설운동," 『학림』 14 (1992).
이신철, "조국통일민주주의전선 연구," 성균관대학교 석사학위논문, 1994.
이주철, "북한의 국영기업 관리와 노동정책: 1946-1948년을 중심으로," 『사총』 제46집 (서울: 고대사학회, 1997).
정병준, "미국내 한국현대사 관련자료의 현황과 이용법," 『역사와 현실』 14호 (1994).
조민, "북한에서의 민주개혁과 통리전선," 『연세』 25 (1987).
『조선인민보』 1945. 12. 29.
조수룡, "북조선직업총동맹의 성립과 활동(1945-1950)," 경남대 북한대원 석사학위논문, 2005.
중앙일보 특별취재반, 『비록: 조선민주주의인민공화국』 (서울: 중앙일보사, 1992).
찰스 암스트롱 지음, 김연철 · 이정우 옮김, 북조선탄생(파주:서해문집, 2006).
「1919년 오기섭(吳基燮) 경성복심법원 판결문」, 『독립운동관련 판결문』, 1919, 국가기록원, http://academic.naver.com/view.nhn?doc_id=50432897& dir_id=6&field=0&unFold=false&gk_adt =0&sort=0&qvt=1&query=% EC%98%A4%EA%B8%B0%EC%84%AD&gk_qvt=0&citedSearch= false& page.page=1&ndsCategoryId=60500
「1936년 송성관(宋成寬) 경성복심법원 판결문」, 『독립운동관련 판결문』, 1936, 국가기록원. http://academic.naver.com/view.nhn?doc_id=5044 4273&dir_id=0&page=0&query= %EC%86%A1%EC%84%B1%EA% B4%80&ndsCategoryId=60500
「1937년 오기섭(吳淇燮) 경성복심법원 판결문」, 『독립운동관련 판결문』, 1937, 국가기록원. http://academic.naver.com/view.nhn?doc_id=50444326&dir_id=6&field=0&unFold=f

alse&gk_adt=0&sort=0&qvt=1&query=%EC%98%A4%EA%B8%B0%EC%84%AD&gk_qvt=0&citedSearch=false&page.page=1&ndsCategoryId=60500
"현정세와 우리의 임무," 김남식 편, 『남로당자료』 I (서울: 코리아콘텐츠랩, 2002).

〈영문 문서자료〉

「Biography of Labor Bureau Chief Given」, United States Central Intelligence Agency, Foreign Broadcast Information Branch, Far Eastern Section, 20 January 1948, 『남북한관계사료집』 15 (과천: 국사편찬위원회, 1995).

"Editorial: Congratulations in Order on the Formation of the North Korea General HQ of the Korean Labor Union," 『Pyong Yang Min Bo』, 30 November 1945, Record Group 554, United States Army Forces in Korea, XXIV Corps, G-2, Historical Section, Records Regarding USAMGIK, U.S.-U.S.S.R. Relations in Korea and Korean Political Affairs, 1945-48, Box 65.

"Establishment of the Workers' and Peasants' Regime... Japanese Land Should Be Confiscated," 『Hae Bang Ilbo』, 31 August 1945, Record Group 554, United States Army Forces in Korea, XXIV Corps, G-2, Historical Section, Records Regarding USAMGIK, U.S.-U.S.S.R. Relations in Korea and Korean Political Affairs, 1945-48, Box 65.

「Intelligence Summary Northern Korea for Period 15 December-31December 1945」, Headquarters, USAIK, Office of the AssistantChief of Staff, G-2, January 1946.

「Interrogation on Korean Politics and Personalities」, 3 August 1945, Record Group 226, Records of the Office of Strategic Services 1940-1946, Box 1638, Record No.141481.

"It Seems that I Was Misunderstood: Explanation of Park, Hun Yung to the Journalists," 『Seoul Shinmun』, 18 January 1946, Record Group 554, United States Army Forces in Korea, XXIV Corps, G-2, Historical Section, Records Regarding USAMGIK, U.S.-U.S.S.R. Relations in Korea and Korean Political Affairs, 1945-48, Box 75.

「Memorandum to Harold B. Quarton, American Consul General from Horace H. Underwood」, 15 August 1942, Record Group 226, Records of the Officeof Strategic Services 1940-1946, Box 150, Record No.20862.

「Military Intelligence Division W. D. G. S. Interview Report-Korea」,18 October 1944, Record Group 226, Records of the Office ofStrategic Services 1940-1946, Box 1143, Record No.100748.

「Questionnaire on Conditions in Korea and Japan」, 7 August 1945, Record Group 226, Records of the Office of Strategic Services 1940-1946, Box 1654, Record No.142750.

「Report on North Korea」, XXIV Corps Liaison Section, Pyongyang, Korea, 14 November 1946, Record Group 554, United States Army Forces in Korea, XXIV Corps, G-2, Historical Section, Records Regarding USAMGIK, U.S.-U.S.S.R. Relations in Korea and Korean Political Affairs, 1945-48, Box 76.

〈영문 서적자료〉

Armstrong, Charles K. The North Korean Revolution 1945-1950 (New York: Cornell University Press, 2003).

Dewar, Margaret. Labour Policy in the USSR 1917-1928 (London: The Royal Institute of International Affairs, 1956).

Lenin, V. I. "The Role and Functions of the Trade Unions in the Business and Administrative Organisations of the Proletarian State," Collected Works 33 (Moscow: Progress Publishers, 1965).

Strong, Anna Louise. In North Korea: First Eye-Witness Report (New York: Soviet Russia Today, 1949),

Suh, Dae-Sook. Kim Il Sung: The North Korean Leader (New York: Columbia University Press, 1988).

부록

오기섭 관련 주요 자료

1. 당 및 공산주의자의 정치적 과업 보고

'서북5도 당 책임자 및 열성자 대회'에서 한 오기섭의 보고. 1945. 10. 13.

제3차 세계대전의 전야에 팟시즘의 발원지가 형성되었다. 서에서 독일과 동에서 일본제국주의는 쏘련의 평화를 애호하는 노력이 있음에도 불구하고 전쟁을 도발하야 많은 희생을 내었다. 5개월 전에 독일이 붕궤(崩潰)되고 이제 다시 일본이 타도되여(타도되어) 스타린 동무의 말과 같이 전세계의 평화를 위하야 유리한 조건은 선취(戰取)되었다. 국제정세에 대한 보고는 먼저 동무의 국제정세에 대한 강연을 전폭적으로 승인하기에 이는 생략한다.

일본제국주의의 붕괴로 말미아마(말미암아) 조선은 해방되었다. 조선의 현 단계는 자본주의 계단이다. 이 계단에서 우리는 통일된 인민자주적 공화국을 건설해야 한다. 이 과제의 분석은 생략하고 조공운동 현상을 살펴보자. 해방 전 조선의 운동은 역사가 길다. 그 운동을 평가한다면 쿠시넨 동무가 말한 바같이 조선의 과거의 운동은 두 가지 종류로 나눌 수 있는데 그 하나는 이론만 가지고 말로만 싸우는 운동이요, 또 하나는 맑스-레닌주주의 이론은 몰라도 일본제국주의와 실지로 꾸준히 싸워 온 그것이다.

첫째의 말로만 싸워 온 동무들은 일본제국주의의 탄압이 고(高)해짐에 따라 전부가 굴복하였다. 1936년 일본제국주의가 중국침략을 개시하자 동무들에 대한 전시적(戰時的), 고압적 철퇴 아래 표면상은 우리 조선공산운동은 일소되었다고 볼 만큼 되었다. 그러나 진정한 볼세비키들은 지하에서, 감옥에서, 광산, 공장에서 투쟁을 해 왔다. 일본제국주의 전시고압 밑에서 무명의 공산주의자가 있었던 것을 잊어서는 안 된다. 8월 15일 이후 일본 제국주의가 붕괴되었다는 점과 붉은 군대가 진주해 왔다는 점에서 공산운동은 급속도로 발전해 왔다. 과거, 운동을 해 온 동무들은 박헌영 동무를 중심으로 하여 그 토대 위에서 활발히 투쟁해 왔다. 우리는 박동무의 강안(康安)과 우리 운동의 볼세비키화를 위하여 기립하자. (일동 기립하다)

해방된 이후 우리는 공당문(共黨門)을 개방했다. 공장에서 농촌에서, 광산에서 노동자, 농민들이 들어오도록 문을 열어 놓았다. 그러나 말로만 싸워 온 전락했던 공산주의자는 엄정한 조사를 거쳐서만 들어올 수 있는 것이다.

조공운동은 발전하고 있지만 조공문제에 있어서 너무 약하다. 당면문제로 세포를 중심으로 하고 있지만 아직 되지 못한 곳도 많다. 그리고 둘째로는 조선운동의 전통이라 할까 경성을 중심으로 하고 있는 이영(李 英) 일파의 그룹과 투쟁하지 않으면 안 된다. 당의 그룹은 많다. 이영 일파의 프로그램에는 트로츠키즘을 가졌다는 것이다. 조공운동의 확대강화를 위하여 해외에서 들어온 형제당원들에게 많은 기대를 한다.

우리 당에서 두 가지 경향이 있는데 하나는 우경이요, 또 하나는 좌경이다. 이 좌우경과 투쟁하지 않고 우리 운동을 볼세비키화 할 수는 없다.

우경적 경향-조선인민의 당면한 문제인 독립을 위해서는 민족통일전선을 구성해야 한다니까 친일적 조선인, 즉 과거 일본제국주의와 결탁하여 노동자, 농민을 착취하던 반동분자도 포함하여 인민주권 수립에 참가할 수 있는 줄 아는 경향이다. 이는 절대로 배격하지 않으면 안 된다. 일본 국가와 군대는 패퇴했지만 일본적 요소는 다분히 잔존되어 있다는 것을 잊어서는 안 된다.

좌경적 경향-한 가지는 우리가 오랫동안 지하실운동에서 국제정세를 정확히 파악하지 못하던 관계로 현 단계를 사회주의혁명 단계라고 보는 것이요, 둘째로는 세계혁명의 본령인 쏘연방의 국제정책과, 조선민족의 해방이 우리의 내재적 힘으로 된 것이 아니고 연합국의 힘으로 되었다는 객관적 정세에 두어 범하는 오류이다. 셋째는 과거 전락했던 동무가 과거를 청산하기 위하여 공허한 혁명적 언변을 쓰는 데서 생기하는 오류이다.

우리 공산주의자가 범하는 오류의 근본적인 것은 좌경적인 것이다. 이것으로는 인민주권을 수립하는 데 인민을 광대히 집결시키지는 못한다.

다음에 당규에 대하여 말하겠다. 당의 결의에 있어서 소수파는 다수파에 복종해야 하고, 당규는 엄밀히 준수되어야 하며, 당 사업이 합법기에 있어서도 비밀은 엄수되어야 한다. 대중적 볼세비키를 위하여 당증 가진 당원 1인이 당증 안 가진 범인(凡人)의 당원을 획득해야 한다. 대중적 보조조직을 노동자, 농민의 각 단체 속에 가져서 당의 정책을 대중 안에서 실행해야 할 것이다.

당의 볼세비키 재활을 위하여 우리는 과거를 청산하고 하루 속히 자기 비판에서 재출발하지 않으면 안 된다. 조공문제를 생각할 때 일본의 재흥문제가 남아 있고, 아직 조공 내에는 일본제국주의 잔재가 남아 있다는 것을 경계하지 않으면 안 된다.

우리는 이론과 사상의 통일을 위하여 맑스-레닌주의로 무장하지 않으면 안 된다. 간부의 교양은 절대로 필요하며 노선을 바로 세우기 위하여 기관지를 간행야야 할 것이다. 당 내 모든 것은 민주주의적이어야 한다. 그러나 결정에 있어서 실행할 때는 절대복종해야 한다. 그러기에 민주주의적이면서 독립적인 것이다.

규율은 당의 생명이요, 당원의 생명이다. 이것이 없이는 혁명이 없다. 우리는 당의 볼세비키화를 위해 투쟁하여 세계에 뒤떨어지지 않기를 서로 약속하자.

一. 스탈린 동무 만세 !

一. 조선공산당 만세 !

一. 조선인민공화국 주권 만세 !

2. 북조선 로동당창립대회 회의록

북조선 로동당 창립대회 1946. 8. 30

--- (전략) ---

오기섭(평남도대표)

나는 여러 동무들과 같이 김일성동무와 김두봉동무의 보고를 전적으로 지지하며 특히 우리 당의 성격 지도리론에 대하여 토론하겠다.

우리들은 과거 四十년간 일제의 통치하에서는 하등의 혁명적 정치적 조직과 정당을 가져보지 못했다. 그러나 조선의 혁명적 민주주의적 애국적 분자들은 하로나(하루나) 한시라도 조선의 독립과 조선인민의 행복과 자유를 위하여 혁명적 정치조직과 정당조직운동을 버리지 않았다.

그러나 우리는 성공 못했다. 오직 있었다면 전조선인민을 총집결하여 승리를 전취할 수까지에는 이르지 못한 소조직에도 불과했고 승리할 수 있을만한 대중적 정당을 가저(가져) 못 보았다.

한 달이 못되는 동안에 이렇게 민주주의적 승리를 전취할 수 있을만한 대중적 혁명적 민주주의적 정당을 결성하게 되었다는 것은

첫째 해방 일년간 붉은군대가 우리 북조선의 민주주의 발전의 전제조건을 지어준 까닭이다.

둘째 우리지도자의 지도가 영명하였기 때문이다. 오늘날 이 성대한 성공은 우리의 승리를 말하는 것이다. 그러나 승리는 평탄한 대로에서 가는 것이 아니라 우리의 승리를 공포하고 당황하는 조선의 반동분자들은 우리의 이 승리를 파괴하기 위하여 어떠한 정치적 음해를 하였는가?

우리 두 민주주의 정당 합동을 음해하기 위하여 서울에서 발행하는 반동적 대동신문은 쓰기를 「북조선에 소위 합당동기를 고찰하건대 소위 탁치지지로서 좌파독재를 꿈꾸는 공당책동에 내하여 무력탄압으로 반탁과 토지혁명의 시기문제로 불만의 본음을 솔직하게는 토로치 못하나 지방 세포조직을 통하여 은연히 공당일파에 반항하는 신민당의 세력을 그대로 방치 할 수 없다는 견지 운운」 이는 더 말할 것 없이 량당을 리간붙치고 합동을 음해하는 정치 방해자의 모략인 것이다.

서울에서 발행하는 이 신문의 제오렬분자가 북부에도 물론 존재한 것이다.

남부에서는 공산당, 신민당, 인민당의 합동문제가 제기되었으나 그는 반동분자의

음해와 책동으로 인하여 난경에 처하고 있다.

동 반동신문은 쓰기를 「궁여일책으로 소위삼당합동극을 쓰며 공당의 범한 죄과를 소회시키려는 동시에 조락의 로를 걷는 공당을 당명 변갱으로 다시 당세 만회를 기도하려는 음모에 불과한 것이다. 량당(인민당, 신민당)이 무조건하고 종전대로 제물적 희생을 감수할 리가 없다」운운

이 역시 삼당을 리간시키고 합동을 파괴할려는 반동파의 악질적 행동인 것이다.

우리의 승리는 그들의 패망을 의미하기 때문에 그놈들의 이 악질적 모략은 아모(아무) 이상할 것 없다.

서울의 반동신문은 또 말하기를 「전형적 관료주의적 토롯츠키적 전제로 군림한데 대하여 제일단 공작에서는 반간파들 협조하에 현 관료파를 철저히 소탕하는 동시에 제이단으로는 조선의 현실이 요구하는 당이 되도록-운운」

우리는 금일 민주주의정당을 반대하여 말로는 합동을 시인하나 합동사업을 저해하는 자들은 김구, 이승만의 리익을 도와주는 자들이며 미국침략정책을 영합하는 자들이라고 보지 않으면 안된다. 어떠한 자들은 우리당들의 합동을 민족통일전선이라고 하며 어떠한 자들은 좌익정당의 합동은 민족통일을 방해 한다고 한다.

이 두가지 견해는 복배가 상합하는 리론이다. 좌익정당합동이 민족통일을 방해한다는 자는 좌우익합작 즉 「친일파 옹호하는 민족통일」을 도모하는자들이며 우리들의 합동을 민족통일전선으로 되는 것은 다른 민주주의 정당과의 통일전선을 방해하는 것이 될 뿐 아니라 당을 조직상 통일체로 보지 않고 행동의 통일체로 보는 것이다.

로력대중의 리익을 옹호하며 대표하는 대중적 혁명적 정당이 있는데 서만이 다른 민주주의적 정당과의 통일전선 즉 행동의 통일이 가능할 뿐만 아니라 견고할 것이다.

우리 당이 완전한 강철같은 견고한 아모러한(아무러한) 음해와 반동이 닥쳐와도(닥쳐와도) 동요없는 당이 될려면 당의 유일이 있어야 할 것이다. 합동하여 로동당이 된 오늘에 있어 전당파를 가리는 것은 당의 견고성을 파괴하며 분렬을 일으키며 그 결과 김구, 이승만에게 리익을 주는 종파주의자가 되는 것이다. 이는 당의 유일을 위하여 가장 위험한 경향인 것이다. 그러므로 각자가 개인적 변혁이 요구되며 서로 우애와 동지적으로 포옹해야 될 것이다. 그러나 비민주주의적 요소와의 타협이 있어서는 안 될 것이다. 전 공산당원이나 전 신민당원 중에서 비민주주의자에 대한 투쟁은 가장 무자비하여 엄격해야 할 것이며 이를 당파적으로 해서는 안 될 것이다.

합당 후에 로동당원으로서 충분히 사업함에도 불구하고 그가 자당파를 위하여 자행 운동하리라고 의혹하는 것은 동지에게 죄악을 범하는 것이며 로동당원으로서

자당파를 위하여 잠행 운동하는 자는 당연히 당외로 구축해야 할 것이다.

다음 당의 유일을 보장할려면 리론과 사상의 통일이 필수조건인 것은 더 말할 것도 없다. 공산당의 리론과 사상의 통일은 맑쓰, 레닌, 쓰딸린의 리론과 사상의 교양을 거부하지 않을 뿐만 아니라 요구되는 것은 더 말할 것도 없다.

다음 당의 유일을 위하여 규율의 필요성에 대해도 더 다시 말할 것도 없다.

지금 조선의 민주주의적 발전은 승리에로 돌진하고 있다. 그러나 결코 평탄하게 걸어가지는 않는다. 이때 북부에 있어 대중적 혁명적 민주주의적 근로대중의정당 로동당의결성은 조선 역사의 위대한 성공을 의미하는 것이다. (박수)

북조선로동당결성만세 ! (박수)

조선민주주의 인민공화국수립만세 ! (박수)

조선민족의 위대한 령도자 김일성장군만세 ! (박수)

--- (후략) ---

3. 조선 현단계의 계급분석

『인민』 창간호 제1권 제1호 1946. 11. 28. 오기섭

조선민족은 역사와 전통과 창발적 천재(天才)가 있는 민족이다. 우리 조상은 정치가 과학가 전략가에 다른 민족만 못하지 않은 위인이 있었다. 우리 민족은 평화를 애호하는 민족이며 외국을 침략한 일이 없다. 외적침입에 용감한 방어전과 정의로 격퇴한 조상을 가지었다. 수당의 침략에 을지문덕 양만춘, 왜적의 침략에 이순신 등 절세명장을 가졌었다. 그러나 이조에 위축된 조선민족은 왜적을 물리치지 못하고 망국의 수치스러운 역사를 가지었다.

지금부터 37년전 8월 29일은 조선강토가 왜적의 「게다」발 밑에 짓밟힌 날이다. 황성일보의 당일 최후의 사설에 「시일야에 삼천리 강산이 방성대곡」이라고 한 것은 당시 사실을 여실히 묘사한 문구이다. 노예의 생활이었으며 멸망의 경에 처하였다. 조상도 전통도 문화도 언어도 문자도 내종에는 성까지도 갈게 되었다. 조선 전례의 산이 광야 지하자원은 다 그놈들이 소유하였으며 공업과 상업 금융기관은 그놈들이 독점하거나 예속시키었다. 무지 저능 영양부적 신경쇠약 폐인 불구자로 되고 말았다. 그러나 왜놈들이 조선민족의 정복은 그들의 단독적 힘으로 된 것은 아니다. 그놈들의 조선병합사업을 수행하게 한 것은 조선민족중 민족반역자 매국노의 힘의 도움이라는 사실을 조선 역사는 잊지 말어야 한다.

을사조약과 경술조약의 오적과 칠적 급(및) 그들 졸도의 봉건적 지주귀족이 조선에서 자라나는 인민 특히 농민의 민주역량에 겁이나서 삼천만 동포야 삼천리 화려강산이야 누구의 밥이 되든가 말든가 상관할 것 없고 오직 그 매국노들이 일본 천황에게서 받는 훈장과 작위와 자기들의 경제적 지반의 위대를 위하야 이등(伊藤)과 사내 등과 조선을 매도하는 비밀계약을 체결한 것이다.

해방전 조선운동은 정치적 사회적 실질에 의하야 일본제국주의만이 아니라 조선의 봉건적 지주귀족제를 타도하지 않으면 안될 이유가 여기에 있었다. 해방전 조선정세는 일본의 식민지적 억압 착취 존속을 전복하고 지주관계를 근본적으로 개혁하야 식민지적 봉건적 압박으로부터 해방하는데 있었다. 이 혁명은 그 성질로 일본제국주의자와 지주에 돌격하는 반제 반봉건적운동이 되었다.

부르조아 민주주의적 토지개혁은 조선인민 대중의 민족해방투쟁의 구축을 형성하는 것이었다. 그러기 때문에 조선운동은 부루조아 민주운동이였다. 억압자에 대해 투쟁하야 해방을 성공하게 함은 일본제국주의와 그의 동맹자에게 대하야 통일적 민주통일전략을 결성하야 조선 혁명세력의 투쟁을 조직해 가는 것이 필요했던 것이다. 우리 조선에는 형성된 통일적 민족이라는 것은 존재치 않다. 그러나 계급과 층은 존재하야 모두 제국주의적 식민적 제도 급(및) 통치를 근본적 타도에 현념하고 있었다. 그러나 각계급 각층은 그 민주역량에 같지 못한 관계를 가지고 있었다.

합병 36년간에 제1차 세계대전후 노서아의 대지에 사회주의공화국의 수립후 세계혁명의 앙양기 (전후 제1기 경제공황기) 전후 임시안정기 세계 전반적 경제공황기 급(및) 제2차 대전기 등의 정세의 변화에 의하야 일제의 조선민족반역화정책의 수시응변은 있었지만 조선의 봉건적 지주귀족과의 야합정책은 변함이 없었다. 오직 태평양 전쟁기에 조선인 지주로 하여금 일제의 전쟁부담에 불만을 가지게 한 일이 있었으나 그들로 하여금 일제를 반대하는 투쟁에 이르게 하는 정책은 아니었다. 36년간 일본제국주의의 반대투쟁의 민주역량에 대하야 계단적 역량과 역사적 역할은 이미 많이 각방면서 논술된 것이고 나는 여기에 다만 기외의 각계급 각층에 대하야 논술코저 한다. 첫째 도시 소부르조아 조선인의 공업은 일본제국주의의 독점과 봉건적 잔재가 지배적으로 된 후진적 식민지경제로서의 토착공업은 완만 또 불구적이었다. 그래서 일본제국주의의 득실이 허하는 범위에서만이 발전할 수 있었다. 일본농산원료 급(및) 생산량의 초보적 가공하는 영세소공업과 전쟁기에 군수공업의 청부공업 등 뿐이었다. 공업에 있어 토착자본의 가진 비례는 전산업의 0.4%가 못되었고 그것도 거의 전부가 경공업부내에 집중되어 어느 것이나 할 것 없이 일본 자본에 대한 종속적 역할을 한 데에 불과하였다. 조선인의 상업방면에 있어서도 공업과 같이 거이(거의) 전부가 일본제국주의자의 소유였고 상업기업 1547 중 1263은 일본인기업 급(및) 혼합기업이다. 조세 소비세의 융자방법 기타에 대한 민족적 선별대우 전시 주요배급기구의 일인독점 등으로 인하야 가장 고통한자는 노동자 농민 제외 수공업자 소상인 등 도시소부루조아이다. 그들은 조세 공과 급(및) 일본자본가의 경쟁에 대황할 수 없어서 급속도로 후락하고 그 대부분은 실업 빈궁에 전락하게 된 것이었다.

둘째 인테리겐챠(지식층)=조선의 발전이 빈약한 결과 조선의 지식층도 또한 극히 비참한 상황에 처하였다. 조선의 지식층은 국제적 사상을 조선의 노동자가 흡수하기 전에 흡수하고 조선의 노동계급이 사회민주주의당의 전통도 못가졌고 계급적으로 비상히 어리고 계급의식이 충분히 발달 못되고 경험이 박약하고 혁명운동의 선두에 선 일은 매우 드문 현상이였으니 그런 때에 운동의 주역할을 한 것은 항상 혁명적 지식층이었던 사실은 조선에서 부정할 수 없는 것이다. 농민노동운동 반제반전운동 공산당조직운동에 거의 항상 혁명적 인테리가 선두의 역할을 한 사실은 조선사의운동사를 다소라도 아는자는 부정 못할 것이다. 특히 1929년 원산대파업 전에 그러하였다. 이것이 조선운동의 복잡성과 내부분열을 만들게 한 추악의 전토을 남겨논 물질적 조건을 지어준 것이지만 사실은 사실이었다. 조선이 식민지적 경제사정과 노예적 차별정책하에 처하였기 때문에 조선의 지식층은 자기들의 상응의 직을 발견치 못했고 대부분의 지식층은 직업을 얻지 못하고 방황하든지 그렇지 않으면 법과를 졸업하고 은행원이 된다던가 또는 원대한 포부를 가지고 정치학을 졸업하고 어느 회사의 외교원이 되든가 조와하나(좋아하나) 안하나 일본의 군사점령적 통치기관의 관사 그러하야 조선인민을 억압 또는 약탈하기 위한 이용이 되는 부끄러운 매국노적 길에 들어가는 불가피적 경우에 처하든가 나종에는(나중에는) 일본전략의 군사위문의 역할까지 하게 되었다. 이 역시 조선 인테리의 비운이며 불행인 것이었다.

셋째 부루조아지=조선의 부루조아지는 어린 움이 틀 때에 일본제국주의에게 억압을 당하였다. 그리하야 조선 부루조아지 장성에 비하야 조선 노동계급의 장성은 양적으로나 질적으로나 증대하였다. 일본제국주의의 자본이 조선에 이식하야 조선 노동자를 사용하기 때문이다. 조선 부루조아 발전이 일본제국주의의 억압에서 위축되고 있는 관계와 조선 노동계급 급(및) 농민의 혁명적 진출의 관계는 일본제국주의의 반대투쟁에 식민지적 부루조아의 약점을 가지고 있다. 조선 부루조아지가 일본의 지배로부터 이탈하야 자기의 지배를 수립하려는 것은 조선인민을 독점적 약탈하려는 것이 사실 조선 부루조아지가 어느 시기에 일본제국주의에 대한 반대의 입장을 취할 수 있는 것이었다. 그러나 그와 동시에 조선 부루조아지는 일방으로 일본자본과 상당히 결속되여 직접 간접으로 부동산 급(및) 고리대금을 경감하고 또 제국주의적 봉건적 소유를 파괴하려는 노동인민의 혁명운동을 공포하였다. 그런고로 부루조아지는 혁명과 일본제국주의간에 개재하여 민족개량주의적 입장을 취하고 선근로대중의 해방운동을 이용하면서 개량주의에 의하야 자기의 지위를 공고히 하려고 부심, 일방 일본제국주의와 그와의 투쟁자간의 대립을 이용하여 자기에게 보다 유리한 조건을 만들려고 시도하였다.

사실상 조선 부루조아지가 합병 후 민족해방운동에 있어 개량주의적 반동적 반인민적 역할을 역사적으로 전통으로 하여왔다. 1919년 3.1운동은 조선민족이 가장 대규모적 대중적으로 일본제국주의에 대한 반항의 최고조의 당시 조선 부루조아지들은 조선 민중의 반일운동을 일본 정부나 베르사유 급(및) 미국에 독립을 청원하는 것으로서 억제하였다. 그들이 발생 초기의 민족의 혁명적 압력에 의하여서라 할지라도 객관적 혁명적 운동을 하였지만 그는 민중의 혁명적 진출을 억제하기에 노력하면서 개량주의에 의하야 자기들의 지위를 견고히 하기에 부심하였다. 그러나 대중의 운동이 그들의 의지에 반하야 무장폭동에 진전하는 것을 보고 소위 제등(사이토)의 문화정치 기만적 개혁안에 만족하여 혁명투쟁을 매도하고 말았다. 그 뒤 조선 국내 노동대중의 혁명적 진출 특히 1925년 조선 노동계급의 전위당이 결성되어 노동자파업, 농민의 진출, 중국 급(및) 반동자본가의 「구테타」사건 후에는 1919년 초기의 객관적 역할만한 그것도 거부하고 1926년 6.10만세사건을 거부하였으며 1929년 원산대파업시에는 노동자의 진출을 겁내어 총독부의 진정으로써 노동자의 진출을 억제하였다.

1929년 소베트 계획경제 성장과 함께 세계 일반적 경제공황기에 생긴 동지철도 사건시에는 소련을 적색제국주의(동아일보 사설)라고 매도하면서 침략 일본제국주의 정책을 지지하였다.

1930년에는 일본침략자가 만주침략의 선진적 침략의 음모로서 만들어 낸 만보산 사건에 조선 부르조아지들은 그에 호응하야 평양 급(및) 기타 도시에서의 중국인학살사건을 조직함으로써 일본침략 정책에 영합하여 자기의 지위를 견고히 하려고 하였다. 투쟁기에는 일본과 그 투쟁국가가의 대립을 이용하면서 자기들에게 유리한 조건을 만들기에 광분하야 열광적으로 일제의 침략적 사업을 물적 인적으로 협력하였다. 해외에 유망정객(流亡政客)의 민족부루조아지들은 같은 정치면목에서 다른 기동연습을 하였다. 1929년 이래 조선 민족부르조아지는 조선독립의 표어는 버리었으나 공산주의자에게는 총을 대인 일이 없고 공산주의자가 투옥 감금에는 어느 정도 개량주의자의 표정을 보내 동정을 하였으나 해외 민족부르조아지는 조선 절대독립을 외쳤으나 조선독립을 위하야 헌신적으로 싸우는 정직한 애국자인 공산주의자에게 총을 대었다.

전쟁기에 해외 민족부루조아지는 일본침략자를 열광적으로 협력하는데 해외에서는 대일 선전포고를 보고 조선인민혁명군에 총질하여 공산당과 외교권을 매도하였다. 조선의 민족부르조아지는 조선 노동대중의 민족해방투쟁을 역사적으로 계통적으로 매도하였다. 해방전 그들의 역사적 개통적 사실이 대중 앞에 폭로되었음에도 불구하고 그들이 일본제국주의와의 밀모와 교활한 술책에 의하여 군중과 완전히 유산되지 않았다. 그들은 좌익적 언사와 거짓 혁명적 활동에 의하야 노동대중간에 사회주의자로서 진출하며 혹은 공산주의자로서 진출하야 맑스 레닌의 말과 글을 인용하는 출판물까지 발간하면서 군중의 전취(戰取)에 노력하야 노동대중이 그들의 명령하에서 기만당함이 적지 않았다. 금일 그들 사회주의자 김약수 김준연이 친일파 매국적(賣國賊)의 정당 한국민주당에서 활동함은 그 사실을 폭로하는 것이다. 그러나 전시에는 그들은 어떤 기동연습까지도 없고 노골적으로 백주에 일제 침략정책에 협력하고 말았다. 36년간 조선민족 내부 역량관계는 이러하였다. 일년전 우리힘으로 구축못한 일제를 붉은 군대와 연합군은 구축하여 우리 조선은 해방되었다. 해방후 조선 정세는 어떠한가?

해방후 조선을 독립국가로 부흥하는 문제는 국제문제와 관련하면서 산업운수의 부흥과 농촌경리 발전과 민족문화의 발전이 있는 데서만이 해결되는 것이며 그를 수행할 수 있는 민주주의적 인민정권수립이 중심문제가 되는 것이다. 이는 장기간에 말직해 놓은 일본 통치의 악독한 제결과를 정치적 경제적 사회적 문화적 각 방면에서 신속한 청소가 없이는 불가능한 것이다. 이 사업은 국내민주주의역량이 그를 실행할 만한 발전이 있어야 되는 것이며 그 발전에 있어 그의 전제조건이 절실히 요구되는 것이다.

조선은 일제의 악랄한 폭정 하에서도 비록 맹수 일제를 구축할 만한 역량은 되지 못하였다. 할지라도 민주주의 요소가 있었으며 그 역량의 축적이 미약한 정도나마 있었던 것이다.

그런데 38도를 계선으로 한 조선의 남북은 이후에 우리 민주역량 발전의 객관적 조건이 상반의 길을 취하고 있다. 북부는 세계평화의 방도이며 다른 나라 영토나 인민을 강점하지 않고 해방된 인민들이 자의(自意)로의 정체수립을 방조하고 다른 정치체제를 강요치 않는 소련 붉은 군대가 진출하야 일제패망 즉시로 그놈들의 발광발악의 여유를 주지 않으려고 군대헌병 재향군인 경찰 등 무장해제와 감옥문을 열어 주었고 진주 직시로 일제의 파괴 방지와 조선인 재산보호와 치안유지를 일시 담당하여 주는 동시에 지방정권을 왜놈의 손에서 빼앗아 우리에게 위양하였고 조선인민이 그 정권체제조직에 있어 소베트 정권조직의 강요가 없고 자의적 조직에 하등의 간섭이 없었을 뿐 아니라 오히려 방조하여 주었다. 조선문제의 해결은 조선인민의 역량여하에 있으며 화려한 과원(果園) 행복된 생활은 오직 조선인민의 꾸준한 노력과 분투에 있다고 붉은 군대는 진출하는 곳마다 조선인민의 자유발전을 격려하여 주었으며 그 사업을 원조하여 주었다. 이렇게 주어진 전제 밑에서 북조선은 8월 중에 조선인민의 자의적 창발적인 정권인민위원회가 각부 시 면에 결성되었고 9월의 함북도인민위원회 결성으로 각급 인민위원회가 모두 결성되었다. 10월 5일에는 북부 각도 연석대회가 평양에서 열리었다. 금년 2월 8일에는 조선민족의 영웅 김일성 장군을 수반으로써 민주주의에 충실한 각 정당 사회단체의 대표로 북조선 인민의 정권 북조선 인민위원회가 결성되었다.

북조선인민위원회는 각급 인민위원회의 친일분자 민족반역자를 철저히 숙청하며 유력한 간부를 중요기관에 등용함으로써 민주주의적 정치개혁사업을 진행하고 있으며 모스크바 3상회의의 조선문제에 관한 결정을 조선문제의 지침을 일삼으며 소미공동위원회 개회 중에 김일성 위원장이 발표한 20개 정강으로써 조선인민의 나갈 바 정치개선을 깊이 인식하면서 그를 위하야 전진 분투하고 있다.

북조선인민위원회는 기간(其間) 여러 가지 민주주의 개혁사업을 진행하면서 있다. 5대법령인 토지개혁령 사업현물세 노동법령 여성법령 일본인과 민족반역자의 산업기관국유화법령 등을 제정 발표 실시하였다. 이는 어느 것 하나 할 것없이 민주주의적 개혁에 있어 절실히 요구되는 것이며 이와 같은 개혁이 없이 민주주의국기건설은 불가능한 것이며 전조선이 통일적으로 이와 같은 민주개혁을 실행하는 때에는 조선은 독립국으로 부흥하는 것이다.

그러나 남선은 이와 다른 노선으로 진행되고 있다. 조선인민이 자의적 창발적으로 만든 정권형태 인민위원회는 남북간 인민의 동일한 요구이며 사업이다. 미군이 진주 전 일본 경찰 헌병이 그대로 있고 일본 패잔병이 발광 만행하던때에 남조선 인민은 각지에서 인민위원회 조직사업을 진행하였다. 1945년 9월 6일에 남부의 천여 명의 인민대표로서 대회를 소집하고「인민공화국」간판을 걸고 그 최고정권기관으로서「중앙인민위원회」를 선거 결성하였다.

1945년 11월 20일부터 3일간 서울에서 65명의 대표로써 전국인민위원회가 소집되었다. 남조선에는 소련군의 진주가 없고 미의 진주 전(미군의 진주는 45년 9월 8일)에 145개소의 정권기관 인민위원회가 도시 급(및) 농촌에서 결성되었고 중앙위원회까지 결성하였다. 미군은 북부에 진취한 붉은군과 달라서 조선인민의 자발적으로 결성한 정권을 원조해 주지 않을 뿐 아니라 부당히「내정」을 간섭하야 그를 탄압하며 그 위원을 검거 투옥하고 있다. 미군은 일본 패망 후 1개월이나 되어 진주하고서도 그들의 무장해제를 완만히 하였으며 사회개혁 지방개혁 경제개혁을 하지 않을 뿐 아니라 조선인의 산업부흥하는 대신에 소위 한미무역회사를 설치하고 조선의 공장 기업 기관의 부흥은 고사하고 그 기계 기구의 파손 파괴 내지 매몰을 일삼으며 미국의 과잉상품을 범람케하며 일본인 급(및) 민족반역자의 산업국유화 대신에 친미적 투기적 민족반역자에게 특혜를 수며 노동자와 애국기업가의 정당한 요구를 무시하고 심지어 검거 폭격까지 감행하고 있다. 토지개혁 대신에 동척의 사업을 계속하는 신한공사를 조직하고 있다. 민주주의적 언론 출판 시위 결사의 자유 대신에 법령 72호를 발표하야 민주주의정당 사회단체의 발전을 저해하고 여러 민주주의 정당 기관지를 정간 시키고 8. 15광주참상과 같은 시위의 자유를 무장으로 탄압하고 전반적으로 인민위원회에 정권을 장악치 못하게 할 뿐만 아니라 수 천 명의 인민위원과 민주주의정당과 사회단체원을 투옥하였다. 민주주의정당 사회단체의 발전을 억압하기 위한 노회한 영제국이 쓰던 이간파괴 술책을 민족반역자를 사용하면서 진행하고 있다. 여성법령과 같은 사회계혁을 함으로써 조선사회발전을 조장하지 않을 뿐 아니라 기생모집 음매 강간은 백주에 횡행하고 있다. 남부는 조선의 곡창임에도 불구하고 식량곤핍은 더욱 심하여 남부에 일제패망시 17억원의 재고품이 있음에도 불구하고 미군 반인민적 반민주주의적 정책에 의하야 과거 친일파 모리배 등 자본가들이 금일 친미군정파로 돌변하야 가진(갖은) 부패한 사교술 미인계요리책으로 민군정청을 매수하여 권리획득으로써 경제각란 대중생활의 저하로써 소수의 이익에 만족시키면서 반동파 매국노들의 정당사업비와 테로(테러)단 운동소비로 소비하고 있다.

미군정은 일본 통치의 악독한 제결과를 신속히 청소하며 친일파 반역과 숙청함으로써 민주주의발전 조선을 독립국으로 부흥시키는 제조건을 지여(지어) 주는 대신에 오히려 그들 친일파와 반역자들을 비호하며 왜정 총독정치를 답습하며 왜정관리를 등용하며 심지어는 민주주의자를 취체 고문하기 위하여 북조선에서 해방될 때 자기 지방에서 도망하여 간 일제시 악독한 형사 순사까지 등용하여 왜정시 이상의 조선식고문(왜놈들은 악착한 고문방법을 조선식이라 하였다)

이와 같은 남북조선의 정치 경제 사회의 환경에서 조선내의 계급역량관계는 어떠한가? 지금 조선인민의 당면하고 있는 중심과업은 조선을 독립국으로 부흥시키고 장기간에 긍한 일본 통치의 악독한 제결과를 신속히 청산하고 조선인민의 민주주의적 자유를 보장할 수 있는 부강한 민주주의적 조선독립국가건설과 노동대중의 정치적 경제적 및 문화적 생활향상에 있다. 이 과업을 실행하기 위한 각자의 역량관계는 어떠한가?

북조선에서 북조선인민위원회의 지도하에 개혁사업이 진행된 금일의 역량관계는 일본제국주의적 봉건적 토지소유제 철폐와 식민지적 착취제 철폐와 제국주의적 사회압박제 철폐와 도시인민의 식량확보책 수립과 개인소유의 보전과 개인산업 발달을 조장하면서 일본인과 반역자의 산업국유화 실시로 인하야 지어진 근로인민(노동자, 농민, 도시소뿌루, 인테리 등) 간의 모순이 적은 서로 친선과 우애로서 인민위원회에 집결 지지할 수 있는 물질적, 문화적, 사회적, 토대를 더 공고히 함에 있고, 남부에서는 이미 전취(戰取)한 여러 가지 개혁을 전취하기 위하여는 매국적 자본가 지주 친일파 민족반역자와 완고파(頑固派)와 외국침략세력과 반대투쟁함으로써만이 가능할 것이며 그들을 위하여는 근로인민은 계급과 층의 장벽을 버리고 단결의 힘을 굳게 결속할 필요가 있는 것이다. 남북의 근로인민은 그 지역적으로 볼 때 목전 투쟁목표가 다를 것이다. 북부는 승리한 여러 가지 개혁사업을 공고히 하는 것이 중심과제가 되고 남부는 북부와 같이 여러 가지 개혁사업을 전취하는 것이 중심과업이다. 공고와 전취투쟁은 통일적 부강한 조선민주주의 인민공화국 건설의 그 과업에는 일소되는 것이다. 오직 남북이 정치적으로 통일되고 토지개혁 경제개혁 기타 사회개혁과 인민의 물질적 문화적 향상이 달성되는 데서만이 조선독립은 부흥되는 것이며 이것이 모스크바 결정의 지표인 것이며 그러기 때문에 조선의 진정한 애국자 민주주의자들은 이 결정을 환영한 것이다. 그런대(그런데) 조선에서 이 과업을 실행하기에는 그리 쉬운 일이 아니며 그의 방해자의 발악도 경시할 수 없는 것이다. 그들 방해자들은 우리 민주진영을 파괴하기 위하야 또 파괴함으로서만이 자기들의 여명을 연장할 수 있기 때문에 음모술책 외 가신(삿은) 빙법과 수단을 하고 있다. 테로(테러) 방법으로 지도자의 암살, 기관의 파괴만이 아니라 애국적 민주주의적 방법으로 대중의 전취에도 방분할 것이며 또 하고 있는 것이다. 민주주의 진영에 제5열 분자를 잠입시킬 것도 아무 기이할 일이 아니다.

여기에 우리 민주주의자는 더욱 단결하여 우리 진영을 공고히 하며 대중을 다수 전취하여 그들에게 농락당하는 군중을 우리에게 전취함으로서만이 승리는 확보될 것이다. 승리는 다수군중을 전취하는 자에게 있다. 이를 위하여는 동일한 목적을 갖고 투쟁에 대립이 없고 계급투쟁에 모순이 없는 근로대중의 이익의 옹호자이며 대표자인 전위당의 필요성이 절실히 요구되는 것이며 그들 위하여 조선에서 노동당이 나온 것은 조선역사과정의 필연성이며 역사적 민족적 요구인 것이다.

4. "북조선 인민정권 하의 북조선 직업동맹"이라는 제목 하에서 오기섭 동무가 범한 엄중한 정치적 오류에 관하여

북조선로동당 중앙상무위원회 제28차 회의 결정서 1947. 3. 19.

북조선로동당 중앙위원회 평남도당위원회 평양시당위원회 기관지『로동신문』제60호(1947년 3월 13일부)에는 엄중한 정치적 오류를 범한 오기섭 동무의 "북조선 인민정권 하의 북조선 직업동맹"이라는 론문이 발표되었다.

오기섭 동무는 과거의 실제적 책임사업에 있어서 국가정권기관과 행정 경리기관들의 역할을 부인하고 직업동맹을 국가적 행정 관리기관으로 변화시키며 현시의 조선 민주발전의 특수조건을 헤아리지 않고 "로농정권"론을 시도한 '좌경'적 경향과 '좌경'적 사업작풍 및 토지개혁 실시 당시 평북도 출장시에 우리 당의 로선을 탈리한 오류를 범한 결과 중앙위원회로부터 엄중한 당적 책벌을 받었음에도 불구하고 금번에 발표된 "북조선 인민정권 하의 북조선 직업동맹"이라는 자기의 반당적 오류를 범한 론문에 있어서 과거의 오류를 중복 강조하였다.

북조선로동당 중앙상무위원회는『로동신문』제60호에 발표된 "북조선 인민정권하의 북조선 직업동맹"이라는 오기섭 동무의 론문을 현시 북조선의 인민정권 하에서 직업동맹을 인민정권과 대립시키며 로동계급의 리해를 인민정권의 리해와 분리 적대시키는 론문이며 직업동맹의 전력량을 민주건설과 인민경제 부흥과 발전에 총동원하며 집중시킬 대신에 직업동맹을 인민정권기관과 인민경제 발전의 강화로부터 해탈시키며 로동계급을 민주건설에서 해체시키려는 엄중한 정치적 오류를 범한 가장 해로운 론문으로 평가하면서 론문에 발현된 정치적 오류를 다음과 같이 규정한다.

1) 오기섭 동무는 현시 북조선의 조건에서 근로대중 특히 로동계급을 민주개혁의 정신과 민주건설의 온갖 난관들을 극복하는 헌신적 건국정신으로 교양할 대신에 자기의 론문에 파업과 태업과 분쟁을 예견하는 동요적 사상을 발로하였다.

   오기섭동무는 자기의 론문에 쓰기를 "이러한 조건 하에서(북조선 민주건설을 의미함) 일본제국주의가 남겨놓고 간 조선 로동자 사무원의 문화적 정치적 락후성과 악독한 강도의 전쟁에서 입은 참화와 착취의 결과로 빈궁과 식량부족 등 형편 하에서 대중의 의식 중에 어느 정도 불가피적으로 당해 기업의 운영과 그곳에서 로동하는 로동자간에 마찰과 의견대립과 분쟁이 있을 것을 예견하여야 하겠다. 이것을 동찰하지 않고는 국가기업소의 지배인이나 로동대중의 지도기관인 직업동맹 일꾼이 사업을 바로 행할 수 없는 것이다"라고 하였다.

이것은 오기섭 동무가 자기의 견지로부터 출발하여 북조선의 민주건설과 인민경제 부흥 발전을 위하여 투쟁하는 로동계급의 해방적 각성과 의식을 멸시한 것이며 그들의 건국적 애국열을 무시한 견지이다.

2) 오기섭 동무는 자기의 론문에 북조선의 민주발전의 특수성과 인민정권의 특수성을 알지 못하고 북조선 인민정권 하의 직업동맹의 역할을 남조선의 반동정권이나 혹은 기타 부르죠아 정권 하의 직업동맹의 역할과 동일시 하였으며 북조선의 인민정권에 기초한 국유화 조건 하의 산업기관들을 부르죠아제도에 기초한 개인소유의 산업기관들과 동일시하였다. 그렇기 때문에 오기섭 동무는 자기의 론문에 쓰기를 "북소선의 이와 같은 조건 하에서도 자본과 로동의 계급적 리익의 대립은 남아있는 것이며 직업동맹이 각 방면으로 로동대중의 리익을 옹호하는 것은 가장 중요한 과업의 하나이며 이를 공공연하게 내걸어야 하며 직업동맹은 로동대중의 리익의 옹호를 위하여 조건에 적합하게 개조되고 변경되고 보충되여야(보충되어야) 할 것이다"라고 하였다.

이것은 오기섭 동무가 북조선의 현 인민정권의 조건 하에서와 산업국유화의 조건 하에서 인민경제의 발전과 진흥이 대중의 리해와 유기적으로 련결된 것을 부인하고 국유화된 산업 기업소에도 로동계급과 인민정권과의 사이에 "계급적 리익이 대립"되여 있음으로(있으므로) 직업동맹은 로동계급의 "리익"을 위하여 파업·파공·태공 등의 투쟁형식을 리용할 수 있다는 것을 의미함이다.

그렇기 때문에 오기섭 동무가 자기의 론문에 현 북조선의 조건 하에서 인민경제계획 수립과 련쇄된 국가 기업소들의 자립경리의 확보 발전을 로동생산률과 로동규률의 제고 등 문제로부터 출발하여 "각 기업소의 로동조건문제에 있어서 로동대중과 경제운용기관과의 간에 리해가 대립되는 것은 은폐(은폐)할 수 없는 사실이다"라고 루차 지적한 것이 우연한 사실이 아니다.

3) 오기섭 동무는 자기의 론문에 북조선 민주발전의 력사적 의의와 인민대중 특히 로동계급의 건국적 애국열과 그들의 희생적 창발력을 인식하지 못하고 북조선의 민주개혁을 소부르죠아적 락후된 사상과 동요하는 견지에서 관찰하였으며 북조선 인민정권의 본질을 철저히 인식하지 못하고 소부르죠아적 공포심과 의혹성과 동요성을 발로하였다. 그렇기 때문에 그는 자기의 전론문을 통하여 북조선의 현 조건 하에서 발생될 수 없는 '파공'이나 '분쟁'이 생기지 않을까 하여 '미리 예방'할려고 '노력'하였다. 그렇기 때문에 오기섭 동무는 자기의 론문에 쓰기를 "…어떠한 경우에 우리 북조선에서 로동자의 일부가 식량부족 및 생활곤

난 문제로 인하여 인민정권 하의 개별적 기관과 마찰 및 분쟁사건을 당한다면 직업동맹은 로동자에게 최대한으로 유리하게 사업할 것이다"라고 지적하였다.

4) 오기섭 동무는 자기의 론문에 국가경리 행정상 관리기관의 역할을 무시하고 직업동맹의 국가경제기관 관리와 그 주동력을 강조하였으며 북조선의 인민경제 부흥과 발전을 위해서 헌신적으로 투쟁하는 애국적 기술자들을 멸시하며 그들의 해방적 각성과 민족적 각성을 인식하지 못한 결과에 "기술자가 사상적으로 민주주의이나 애국적 충심과는 완전히 다르다"는 그들에게 옳지 못한 사상을 장려하는 경향을 발로하였다.

본중앙상무위원회는 오기섭 동무가 범한 상술한 엄중한 정치적 사상적 오류가

ㄱ) 오기섭 동무가 조선민족 발전의 현계단의 특수조건을 인식하지 못하고 해방 직후에 범한 '좌경'적 경향에서 출발된 것이며

ㄴ) "공장 제조소를 로동자에게로"라는 구호의 본질을 철저히 인식하지 못하고 직업동맹을 국가관리기관으로 변하게 할려는 '좌경'적 리론의 영향 하에서 출발된 것이며

ㄷ) 오기섭 동무가 자기에게 대한 당적 비판과 자기비판을 엄중히 취급하지 않고 자존심과 영웅심과 '명예'를 얻으려는 공허한 소부르죠아적 '허영심'에서 출발된 것이라고 지적한다.

본중앙상무위원회는 오기섭 동무가 범한 이상에 지적한 심중한 정치적 오류들로부터 출발하여 다음과 같이 결정한다.

一. 『로동신문』 제60호에 발표된 "북조선 인민정권 하의 북조선 직업동맹"이라는 오기섭 동무의 론문을 가장 해로운 엄중한 정치적 오류를 범한 론문으로 평가한다.

二. 현시의 조건에서 직업동맹의 역할을 악화시키고 그의 역할을 민주개혁의 현시 조건 하에서 탈리되는 정신으로 강조한 오기섭 동무의 론문을 검토 비판한 중앙상무위원회의 본 결정을 각 도당 상무위원회에서 토의하며 직업동맹 내에서 건전한 사상 교양사업을 광범히 전개할 것이다.

三. 직업동맹 중앙위원회 위원장 최경덕 동무와 당중앙본부 로동부장 한국모 동무에게 현 북조선의 조건 하에서의 직업동맹의 역할에 대한 명석한 해석사업과 선전사업들을 급속히 일상적으로 전개할 것을 위임한다.

四. 오기섭 동무는 그가 과거에 범한 엄중한 정치적 오류와 '좌경'적 사업작풍 때문에 당 중앙으로부터 루차의 지시와 당적 책벌을 받었음에도 불구하고

"북조선 인민정권 하의 북조선 직업동맹"이라는 자기의 론문에 엄중한 정치적 오류를 범한 까닭으로 중앙상무위원으로부터 해임시키며 동시에 오기섭 동무는 그가 자기의 오류를 자백하고 그를 승인한다 할지라도 그의 자각과 자아비판이 불충분하다는 것을 지적하면서 실지 사업에서 자기의 오류를 퇴치하며 그 오류에 대한 서면적 진술을 중앙위원회에 제출할 것이다.

五. 『로동신문』주필 태성수 동무는 그의 무책임으로 인하여 오기섭 동무의 상술한 론문을 중앙위원회 기관지에 발표한 까닭으로 견책처분을 줄 것이며 동시에 『로동신문』편집부의 당적 경각성을 높일 것과 편집진영을 강화하는 대책들을 취할 것이다.

5. In North Korea : First Eye-Witness Report

Anna Louise Strong, New York: Soviet Russia Today, 1949, pp.28-29

[美 여류 언론인 스트롱의 오기섭 인터뷰(1947년 여름) 내용]

When strikes occur in the American zone of South Korea, one of the workers demands is usually for a Labor Code like that in the Soviet zone of North Korea. This naturally annoys the American Military Government, which sees in such strikes the work of the Communists. The demand, however, raises the question: What are the labor conditions in North Korea?

All the industrial workers I met in North Korea like to brag that they were the first workers in the Far East to enjoy a "fully modern labor law, with the eight-hour day, collective bargaining and social insurance." Their claim is not strictly correct for the Liberated Areas of China and Manchuria just over their border have an equally good labor code. Nonetheless the North Koreans have the right to feel proud of their achievements. In one respect they can claim to surpass their Chinese brothers-their well-equipped social insurance. The Japanese had more health resorts and summer villas in Korea than in China and the present Department of Labor has taken them over. The North Koreans have also a larger amount of publicly owned industry than the nearby Chinese, for Korea was highly industrialized by the Japanese.

Minister of Labor Oh Ki-sup, with whom I went on a four-day trip to health resorts, is one of those typical patriots who spent the greater part of his adult life in Japanese jails. At the age of sixteen he joined the underground movement for Korean independence. He has spent thirteen years and eight months in jail. In telling about his imprisonment he mentioned casually what seemed to me its most amazing feature. He had organized four revolutionary study circles inside four different jails and one outside at a time when he was in "solitary" confinement!

Minister Oh's account of how he did it throws sharp light on the inner weakness of imperialism. The facade of Japanese control seemed imposing and strong, but there were weak places in it ready to crack. The night watchmen and night warders in the jails were Koreans, because the Japanese conquerors disdained these least desirable jobs. Prisoner Oh played upon the patriotism and also upon the cupidity of these jailers. He would find some watchman who would take messages to his friends outside, either through anti-Japanese patriotism or for the money the outside friends would give. On this slender basis Oh built his study groups, one in each of the jails to which he was transferred. In all of this time Prisoner Oh was never permitted legally to have a pencil or a scrap of paper. He saved bits of toilet paper – of which he was allowed two pieces a day – and he had a tiny sliver of hidden lead that served as a pencil. Through such difficulties the revolutionary movement of the Korean patriots grew. Prisoner Oh managed to organize illegally right up to the day of national liberation.

As soon as the Red Army arrived and liberated Oh and the other political prisoners, the liberated men hastened to the factories and workshops where they were known – others of course were hurrying to the farms – and called workers' meetings. These workers' meetings at once took part in setting up city and provincial government; they also organized trade unions, first by factories, then by cities, counties and provinces.

There was a fury of organization throughout Korea in those first months of Japan's defeat. By November, 1945, the AllKorean Federation of Trade Unions was organized, covering both north and south. Four months later the Korean trade unions reluctantly divided themselves into a North Korean Labor Federation and a South Korean Labor Federation. "It was the American policy in South Korea that compelled this division," said Minister Oh.

"In the first months after Japan's defeat all Korea felt united," he continued. "The 38th parallel did not seem to be a barrier to the Koreans but only a temporary convenience of the occupying powers, until they should impose their peace terms on Japan. We Koreans organized our trade unions, farmers' unions, local governments on an all-Korean basis. The first headquarters of the All-Korean Federation of Trade Unions was at Seoul, in South Korea, while North Korea had only a branch office. Then the American Army began to suppress trade unions in the south. The chairman of the All-Korean Federation was imprisoned in Seoul. Meanwhile in the north the trade unions grew rapidly, operated openly, had collective agreements with all factories, took part in the production plans for industry and put up labor candidates for government. In the south they had to work on a semilegal or a completely underground basis. These different conditions forced a separation of the trade unions into northern and southern federations."

There were some 430,000 workers in North Korea, of whom 380,000 were members of trade unions, according to Minister Oh. This number does not include seasonal workers such as fishermen, lumbermen and building workers who farm in summer and take odd jobs in winter. Nor does it include farm laborers, because the land reform turned these into farmers owning their own land. The largest trade union is that of miners with 52,000 members, then transport workers and chemical workers with some 45,000 each. About one hundred thousand belong to unions of white collar workers including office workers, teachers, sanitary workers and so on.

"What do you do about unemployment?" I asked the minister. "There isn't any," he replied. "There is, on the contrary, a great shortage of workers because we have so much reconstruction to do and we are expanding our industry. We need thirteen million more work-days than we can count on for just the reconstruction of roads and bridges. This means that in this reconstruction alone we could absorb 45,000 more workers."

Many workers, said Minister Oh, were migrating from the American zone of South Korea into North Korea because of the unemployment in the South and the better chance of jobs in the North.

6. BIOGRAPHY OF LABOR BUREAU CHIEF GIVEN

United States Central Intelligence Agency, Foreign Broadcast Information Branch, Far Eastern Section, 20 January 1948,

美중앙정보국(CIA)이 평양라디오 방송(1948. 1. 18.)을 녹취, 번역한 내용

We would like to introduce Oh Ki Sawp at this hour. Oh Ki Sawp, who has devoted half his life to the anti-Japanese and anti-imperialists drive for a complete independence of the Fatherland, is presently Chief of the Labor Bureau of the North Korea People's Committee and one of the leaders who are devoting themselves day and night for the establishment of a democratic Fatherland supporting our brilliant leader, Chairman Kim Il Sung.

He was born the fourth son of a poor peasant family on May 1, 1902, at (Indong) village, (Teh'ongwon) Township, Hongwon County in South Hamgyong Province. While helping in the farm work of this poor family, he was just able to graduate from grade school and then studied Chinese literature for 4 years. Since childhood he heard his father complaining much about the corrupt administration on the fall of the Ri Dynasty and the...incident and the Japanese oppression fostered his anti-Japanese and anti-imperialist feeling.

Immediately after the outbreak of the revolutionary movement on March 1, 1919, he was one of the first to participate and carried out bravely his assigned duty as liaison officer between..., Lung Ching Chun and (Ching Ching Chun) in Tsingtao and Korea. When the Independence Movement failed in 1920 he continued to organize the student general strike. Already in his childhood, he had thus given all of his strength to his job of liberating the Fatherland.

As his anti-Japanese struggle became radical, the Japanese imperialist police increased their guard against him from day to day. In 1921, he fled to Shanghai after eluding the police net. The following year he returned to his homeland and bravely fought at the head of the people, participating in or organizing youth movements, farmers' movements and labor movements. In 1923 he organized and made a great contribution to the South Hamgyong Youth League, South Hamgyong Labor League and the South Hamgyong Women's League.

In 1925 he joined the Korean Communist Party and the Communist Youth Party and began again anti-Japanese underground activities. While disguised as..., he commuted from and to Seoul and did much in the June 10 Mansei Incident. As a result he was finally captured by the Japanese imperialist police and sent to prison after murderous torture and interrogation, but very bravely carried on his anti-Japanese struggle in jail.

"Despite sickness caused by torture and long prison life when released in 1928, he was named chairman of the strike supporting committee when the epoch-making Wonsan strike broke out in early 1929.

He again fled to Shanghai in exile as police surveillance and trailing intensified. Returning home again in 1931, he participated in the movement to reestablish the Korean Communist Party and continued the anti-Japanese underground activities.

"He organized the (Fukutade) farm tenant dispute after gaining secret entrance into the Japanese owned (Fukutade) Plantation in Miryang, South Kyongsang Province. While launching a vigorous campaign and giving his whole energy for the liberation of the Fatherland, he was given a probationary sentence by the Japanese police who were trailing him always and again became a prisoner. Although they imposed on him the long sentence of 27 months in jail and subjected him to cruel punishment, and indignant torture, he organized two cell strikes until sentenced in 1935, and five jail strikes later. His two public trials are famous. Refuting the Japanese judges and prosecutors in court, he made fiery speeches of an inciting nature to his audiences. Even in his long, dark jail life, running into 13 years and 8 months, his daring jail disputes were to continue....

In...he became secretary of the South Hamgyong Chapter of the (Korean) Communist Party and in September secretary of the Northern Headquarters of the Communist Party. Following a position in the Propaganda Bureau of the North Korean Interim People's Committee, on March 4, 1946, he was appointed in September of the same year Chief of the Labor Bureau. To date he has made self-sacrificing efforts to guarantee properly the improvement of the material and cultural life of the working masses and promotion of their welfare under the correct leadership of Chairman Kim Il Sung.

7. 북조선로동당 제2차 전당대회 회의록 1948. 3. 27.

--- (전략) ---

김 열

동무들! 김일성 동지는 우리당의 발진에 있어서 력사적으로 의의깊은 보고를 본 대회에서 진술하였습니다. 이 보고에서 김일성 동지는 조선의 국제 국내 정치정세를 맑스-레닌주의의 립장에서 분석하여 현재 조국이 처하여 있는 국내 국외의 정치적 환경과 당의 활동 무대를 명백하게 규명하였으며 해방 후 조국의 민주주의 완전자주독립을 위한 투쟁과 당사업을 총화하였습니다.

뿐만아니라 해방후 조국과 우리당이 걸어온 길을 과학적으로 분석하여 당의 당면과업과 조국의 나아갈 길을 우리 전체 당원들에게 명시하였습니다. 우리는 본보고를 중심으로 본대회에서 채택된 결정들을 우리식으로 실행하기 위하여 모든 력량을 더 기우려야(기울여야) 하겠습니다.

동무들! 김일성 동지의 보고에 지적된 것과 같이 우리는 오늘 해방된 조선인민이 민주주의적 완전자주독립을 전취하지 못하고 조국이 남북으로 량단 되어있는 위험한 환경속에서 제2차 전당대회를 맞이하게 됩니다. 즉 우리 민족은 자기의 발전에 있어서 가장 엄중하고 위험한 환경에 처하고 있습니다. 이와같은 환경에서 조국의 운명과 민주주의적 완전 자주독립을 성취하는 문제를 해결할 정치적 력량은 오직 우리 당 하나뿐이며 어떠한 정당이든지 없습니다.

그것은 첫째로 우리 당은 조국의 독립을 가장 절박하게 요구하며 그의 실현을 위하여 실질적으로 싸우는 조선의 주인공인 로동자 농민 진보적 인테리 즉 모든 근로자들의 리익을 대표하며 옹호하는 그의 조직적 전진적 전투적 부대이기 때문입니다.

둘째로 우리 당에는 자기의 리익을 위하여 싸울 줄 알며 모든 반동파들과의 투쟁과 제민주개혁을 진행하는 실질적 사업에서 단련되었고 양성된 수많은 간부들과 애국적 투사들이 있습니다. 당의 지도층에는 국내외에서 일제를 항거하여 희생적 영웅적 투쟁을 전개한 수 많은 지도자들이 있으며 특히 절세의 애국사이며 우리민족의 영명하신 령도자 김일성 동지가 우리 당을 친히 지도 하시기 때문입니다.

세째로(셋째로) 우리당의 사상 리론적 기초는 맑스-레닌주의이기 때문입니다. 즉 우리당은 가장 진보적이며 과학적인 사회발전 리론으로써 무장하였으며 이 진보적 리론으로써 당을 움지기며(움직이며) 가장 정확하게 과학적으로 모든 문제를 포착하며 분석하여 가장 올바른 정치로선을 제때에 수립하기 때문입니다.

이와 같이 우리당은 때때로 인민들에게 정확한 로선을 제기하여 그것을 실행하여 왔으며 북조선의 모든 문제는 우리 당의 로선대로 발전하고 있으며 전조선문제는 우리당의 정치적 로선대로 발전하고 있으며 전조선문제는 우리당의 정치적 로선대로 발전되어 갑니다. 우리 당은 창립이래 량적으로 광범한 대중적 정당으로 확대발전 되었으며 질적으로 사상적으로 통일되었으며 정치적으로 준비되고 세련된 당으로 되었으며 당을 광범한 대중속에 뿌리깊게 밝(박)았으며 강철같은 조직규률을 확립한 강유력한 정당으로 되었으며 김일성 동지의 보고에 지적된 바와 같이 「우리 당이 하자는 일은 못하는 일이 없는」 당으로 되었습니다.

동무들 ! 그러나 당의 량적 질적 강화는 우연하게 자연생장적으로 된 것은 절대로 아닙니다. 당은 온갖 좌우경적 종파적 경향과의 투쟁에서 강화되었습니다.

한일무 동무가 자기토론에서 원산이 종파적 핵심이라했으나 그 근거는 한남입니다. 우리의 전신당인 조선공산당 한남도당단체는 당의 정치적 조직적로선에 있어서 좌우경적 기회주의적 오류를 범했습니다. 오기섭 정달헌 동무들의 오류는 좌우경적 오류라고 생각합니다. 어떠한 동무들은 이들이 분국을 부인한 것이 아니고 지지한 것이라고 합니다. 그런데 왜 쏘련군대의 주둔으로써 유리한조건하에서 자립하는 북조선이 남조선을 지도할 수는 없겠는가? 때문에 이 동무들은 실제에있어서 우리당의 전신당 공산당북조선분국의 조직을 반대한 것은 사실입니다.

첫째로 가장 영웅심이 강한 이동무들은 중앙을 지지한다는 간판 밑에 지방에서 왕국을 건설하고 장수노릇을 할려는 것이며 둘째로 쏘련군이 주둔한 유리한 조건을 리용하여 북조선에 전조선의 민주근거지를 건설하는 사업을 부인하였습니다. 셋째로 남조선주둔 미군정의 제국주의적 침략성을 망각하고 미국이 조선에 독립을 줄 것을 기대하였습니다. 이와같은 사실들은 우경적 기회주의적 경향이라고 하지 않을 수 없습니다. 뿐만 아니라 합당대회 때에는 로동당이 조선민주주의인민공화국 수립에 로력 하기 때문에 당의 지도 리론은 맑스-레닌주의로 될수 없다고 하였습니다. 그러면 대체 맑스-레닌주의이외에 또 무슨 지도리론이 있다는 말입니까? 이것은 이 동무의 사상이 옳은 계급적 립장에 서지 못하였다는 증명입니다. 이동무의 좌경적 오류로서는 함남에서 로농쏘베트수립을 주장한 것 즉 「공장은 로동자에게로」라는 구호와 「빈농위원회」 조직등의 사실이 있습니다. 오기섭동지는 당의 첫 열성자 대회에서 「민주주의적 첫 혁명계단은 쏘련군 주둔으로 해결되었다. 현재는 사회주의 수립의 길로 나가야된다」고 하였습니다. 이 때문에 당원들 뿐 아니라 인민위원회간부 사회단체간부 진보적 교원들에게서까지 빨간놈이라 지칭되어 학생들 앞에서 연설도 못 할 형편으로 되고 학생들이 들고 일어나는 형편이었습니다. 이렇게 오기섭

동지는 독자적 행위를 하였기 때문에 당이 군중과 리탈되고 고립되었습니다. 오기섭 동지와 정달헌 동지는 북조선분국에서 결정한 정치 로선을 지방간부들에게 정확하게 전달하지 아니하였습니다. 만약 제三차확대위원회의 결정과 당의 유일한 통일강화가 없었더라면 이동무들은 아직도 계속하여 정치 로선을 리탈하고 있을 것은 동무들이 잘 알것입니다.

김일성동지가 보고에서 가장 정확히 말씀하신 바와 같이 만약에 서울중앙이 서울에 있지 않고 평양에 있었더라면 이동무들은 반드시 다른 구호로 중앙을 반대하였습니다. 이상과 같은 오류의 원인에 대하여 나는 다음과 같이 생각합니다. 첫째로 이동무들은 자유주의적 영웅심이 가장 강합니다. 허위적 명예에 도취하여 수령의 노릇을 할려고 했습니다. 둘째로 이 동무들은 우물 안의 개구리처럼 수공업적 사업작풍을 버리지 못하고 당을 보지 못한데 있습니다. 셋째로 이 동무들은 반(半)봉건적 소부르죠아적 일제의 잔재요소를 내내 청산하지 못하고 있습니다.

오늘날 우리당은 김일성동지의 지도 밑에 이러한 경향들을 퇴치하고 가장 강한 당으로 되어있습니다. 그러나 이직까지도 옳지 못한 경향들이 남아있습니다.

첫째로 간부정책에 있어서 자기그루빠가 한곳에 모이지 아니하면 일 못하겠다는 종파적 버릇이 남아있습니다. 일례로 함흥방송국장이 중앙방송국으로 온후 자기가 다리고있던 사람들을 중앙으로 소환하여 함흥방송국이 평양으로 이사간 것 같이 되었습니다. 당간부에서는 이런일을 잘 보아야 할 것입니다.

둘째로 검열위원회임무에 관하여 말하지 아니하면 안되겠습니다. 우리당을 유일한 당으로 강화시키자면 검열위원회 사업을 강화해야 할 것인데 검열위원회가 한 사업이 별반 없습니다. 중앙검열위원회에서는 함남에서 출당당한 옳지 못한 자를 복당시켜주었는데 이는 함남에서는 도저히 접수할 수 없는 것이었습니다. 이것은 중앙정치위원회의 옳은 지적으로 해결되었습니다. 또 장순명 동지는 당 단체들이 검열은 조직부에서 할 일이고 검열위원회는 당원심사와 재정검열만 하면 된다는 말을 검열위원회회의에서 말하였습니다. 이것은 사업 분야를 옳게 파악하지 못한 것입니다.

셋째로 당내에 비판과 자아비판이 더욱 강력하세 있어야합니다. 어제 비판받은 동무들의 자아비판이 매우 부족하고 또 지도간부들이 비판받는 것을 두려워하는 경향이 있습니다. 박창옥동지는 중앙선전부에 대한 비판을 반박하였습니다. 이것은 옳지 못합니다. 오늘 나온 신문에도 사진이 틀렸습니다. 오늘 이회의에서 왜 이런 문제들을 강하게 취급하는가? 항상 높은 경각성을 가져야하며 봉건적 소부르죠아적 일제적 잔재와 견결히 투쟁해야하며 당대렬을 강화함으로써 당내부에 잠입한 불순

분자의 분렬책동을 봉쇄할 것입니다. 우리는 우리당의 발전 과정에 있는 투쟁경험으로 당원들을 교양하며 우리당의 민족의 운명을 걸머지고 조선문제를 능히 자주적으로 해결해 나갈 수 있는 당으로 발전시켜야 할 것입니다.

--- (중략) ---

오기섭

대표동무들 ! 전신당의 혁명적 전통을 계승하고 오늘에 있어 전조선인민의 찬양과 사랑을 받고 있으며 조선문제 해결에 있어서 결정적 역할을 노는 강력한 우리당의 명예스러운 대표로서 전당대회를 맞이하는 대표동지들은 비상한 감격과 결심이 일층 더하실 줄 압니다. 나는 이전당대회를 맞이하면서 심중한 느낌과 남다른 무거운 결산을 할려고 합니다.

동무들 ! 오늘에 있어 북조선이 조선민주건국의 책원지로 되었을 뿐만 아니라 동방 식민지 및 반식민지 해방운동의 선봉적 역할을 노는 것과 북조선의 모든 개혁과 건설사업이 평탄한 가운데서 된 것이 아니라 지주와 반동분자들과의 무자비한 투쟁 중에서 성취되었으며 로동계급을 선두로한 전근로인민의 형제적 협력 하에서 달성된 것과 우리당이 북조선 정치 경제 문화등 제문제 해결에 있어 주동적 역할을 놀며 전조선문제 해결에 있어 외국의 침략자와 반동분자와의 투쟁에 있어 결정적 역할을 노는 강유력한 당인것과 우리당의 조직자이며 지도자인 김일성동지의 주위에 전조선인민이 철석같이 뭉치어 조국의 독립과 민주화를 위하여 일로매진하는 것 등은 누구나 다 아는 바입니다. 이는 매우 명백하고도 단순한 진리이며 력사가 가르치는대로 조국을 창건할려는 애국자와 혁명가들은 해방된 첫날부터 이를 동찰하고 그에 의거하여야 할 근거가 있었으며 김일성 동지가 보고에서 지적한 것과 같이 그는 결코 우연한 것이 아니었습니다. 보고서에 명시된 것과 같이 정반대 되는 로선을 취급하는 쏘·미 량국군이 38선을 경계로 조선에 진주한 첫날부터 벌써 남북조선이 각각 두 딴길로 발전될 것이 명시되었습니다.

그러므로 조선문제 해결에 있어서 이 전망을 명석하게 동찰하고 그 전정을 과학적으로 파악하고 쏘련군이 진주한 북조선을 전조선 독립과 민주화의 책원지로 만들기위하여 인민의 선두에 서서 조선공산당 북조선 분국을 조직하며 만주청년동맹 기타 사회단체를 조직지도하에 분투하신 것은 김일성 동지였던 것입니다. 북조선에서 민주역군과 주력부대인 로동계급을 핵심으로 한 근로인민의 정당이 전조선문제 해결의 결정적 정당으로 될 것은 오늘에야 알려진 일이 아니고 벌써 그때부터 필연적 사실로 되어야 할 것을 알았어야 할 것입니다. 다른 정치정세에는 다른 정치적 역할이 있어야 하며 딴 과업이 서야할 것입니다.

그럼에도 불구하고 황당한 력사적 기존전통에 얽매여 중앙에 충실하며 중앙을 지지한다는 미명하에 국제민주로선에 동요하고 전조선문제해결의 결정적 역할을 놀도록하여야 할 공산당분국의 특수한 역할과 과업을 바로 인식 못하고 그를 실천에 옮기지 못한 행동은 실제에 있어 당사업의 발전을 저해하고 당로선을 위반하고 북조선을 조선민주발전의 책원지로 만들려는 사업을 마비시키며 약화시킴으로써 민주력량의 집결을 저해하며 조국창건을 지연시키는 최악인 것이며 범죄인 것입니다.

우리도 통일소국을 긴설해야 하겠습니다. 통일조국을 건설하기 위하여는 다 아는 바와 같이 해방된 조국의 정세에 있어서 북조선에 민주조국 장선의 책원지를 만들어야 하며 그를 하려면 북조선에 위선 민주력군의 선봉대인 강유력한 당이 있어야 하며 이것이 민주조국통일의 기본적 방향이 되어야 하겠습니다. 이 명백하고도 분명한 진리에 동요하여 실제에서 북조선운동을 지도할 수 없는 미군이 주둔한 서울의 중앙 지지는 사실상 중잉을 지지할 줄 모르는 황당무게(황당무계)한 일입니다. 새로운 정치적-정치적 뿐만 아니라-사상을 훼손시키며 그 사상에 가해하는 가징 정확한 수단은 그 사상을 옹호한다 하면서 그것을 황당한 것에 이르게 할 수 있는 것입니다. 또한 그것이 이상에서 말한 조건 하에서는 심지어 불가피적으로 황당한 것으로 변하게 되는 것입니다. 바로 이것을 범한 자가 아무 다른 자가 아니라 곧 나 자신입니다.

동무들! 나 자신이 그리 길지 않은 나의 혁명력사에 있어 그 씨슬(씻을) 수 없는 정치적 중대한 오류를 범하게 한 사상적 근거가 어이에 있는가 오늘 전당대회에서 이를 해명하고 자비하는 것이 남다른 나의 결산이 되어야 할 것입니다.

첫째로 공연히 맑스-레닌주의를 모르며 선진적 당의 투쟁경험을 섭취해보지도 못하고 정중지와 격으로 자존심 영웅심에 통정하여 국제 국내 정치정세을 바로 분석하지 못하고 새환경 새정세 하에서의 혁명적 당의 정책과 로선을 바로 인식 못하고서 10년전 낡은 정세와 조건이 다른 시기의 인식 - 이 인식을 가진 자가 나뿐이 아니지만-고집한데 있었습니다.

둘째로 일본제국주의의 식민지 사회에서 부단히 압박을 받고 있으며 흔히는 말할 수 없는 생활상 격심하고도 급격한 악화와 파멸을 당함으로 용이하게 극단적 혁명성으로 넘어가나 조직성과 규률과 강고성을 발양할 만한 능력이 없는 소부르죠아 급진적 천진한 조급성이 있었기 때문입니다.

세째로(셋째로) 새환경 새정세를 당하여 사상적 개변이 되지 못하고 소크루쇼크

사업관습을 탈각하지 못하고 조선력사적 전통적 분파사상의 잔재가 깨끗이 청소되지 못한데 있습니다. 이와 같은 불순사상이 당내에 존재하고는 당은 강유력한 사상적으로 공고한 당이 될 수 없는 것이며 김일성 동지가 직접 지도하던 공산당분국 제4차 확대위원회는 조금도 타협이 없이 나에게 엄격한 비판-나는 그 비판이 나에게 넘우나(너무나) 심하지 않느냐고 한 일이 있었습니다-을 주었습니다.

그리하여 나는 그 비판을 접수하였습니다. 그러나 동무들 나는 여기에서 충직한 고백을 합니다. 만일에 내가 그 때에 그를 진정으로 사상적으로 접수하였다면 다시 말하면 김일성 동지의 사상과 통일되었다면 작일 박창옥 동무의 토론에서 지적된 것 같이 직맹문제에 대한 오류가 4차 확대위원회 후 없었을 것입니다. 직맹문제에 대한 나의 론문의 사상적 근거가 북조선당의 특수한 역할에 대하여 동요하는 사상에서 발원하였다는 박창옥 동지의 지적은 매우 정당하며 나는 그것을 달게 받습니다. 그렇기 때문에 나는 4차 분국 결정서에 사상적으로 접수한 것이 아니라 형식적으로 접수하였으며 당의 결정을 만일에 형식적으로 접수할 것 같으며 어느 때에나 기회만 있으면 오류가 재현할 것이라고 확언할 수 있습니다. 분명히 말할 것 같으면 나의 사상적 개변은 매우 오랜 기간의 투쟁 중에서 군중 속에서 배우는 중에서 특히 직맹문제 후에 나의 발전은 확연하였다고 명언할 수 있습니다. 그렇기 때문에 박창옥 동무가 단체계약문제에 있어 내가 오류를 범한 것 같이 지적하는 것은 옳지 않다고 봅니다. 나의 단체계약 등록 사무에 있어 나는 직맹에서 또는 관리측이 국가적 견지를 떠나 국가재산을 아끼지 않고 로동자의 생활확보의 투쟁대상으로 체결된 일체 단체계약은 로동국장의 직권으로 남김없이 등록을 거절하도록 사업을 조직함으로써 당로선에 어그러짐 없이 진행하였다고 자신있게 말할 수 있습니다. 그러나 직맹이 이사업에 옳바루(올바르게) 사업하도록 더 도와주지 못한 책임은 있습니다.

나는 승리의 당인 우리 당의 중앙위원회의 김일성 동지의 사업보고를 전적으로 지지찬동합니다. 우리당이 오늘날 이와같이 량적 질적으로 발전하고 공고화한 것은 당 외의 직과만이 아니라 당내의 옳지 못한 비당적 경향과 무자비한 타협 없는 투쟁을 전개한 결과이라고 봅니다.

여기에 나는 당이 나에 대하여 또는 나의 사상적 경향과 무자비한 투쟁을 전개한 것을 념두에 두고 말하는 것입니다.

우리당은 옳지 못한 경향들에 대한 무자비한 투쟁에 있어 김일성동지를 중심하고 옳바루(올바르게) 제때에 전개하여 규률강화 사상교양 당의 사상적 통일과 공고화를 이루었습니다. 그리하여 모든 경향은 마사지고 분파적 잔재는 깨여지고 당은 김일성동지를 중심하여 사상적으로 유일한 공고한 당이 되었으며 엄격한 규률이 수립되었으며 어떠한 기회주의자도 당을 흔들지 못하게 되었습니다. 그러나 이 투쟁은 더 계속되며 더 강화되어야 할 것입니다.

지금 조국은 민주와 반민주와의 투쟁이 치렬한 가운데서 승리는 한거름 한거름 민주의 편이 되고 있습니다. 몰락하는 반민주 반동배들은 자기의 여명을 연장할려는 수단의 하나로 민주진영의 분렬을 비계급적 비당적 기회주의적 취약점이 있는 자를 리용하여 책동할 기회를 언제든지 노리고 있을 것입니다. 그러므로 우리는 김일성동지를 중심으로 말로만 당의 일층 공고 확대를 부르짖을 것이 아니라 사상적 행동적 유일로써 일체비당적 기회주의적 오예물(汚穢物)이 침입 안 되도록 투쟁을 게을리 말아야 할 것입니다. 특히 정권기관에 있는 당원 앞에 더 크게 선다고 봅니다.

끝으로 저에 대한 토론에 대하여 몇 가지 말하겠습니다. 첫째로 한일(한일무) 동무가 지적한 바 지방에서 부장들이 왔을 때 당로선과 다른 지시를 주어서 보냈다는 것은 그때에 만약 서로 만났다면 그런 일도 있었으리라고 생각합니다. 다만 레닌동지가 말한 바와 같이 「좌경이 있는 곳에는 우경이 있다」는 원칙적 의미에서 그런 일이 있으리라고 접수합니다.

그리고 나에게 대한 지적이 많았고 나의 과오가 엄중하다고 해서 님의 과오를 지적하지 아니하는 경향은 오히려 옳지 못하다는 견지에서 말해야 할 것은 큰사람들의 자아비판문제가 크게 서야 할 것입니다. 황해도에서 「위대한 아버지」라고 지적된 무정 동무도 자아비판 해야 할 것입니다.

--- (중략) ---

정달헌

김일성동지의 보고를 옳다고 찬동하면서 간단히 토론하려 합니다. 특히 우리 당의 공고화에 대하여 토론하려 합니다. 보고에 지적된 바와같이 우리당은 이 결산기간 동안에 많은 발전을 하였으며 위대한 승리의 성과를 거두었습니다. 이것은 우리당의 정치적 유일한 사상적 통일과 당중앙위원회의 정치로선과 사업지도가 정확하였기 때문입니다. 그러나 우리당은 앞으로 할 일이 더 많이 남아있으며 쟁취하여야 할 승리도 이제부터 더 큰 것이 있습니다. 그러므로 우리당대렬내에 있을 수 없는 모든 옳지 못한 좌우적경향들과 락후한 사상적 잔재현상들을 가혹한 투쟁으로써 깨끗이 퇴치하면서 당내의 사상상 행동상 통일을 확보하지 않으면 안될 엄중한 과업이 나서고 있습니다. 그러나 이과업은 새로운 것이 아니라 김일성동지의 보고 가운데서 지적된 바와같이 우리당이 북조선 분국으로서 발족하던 그 당초부터 나선 과업들인 것입니다. 여기서 나는 한일무동지의 제의를 당적으로 감사히 접수하면서 김일성동지의 보고중에 지적된 바에 근거하여 자기비판의 립장에서 구체적 토론을 전개하려고 합니다.

우선 나는 김일성동지가 지적한바 분국설치에 이의(異議)를 가진 몇 개 동지가 당내에 있었다는 그동지들 중의 한사람입니다. 또한 나는 분국설치를 반대하게 된 원인과 사상적 근거를 분석한 김일성동지의 견해를 전적으로 찬동하는 바입니다. 사실에 있어 그렇게 되었습니다. 오랜 동안에 지하와 철창의 정중지와(井中之蛙)로서 급격히 전변되고 발전된 당시의 국제국내정세에 심각한 연구와 검토 없이 당건설부터 착수 하였으니 과오가 없이 사업이 발전될 리가 없습니다. 그러면서도 고향인 일지방에서 종래 지하전우이던 동지들과 또한 나 자신이 당조직 원칙과 엄격한 규률에 대한 명확한 인식과 자신이 없이 머리에 희미하게 남아있는 짧은 미천(밑천)으로써 비록 지방이나마 그래도 조직자와 지도자의 한사람으로 당건설에 착수한 과거를 회상케됩니다.

구체적으로 말하면 분국과 공산당 지도를 지하나 감옥에 분산되었던 공산그루빠 혹은 공산주의자들을 주로하여 건립된 당이 반드시 현실에서 활동하고 전변되는 국제국내정세에서 정치적 사상적으로 단련된 생신한 력량과 광범히 배합되고 추동되어야할 요구가 절실하였음에도 불구하고 둔감해지고 편협해지고 완고해진 나로서는 당시 해외 즉 쏘련 혹은 중국에서 들어온 동지들과 새로운 힘들에게 겸손한 태도로 자진하여 적극적인 지도와 교육을 받았어야할 현명한 자각을 가지기에는 너문나(너무나) 둔하였던 것입니다. 그 후 당중앙과 분국의 령도가 있게 된 때까지도 조직에 복종하고 당규률을 엄수하는 실제 행동이 철저치 못하였던 것입니다. 무식하였던 것입니다. 이 사상적 경향에 대하여 분국 제四차확대위원회에서 엄격히 비판을 받았고 솔직히 자기비판하였으나 그 후 인민위원회 사업의 책임을 맡은 후도 의연히 완전히 청산되지 못한 사실이 폭로되었으니 一九四七년 九월중에 북조선인민위원회에서 자유주의적 지방활(할)거주의적인 사상적 비판을 받을 과오를 범한 것으로 증명되었습니다. 나는 이것을 계기로 조직에 절대복종하며 규률을 엄수할데 대한 더 높은 경각성과 자기비판을 가지고 오늘까지 자기투쟁을 진행하고 있습니다. 이 모든 사상적 불순성들은 그 근거를 사상의식에서 찾는 것이 가장 옳다는 것을 자인하면서 김일성동지의 지적과 그 사상적 론단이 가장 정확하다는 것을 확인하면서 당앞에서 엄중히 자기비판을 또다시 하는 바입니다.

이제 요약해 말한다면 계급적 동요성과 사상적 락후성에서 생긴 과오임을 확인합니다. 그러나 엄중한 사실임을 인식하면서 심각한 자기비판으로 과감히 청산할 수 있다는 것을 다시 한번 당앞에서 강조하는 바입니다. 이제 엄격한 당적 훈련과 자각적인 리론적 사상적 준비를 위한 자체교양으로써 자기의 발전과 향상을 위하여 전력을 배가할 것을 당앞에 굳게 맹서하면서 우리당의 영명한 지도자 김일성동지를 중심으로 당중앙과 전당원동지들의 꾸준한 호상비판과 교도 편달을 성심으로 바라는 바입니다. 따라서 끝으로 한마디 더할 말씀은 당시의 환경 가운데서 특히 주체적인 락후성에서 범한 과오를 나와 함께한 동지들도 이 력사적인 전당대회앞에서 용감하고 철저한 자기비판을 하며 동시에 실천과정에서 가혹한 투쟁을 통하여 락후된 사상적 잔재를 완전히 청산함으로써 당의 유일한 통일에 희생적으로 로력을 받치는 것이 가장 옳은 것이라고 제의하면서 토론을 그칩니다.

--- (중략) ---

김일성

여러 동무들이 열렬한 토론을 전개 하였습니다. 여러동무들의 토론중에서 오늘 우리 당중앙위원회의 사업에 대한 결산이 여실히 평가되었습니다. 총체적으로 우리당이 위대한 정당으로 장성되었고 또한 우리당이 능히 민주주의건설을 승리적으로 완수 하였다는 것이 인민들 앞에 더한층 명백하게 되었습니다. 이것은 우리당중앙위원회가 옳은 정치로선을 가졌으며 또한 각급당단체들과 전체당원들의 열렬한 투쟁이 있었기 때문에 이루어진 것입니다. 당중앙위원회는 복잡다단한 국제국내정세에 처하여 민주와 반민주와의 격렬한 투쟁속에서 국제민주세력의 일익의 역할을 다하기 위하여 노력하였습니다. 우리는 이미 압박받는 식민지민족이 아니라 해방된 민족의 하나로서 장성되어 미제국주의자들의 반동음모를 전세계에 폭로하고 우리의 찬란한 민주성과를 전세계에 광범히 선전하였습니다.

당이 지도하는 사회단체들-직업동맹 녀성동맹 민청은 벌써 국제무대에 진출하였으며 우리당원들이 여러번 국제회의에 참가하여 우리민족의 얻은 성과를 선전하였습니다.

우리당은 광범한 군중단체를 당의주위에 굳세 딘결시커 우리조국 북반부를 동방에 있어서 민주진영의 초소로 되게 하였다는 것을 전세계에 표시하였습니다. 당중앙위원회는 옳은 로선을 전체 당원들과 일반 인민들에게 제시하였으며 창립한 그 첫날부터 민주주의인민공화국을 수립하기 위하여 전체당원들과 인민들에게 투쟁을 호소하였습니다. 당은 진정으로 조국을 사랑하는 민주주의제정당사회단체들과 튼튼한 통일전선을 결성하여 미제국주의자들의 모든 침략적 반동음모를 제때에 인민들

앞에 폭로분쇄하였습니다. 북조선민전은 그산하에 6~7백만의 조직된 군중을 묶었으며 이중에서도 우리당은 언제나 그핵심적 작용을 하고 있습니다. 당은 미제국주의자들과 친일파 반동분자들을 반대하는 투쟁에 있어서 민주주의 민족통일전선의 정책을 가장 옳게 추진시켰습니다. 전체조선이민들은 쏘련군대가 진주한 북조선만이 조선의 민주주의근거지라는 것을 똑똑히 알고있습니다. 인민정권은 제반 민주개혁을 승리적으로 실시하여 인민경제의 기초를 확립하고 이를 법적으로 보장하였습니다. 이 제반민주개혁의 성과위에서 우리는 전조선 인민들의 나아갈 길을 명시한 조선민주주의인민공화국 림시헌법초안을 광범한 인민의 토의에 부쳤습니다. 민주개혁의 성과를 확보하며 인민의 리익을 보호하기 위하여 우리 로동당은 인민보안기관을 더욱 튼튼히 하였으며 인민군대를 창건하는 사업을 수행하였습니다. 우리당은 전조선의 정치적 군사적 모든 민주력량을 조직하는데 주동이 되었습니다. 당은 조선의 완전한 자주독립을 쟁취하기 위한 기초를 만들기 위하여 전체당원들에게 호소하여 평범한 사회단체를 당의 영향 밑에 묶어세웠으며 수백만의 조직군중이 당주위에 집결되어있습니다. 이러한 조직을 가졌기 때문에 당은 민주주의민족통일전선의 주동적 역할을 할 만한 력량으로 되었습니다.

당은 이상과 같은 과업을 더욱 투쟁적으로 완수하기 위하여 당내에 있는 종파주의 지방 할거주의 사상상 락후성등을 극복하였으며 조직적 유일성과 사상적 일치성을 보장하였습니다. 당은 우수한 로동자 빈농층에서 믿을만한 분자들을 선발하였으며 동요하는 소시민층과 건달들을 몰아냈습니다. 당은 많은 새간부들을 양성하였으며 적극적인 열성분자를 많이 등용하여 지금 우리당은 중앙으로부터 하부에 이르리까지 우수한 간부들로써 차고있습니다. 이는 당중앙위원회가 모든 사업을 승리적으로 전개하였으며 우리당의 로선이 절대로 정확하였다는 것으로써 증명되는 것입니다. (박수)

그러나 우리는 보고에서 지적한 바와 마찬가지로 중대한 국제국내정세의 가장 엄중한 시기에 처하여 있기 때문에 우리앞에는 다음과 같은 중대한 과업들이 나서고 있습니다.

첫째로 오늘 미제국주의자들이 로골적으로 우리조선을 분렬시키고 남조선에 반동적 단독 「선거」를 실시하려고 하는 흉악한 음모정책을 전당이 들고 나서서 반대해야 하겠습니다. 통일조선의 완전 자주독립을 위하여 쏘련대표단의(소련대표단이) 제의한대로 남북조선에서 외국군대가 동시에 물러가게하고 외국의 간섭 없이 조선사람이 자기자신의 손으로 민주독립을 쟁취하기위한 투쟁을 가강히 할 것을 전체당원들과 전조선인민들 앞에 호소합니다. (박수)

둘째로 미제국주의자들의 반동적 식민지화 음모정책을 반대하고 이를 철저히 분쇄하기 위하여서는 인민경제를 튼튼히 발전시키고 우리 북조선의 민주력량을 더욱 공고히 하는데 있어서 우리당이 더한층 주동적 역할을 해야합니다. 이렇게 함으로써만이 우리조선민족의 완전 자주독립국가를 우리의 손으로 건설할 수 있습니다. 인민정권을 더욱 강화하며 국장으로부터 리인민위원장에 이르기 까지 그 사람들에게 당적 사상의식을 공고히 하고 정치수준을 높이며 경제 건설에 관한 구체적 지식을 소유케 하여서 그들이 당에서 위임한 정권내의 임무를 충분히 집행하도록 교양주어야 할 것입니다. 오늘 여러분들의 토론 중에서 보드라도 국장들의 토론이 제일 뒤떨어져있습니다. 당의 국장들에 대한 교양사업이 부족하고 국장들의 당생활이 약하였기 때문에 그들의 당성이 미약하다는 것이 여지없이 폭로되었습니다. 벼슬이 높든지 낮든지 간에 당성을 높이고 정치 교양 사업을 가강히 하는 공작을 국장으로부터 리인민위원장에 이르기까지 적극 추진하여야 하겠습니다. 여러분이 아시는 바와같이 三년반동안에 위대한 민주개혁과 경제건설이 승리적으로 진행된 것은 국장들의 힘으로 된 것이 아니라 진체인민이 이를 절대로 지지하며 열성적으로 집행하였기 때문입니다. 계획숫자를 달성했다고 해서 국장들이 자기 혼자 한 것처럼 안심해서는 안될것입니다. 국장으로부터 하급말단일꾼에 이르기까지 옳게 정권을 관리할 줄 알아야합니다. 개인상인과 모리간상배 지주들을 도와주는 일을 한것도 국장들이 정권을 관리할 줄 몰랐기 때문입니다.

셋째로 一九四八년도 인민경제계획을 완수하기 위하여 가장 중대한 것은 식량을 증산 확보하고 공업원료를 많이 생산하며 지방 산업을 발전시켜 인민들의 생활필수품을 다량으로 내놓아야 합니다. 말로만 경제건설을 한다고 할것이 아니라 실제로 물가를 저하시키고 인민들의 생활수준을 높이는 사업을 전개해야 합니다. 그리고 특히 지방산업을 발전시켜야 합니다.

인민경제계획 완수를 위하여 작년도의 경험을 볼 것 같으면 일반적으로 경제지식이 약하고 기술이 약하다는 것이 나타났습니다. 우리당원들은 누구를 물론하고 자기의 맡은 부문에서 경제에 대한 구체적 지식을 소유하고 기술에 능통한 당원들이 되어야 하겠습니다. 이로써 우리조선의 완전 자주독립국가를 건설할 수 있습니다. 우리당은 말로만 건설하는 것이 아니라 실제로 건설 할줄 아는 정당이 되어야 합니다.

당은 민족문화 발전에 더욱 주의를 돌리지 아니하여서는 안되겠습니다. 아직도 우리의 문화인 교원 의사들중에는 일제의 잔재사상이 남아있으며 낡은 일제 강점기의 교양을 보여줄려는 경향이 있습니다. 문화인 교원들이 자기나라의 력사와 문화의 특수성을 모르고 진보적 민주주의 국가들의 나아가는 방향을 알지 못하고 있습니다. 그렇기 때문에 오늘날 민족문화발전에 있어서 문화인 예술인 교원 의사들에게 옳은 민주주의적 교양을 전개해야만 옳은 사상으로써 새로 나오는 우리의 청년 자제들을 교양할 수 있습니다.

넷째로 우리당을 공고화하기 위하여 반동적 사상과의 투쟁을 가강히 전개 해야 합니다.

우리조국에는 三八선이 놓였고 三八선 이남에는 미제국주의자들과 국내 반동분자들이 각종 각양의 수단으로 우리당과 인민들 속에 영향을 줄려고 노리고 있습니다. 이것들 미제국주의자들과 국내 지주 반동자본가들은 농민들을 다시금 노예화하는 지주정권을 맨들려고(만들려고) 노리고 있습니다. 장순명동무가 종파에 대하여 말한 것과 같이 토지를 빼앗긴 지주의 사상은 죽어야만 없어지는 것입니다. 그리고 이러한 지주들의 사상잔재가 락후한 일부인민들과 농민들에게 작용하고 있습니다. 이것을 잘 인식하고 우리들은 이 위험성을 제거하기 위하여 로력해야 합니다.

다섯째로 모리간상배들에 대하여 경각성을 높여야합니다. 작년 12일(월) 화폐교환으로써 손해를 본 자는 로동자 사무원들 중에는 없습니다. 다만 모리간상배들만이 손해를 보았기 때문에 이들은 언제나 우리에게 불평불만을 가지고 있습니다. 그 뿐이 아니라 우리의 국영상점 소비조합이 나날이 발전됨에 따라 그들의 불평이 커지지 않을 수 없습니다. 또 반동적인 장로 목사로서 땅이 없던자는 거의 없고 이들은 이때 까지 놀고 먹기만 하였기 때문에 우리에게 불평을 가지고 있습니다. 특히 미국놈들은 四〇년전부터 종교를 통하여 조선땅에 그들의 영향을 퍼트렸으며 종교 신도들은 무조건하고 미국을 좋아하는 경향을 가지고 있습니다.

그들 미제놈들은 조선을 침략코저 반동적인 목사들에게는 잘살 수 있는 조건을 지워주는 때문입니다. 그놈들은 인민들이 똑똑해지면 자기들의 목적을 실현하지 못하게 되기 때문에 우민정책을 전적으로 쓰고 있으며 따라서 우리당을 싫어하고 있습니다. 우리들은 북조선의 민주개혁이 튼튼해진다고 해서 만사 태평으로 안심할 것이 아니라 지주 모리배 반동목사들에게 대한 경각심을 높이고 당원들과 인민들에게 우리의 정책과 맑스-레닌주의의 리론으로 광범히 선전선동하도록 해야합니다. 그리고 당내에 숨어들어 올 수 있는 반동사상과의 투쟁을 더욱 견결하게 전개해야 합니다.

여섯째로 우리들은 당내순결성을 더욱 보장해야하겠습니다. 우리둘은 이미 친일분자들을 당밖으로 몰아냈습니다. 그러나 이색분자 기업가 상인-즉 남을 압박하고 착취해 먹던 자들의 출신과 성분을 가진 자들이 당내에 석겨들어(섞여들어) 올 것

같으면 지주 간상배의 영향을 당내에 파급 침투시킬 것입니다. 그러므로 우리들은 정치교양을 높이는 동시에 이러한 자들이 당내에 기어들어 오지 말도록 조직적으로 보장해야 할 것입니다.

끝으로 종파문제에 대하여 말하겠습니다. 이 문제는 어제와 오늘에 걸처서 많이 취급되었습니다. 그러나 장순명동무가 잘 지적한 바와같이 우리당에는 지금 어떤 큰 종파는 없습니다. 다만 종파분자들이 있어서 당발전에 지장을 주고 있는 것만은 사실입니다. 과거에 있어서는 공산주의자들의 활동이 홍원 서울식으로 지방 지방에 고립적으로 생기고 일본놈들의 탄압이 심하였기 때문에 당이 대중적 기초위에 서지 못하고 삼산오오 지방적으로 때를 지어가지고 지하활동을 계속하여 유아독존(唯我獨尊)식으로 제리론이 제일 좋고 제가 수령인양하고 사업하였습니다. 제각기 수령노릇을 하기 때문에 서로 합할 수도 없었고 외국과도 련결지을 수 없었습니다. 몇몇사람 엠·엘과(파) 화요파 서울파 콩그룹식으로 분산되어있었습니다. 이것은 당이 대중적 기초를 가지지 못하였기 때문입니다.

그러나 지금 형세는 완전히 달라졌습니다. 지금 우리당은 벌써 튼튼한 대중적 기초위에 서있으며 로동자 농민 진보적 지식분자들이 서로 수령노릇을 할려고 하는 것이 아니라 진정으로 국가와 인민을 위하여 당적 열성을 다하고 있기 때문에 파벌이 존재 할 수 없으며 또 오늘날 실제로 존재하지 않고 내일도 존재하지 않을 것입니다. (박수) 그런데 종파분자들의 활동방식은 다음과 같습니다.

(1) 양으로 받들고 음으로 반대 하는 방식-이것은 양봉음위(陽奉陰違)라는 것인데 오기섭동무가 이 작란(장난)을 많이 하였습니다. 면대해서는 반대하지 못하면서 돌아 앉아서는 숙은거리며(수군거리며) 반대하는 것입니다. 공청을 민청으로 개편시킬 때 공청을 그냥 두어서는 청년들을 다른 당과 종교단체에 빼앗기고 말터이니까 광범한 민청조직으로 해야 된다고 여러번 말해 주어서 오동무도 결국 찬성하였는데 해주에 가서 연설할때에는 이것을 전연 뒤집어놓앗습니다. 또 정달헌동무는 함남에 나려가서 함남에 만은 공청을 그냥 두게 했다고 말하였습니다.

(2) 다음방식은 친척관계 동창생 과거사업상 동료 감옥동지들끼리만 모여다니며 수군거리는 것입니다.

(3) 다음은 집에 청해다 놓고 술잔이나 대접하는 방법인데 이것을 수공업적인 파벌조직방식이라고 합니다. [우슴(웃음)소리] 우리는 이미 당학교를 조직해서 몇천명식이나 간부를 양성해내는데 이런방식으로 一년에 얼마나 파벌을 조직하겠

습니까? [우숨(웃음)소리]

오기섭동무는 결코 큰 파벌을 하는 것이 아니라 이런 소소한 작란을 하고 있다는 것입니다. 오동무는 선진국에서 올 때 자기가 믿는 사람들을 가뿍 옮겨왔습니다. 이것을 흡사 중국의 오패부 장작림 한복거등의 군벌들이 하고 있는 것과 무엇이 다르겠습니까? 아무리 이러한 작란을 한다 하드라도 당은 「귀신」을 비처내는 「조요경」 같이 환하게 알고 있는 것입니다. (박수) 이상과 같은 경향들은 모두 개인 영웅심리에서 나오는 것입니다. 본래 종파의 근원이라는 것은 영웅주의에 있습니다. 이 영웅주의는 조국을 사랑하고 당을 사랑하는 영웅주의가 아니라 자기개인만을 사랑하는 영웅주의입니다. 오기섭동무가 쓴 직업동맹에 관한 론문도 영웅주의 사상에서 나온 것입니다. 적어도 이런 리론론문을 쓸 것 같으면 정치위원회에 내서 물어보아야 할 것인데 오동무는 레닌동지의 신경제정책때의 론문을 도적질해서 냈습니다. 그때 로씨아에서 쓰이던 것이 지금 조선에 와서 맞을 리치가 어디에 있습니까? [우슴(웃음)소리] 오동무는 근본적으로 모르면서 아는 체합니다.

그리고 오기섭동무 정달헌동무 최용달동무들의 자기비판이 옳지 못하고 토론내용이 없습니다. 오기섭 동무는 무정 동무같은이도 있는데 왜 나에게만 비판하느냐 하고 남을 물어넣고 있습니다. 이태도가 또 옳지못합니다. 누구나 한번 잘못은 다있는 것입니다. 오기섭동무는 처음에 분국이 나올랴 하였을 때에는 자기가 책임자가 될 줄 알고 반대하지 않다가 김용범동무가 책임자로 되고나니 반대하기 시작하였습니다. 정달헌동무는 해외에서 온 사람들을 반대하고 서울에 있는 중앙을 지지한 것이라고 하나 사실은 자기가 함남중앙을 맨들지(만들지) 못하여 분국을 반대하였던 것입니다. 그 때 나는 자리는 누구가 차지해도 좋으니 일만 잘 하라고해서 그들에게 자리를 그냥 맡겼던 것입니다. 이렇게 분국을 조직해 놓고 보니 一〇월부터 十二월까지 아무 하는일은 없고 당내에는 이색분자 투기 분자들이 들어와서 파괴공작을 시작하고 책임간부들은 서울만 쳐다보고 있었기 때문에 제三차확대위원회가 소집되었던 것입니다. 그러나 우리는 오기섭동무에 대한 기대가 큽니다. 이동무는 과거 일제와 가장 열렬히 싸운 동무입니다. 그래서 출당 당할 일까지 한 것을 널리 보아서 당은 이 동무에게 중한 책임을 맡기고 있습니다.

최용달 동무의 결함은 이동무에게 전연 계급적 각성이 없고 당을 존중히 여기지 않고 있습니다. 또한 친일파들과 가까운 표현을 많이 하였습니다. 친일파들을 내쫓는 것을 싫어하였고 만주협화회에 다니던 놈을 최고재판소 판사로 선거해달라고 인민회의에 내놓는 뻔뻔한 동무입니다. 오늘 최동무가 자기비판한 것은 아무런 비판도 아니고 한일무동무의 지적에 대하여 자기를 옳지 못하게 본 것같이 말했습니다.

이러한 동무들은 응당히 경각성을 높여야 합니다. 우리 당내부에 조금이라도 동요가 있으면 반동은 곧 이것을 리용할려고 합니다.

또 한가지 말해야 할 것은 남조선에서 온 동무들입니다. 북조선로동당에도 신용을 얻어야 하지만 남조선로동당에도 한몫있으니까 남조선로동당에 충실한체하고 남북로동당간에 리간 행동을 취하는 것입니다. 자기와 친한 사람들이 남조선에 있고 자기도 과거 콩그룹이니까 한자리 있지 하는 태도입니다. 그러나 이것은 어리석은 생각입니다. 남조선 로동당은 이미 어떤 종파분자의 당이 아니라 광범한 로동자 농민 근로지식분자의 대중적 토대 위에 튼튼히 섰습니다. (박수) 지금 三八선 때문에 당이 둘로 되었지만 우리 당은 한 개의 당이며 북조선로동당에서 쫓겨나간 자가 남조선에서 용납 될 수는 절대 없습니다. (박수)

결론적으로 말하면 당은 당내의 사상검열을 일상적으로 강화하며 잘못이 있으면 즉시 고치는 방향으로 나가야 할 것입니다. 국장이라고 해서 교육해 주지 아니하여서는 안될것이며 자아비판을 더욱 강화해야합니다.

또 한가지 말해야 할 것은 사회단체에 대한 지도문제입니다. 오늘날 우리당은 각 사회단체 맹원들에게 충분한 정치적 영향을 주지 못하고 맹원들이 자기계급과 배치되는 당들에 들어가는 현상이 있습니다. 즉 민주당 청우당같은 당에 그들이 들어가야 할 계급적 근거가 없음에도 불구하고 산골의 빈농민들이 청우당으로 들어가는 것은 엄중한 문제입니다. 이것은 우리당원들의 군중에게 대한 선전교양사업이 락후했다는 것을 말하는 것입니다. 사회단체내의 간부를 강화해야 합니다. 당에서 처벌을 받고 문제있는 간부들을 사회단체에 보낼 것이 아니라 우수하고 유능한 간부를 파견해야 합니다.

동무들 당대표회에서 결정된 모든 문제들을 당원동무들에게 똑똑히 알려주며 결정서에 지적된 모든 임무들을 강력히 실천함으로써 우리당과 우리에게 맡겨진 사명을 완수하며 조국의 자주독립을 위한 더 힘찬 투쟁을 전개하기를 바라는 바입니다.

– 결론이 끝나자 전원기립 우레같은 박수 오래 계속. 전원 착석 –

--- (중략) ---

오기섭

나는 一九〇三년 생입니다. 사회주의운동은 一九二三년부터 하였습니다. 이것이 해방전의 략력이며 해방후는 함남도당부 책임비서를 거쳐 오늘까지 왔습니다. 나는 김일성동지의 지적을 듣고 작일 그 자리에서는 잘 접수되지 않았던 것이 사실입니다. 그러나 ……

-대표석에서 긴급제의 「략력만 소개하시오」-

그러면 그만두겠습니다. 감옥생활은 十三년동안이며 학교는 소학교를 졸업하였습니다.

--- (후략) ---

■ 찾아보기 ■

〈ㄴ〉

〈ㄷ〉

〈ㄹ〉

〈ㅁ〉

〈ㅇ〉

〈ㅈ〉